통계학 개론

Introduction to STATISTICS

김정이, 박태희 지음

홍릉과학출판사

머리말

현대 사회는 데이터가 넘쳐난다고 이야기한다. 그러나, 정작 주어진 데이터를 통해 유용한 정보를 어떻게 추출해야 하는지, 데이터에 숨어있는 중요한 사실이 무엇인지는 데이터를 갖고 있는 것만으로는 알 수 없다. 따라서, 현대는 주어진 많은 정보와 자료를 합리적으로 정리, 가공, 해석함으로써 올바른 의사결정을 할 수 있는 사고방식이 무엇보다 중요하다.

통계학은 방대한 자료를 수집하고 정리, 분석하여 의사결정에 필요한 정보를 제공해 준다. 이러한 과정에서 복잡한 계산을 위해서는 SPSS, SAS, Minitab 등 다양한 통계 패키지 프로그램을 사용하게 된다. 본서는 전문적 통계 프로그램은 아니지만, 쉽게 접할 수 있는 EXCEL 프로그램을 이용하여, 통계학의 기본 개념 전달 및 기본적인 분석 기법을 설명하고자 하였다. 아울러, 여러 해 학생들을 가르치면서, 통계학하면 어렵다는 선입견을 먼저 보여 과목 자체에 대한 흥미가 떨어진다는 점을 감안, 복잡한 수식의 증명보다는 활용을 위한 내용으로 집필하였다.

이 책은 특징은 다음과 같다.
첫째, 각 장마다, 엑셀을 통해 배운 개념을 실습하고 정리할 수 있다.
둘째, 복잡한 수학적 증명보다는 현실에 적용할 수 있는 방법 위주로 설명하였다.
셋째, 간단하지만 통계학에서 사용하는 대부분의 분석 기법을 소개하여, 분석을 위해 사용할 수 있는 방법을 선택할 수 있는 능력을 키울 수 있도록 노력하였다.

끝으로 본서를 집필함에 있어 많은 도움을 주신 홍릉과학출판사 임직원 여러분께 감사의 말씀을 전한다.

차 례

통계의 의의와 목적 01

학습목표

이번 장에서는 통계가 무엇이고 학생들이 왜 통계학을 배워야하는 지와 본 교재에서 다룰 주제들에 대해 간략하게 설명한다.

1.1 통계는 무엇인가

통계는 다음과 같은 상세한 수치 데이터를 포함한다.

- 측정된 최대 규모의 지진은 리히터 규모 9.2
- 남아프리카의 HIV 양성인 사람의 비율은 8명당 1명
- 2020년까지, 신생아와 65세 이상 노인의 비율은 1:15

통계를 공부하는 것은 수학과 계산을 기초한다. 하지만, 통계는 단순한 계산보다는 어떤 수치를 선택하고 그 수치를 어떻게 해석하는 지가 훨씬 중요하다. 예를 들어, 다음 세 개의 시나리오를 통해 주어진 수치자료 해석의 오류에 대해 살펴보자.

- 시나리오 1 : 작년 5월 말에 시작된 새 아이스크림 광고로 인해 3개월 동안에 매출이 30% 증가되었다. 따라서 광고는 효과적이라고 할 수 있다.
  - ⊙ 이 해석의 주된 결함은 광고와 상관없이 일반적으로 6, 7, 8월에 아이스크림은 매출이 증가한다는 사실이다. 이런 효과를 역사적 효과라고 한다.
- 시나리오 2 : 교회가 많은 도시일수록 범죄가 많다. 따라서, 교회가 범죄를 유도한다.
  - ⊙ 교회와 범죄가 많다는 것은 그 곳이 인구가 많다는 사실을 설명해 준다. 그러므로, 교회와 범죄 횟수의 수치만으로 인과관계를 추론하는 것은 오류라고 볼 수 있다.
- 시나리오 3 : 25년 전보다 이민족간 결혼 비율이 75% 증가하였다. 이는 우리 사회가

이민족간 결혼을 허용한다는 사실로 해석할 수 있다.

⑨ 이 시나리오에서 주의해야 할 것은 정보 추출을 위한 기본 자료가 충분하지 않다는 점이다. 즉, 25년 전의 이민족간 결혼률이 1%였다면, 현재의 비율은 1.75%인 것으로 이 수치로는 우리 사회의 의식이 변화되었다고 결론지을 수는 없기 때문이다. 또한, 주어진 통계는 지속적으로 변동이 되었는지, 아니면 올해만 결혼률이 높아졌는지에 대한 어떤 정보도 없어 주어진 자료만으로 결과를 분석하기는 불충분하다.

정리하면, 통계는 상세한 수치 데이터만은 아니다. 통계는 분석하고자 하는 집단과 관련해 조사나 실험의 결과로 얻은 자료 또는 요약된 형태를 말하고, 통계학은 통계에 근거하여 분석과 의사 결정을 위한 기술과 절차를 다루는 학문이다.

1.2 통계학의 분류

통계학은 그 내용상 기술통계학과 추측통계학으로 분류할 수 있다. 기술통계학은 확보한 데이터를 이해하기 쉬운 수치로 요약하는 기법을 다루는 학문이다. 즉, 수집된 데이터의 대표값을 찾는다거나, 데이터를 사람들이 이해하기 쉽게 도표 혹은 그래프로 기술하는 영역의 학문이다. 기술통계학의 시작은 그 역사를 농촌혁명이 일어나고, 곡물을 저장하는 개념이 생기면서부터라는 의견도 있지만, 대부분의 문헌에서는 고대 로마국가에서 징세·징병, 다른 어떤 목적을 위해 인구에 대한 신고조사(申告調査)를 실시한 '센서스'를 그 시작으로 보고 있다.

1.2.1 기술통계학

기술통계학(descriptive statistics)은 자료를 수집하고 정리하고 표현한 후 이를 정보로 전환하기 위하여 통계적 기법을 활용하는 분야라고 정의한다. 자료는 표본조사 혹은 실험을 통해서 수집할 수 있으며, 이렇게 수집된 자료를 이해하기 쉽도록 표, 그래프 또는 요약된 특성값(예 : 평균, 분산 등)으로 요약, 분류하고 표현하여 정보로 변환된다. 예를 들면 한국에는 전국에 수많은 시, 구, 군, 면이 있는데 이들 시, 구, 군, 면에 대해서 정리된 다양한 데이터를 아무런 가공도 하지 않고 표로 만들어놓고 들여다본다고 해서 의미 있는 결론을 내기는 어렵다. 이러한 경우 각 변수의 평균치를 계산하거나 각 변수간의 상호관계를 요약한 수치를 계산함으로써 데이터에 대한 이해와 데이터에 숨어있는 의미를 파악할 수 있다. 개개의 변수에 대해 계산한 평균, 분산 또는 2개 변수의 관계를 검토하기 위해 계산한 상관계수 등의 정보는 데이터를 요약하는데 매우 유용한 것으로 기술통계학의 영역에 있는 정보이다.

표 1-1 2014년 직업별 연봉

직업		연봉(단위 : 만원)	직업		연봉(단위 : 만원)
의료업	종합병원 의사	7,837	항공업	부기장	12,000
	일반병원 의사	6,196		수석기장	20,000
	공중보건의	4,979		승무원	7,000
	개업의	8,724		신입승무원	4,000
	한의사	8,463	교육계	학원강사	1,133
	인턴, 레지던트	2,876		교사	4,698
법조계	변호사	8,271		국립대학교수	8,849
	공인회계사	7,177	미디어계	방송사기자	6,380
	변리사	6,864		뉴스통신사	5,002
	법무사	6,266		신문사	3,981
	세무사	5,918		인터넷언론사	3,141

＊자료 : 한국 고용 정보원

기술통계의 활용을 간단히 알아보자. [표 1-1]은 2014년 우리나라 직업별 연봉의 평균을 조사한 자료이다. 기술통계의 영역인 도표를 통해, 우리나라 사회의 흥미로운 현상들을 확인할 수 있다. 예를 들면, 교육직종보다는 의료나 법조계, 기장 등의 직업이 연봉이 높다는 사실을 알 수 있다.

[표 1-2]의 통계를 보자. 이는 1990년 미국 각 도시의 미혼 여성 인구 100명당 미혼 남성의 숫자를 나타낸다. 이는 Jacksonville은 남성이, Sarasota는 여성이 더 많다는 사실을 알 수 있다. 또한, 이 통계를 바탕으로 통상적으로 여성의 수명이 남성보다 길다고 알려져 있어 플로리다 지역에 여성이 많다는 것은 나이든 여성이 플로리다 지역으로 이주하려는 경향이 있다는 가설을 만들 수도 있을 것이다.

표 1-2 1990년 미국 도시별 인구 성별비

남성인구가 높은 곳	남성인구 (여성 100인당)	여성인구가 높은 곳	남성인구 (여성 100인당)
1. Jacksonville, NC	224	1. Sarasota, FL	66
2. Killeen-Temple, TX	123	2. Bradenton, FL	68
3. Fayetteville, NC	118	3. Altoona, PA	69
4. Brazoria, TX	117	4. Springfield, IL	70
5. Lawton, OK	116	5. Jacksonville, TN	70
6. State College, PA	113	6. Gadsden, AL	70
7. Clarksville-Hopkinsville, TN-KY	113	7. Wheeling, WV	70
8. Anchorage, Alaska	112	8. Charleston, WV	71
9. Salinas-Seaside-Monterey, CA	112	9. St. Joseph, MO	71
10. Bryan-College Station, TX	111	10. Lynchburg, VA	71

* 자료 : Information Please Almanac

1.2.2 추측통계학

동명대학교 학생의 용돈을 표본을 통해 조사하였더니, 평균 20만원이었다. 이를 토대로 학생들의 용돈은 대략 15~25만원 사이라고 추측할 수 있을 것이다. 이와 같이 추측통계학(inferential statistics) 또는 추리통계학은 표본 정보를 토대로 모집단의 특성을 추정하거나 예측, 일반화하는 데 사용되는 모든 절차 및 기법을 포함한다.

현대 사회는 각종 사회 현상 분석이나 의사 결정을 위해 추측통계학을 사용하게 되는 데, 이를 위해 가장 선행되어야 하는 것은 자료의 수집이다. 통계분석에서는 가장 먼저 어떤 자료를 수집해야 하고 자료의 수집 범위를 모집단 전체를 대상으로 할 것인지, 일부 표본을 대상으로 할 것인지를 결정해야 한다. 어떤 집단을 통계적으로 관찰, 조사할 때, 관찰의 대상이 되는 집단 전체를 조사하는 것이 여러 가지 이유로 어려울 경우에, 전체에서 일부를 추출하여 그것을 조사함으로써 전체의 성질을 추정하는 방법을 취한다. 이런 경우 원래의 집단 전체를 모집단(population)이라 하고, 추출된 일부를 표본(sample)이라고 한다.

모집단을 일반적으로 정의하면 다음과 같다. ① 일정한 속성을 가지고 있는 개체의 확정된 집합이다. ② 모집단의 각 원소에는 그 속성을 표시하는 표지(標識)로서 수를 대응시킨다. ③ 확률분포를 갖는다. 즉, 하나의 변수 X가 있어 그것이 표지에 대응하는 수를 취할 때의 확률이 생각되고 있다. 이 X는 확률변수이다. 따라서 모집단은 하나의 확률공간이다. 모집단이라는 말은 원래 통계의 대상이 되는 인간의 집단을 의미하였으나, 인간의 집단뿐만 아니라 어느 정도의 추상화의 과정도 의미하게 되었다. 이를테면, 어떤 인원수의 학생의 키의 기록이 있을 경우, 관찰 대상이 되는 것은 학생 자체의 모집단이 아니라 학생의 키의 모집단을 가리키게 된다.

모집단의 크기는 연구자가 정하는 연구 범위에 따라 결정되는데, 모집단의 크기와 상관없이 모집단의 구성요소의 수에 따라 유한모집단과 무한모집단으로 구분할 수 있다. 우리 학과의 학생은 유한모집단이지만, 우리나라 국민의 평균 연령은 구성요소의 수를 정확하게 추정할 수 없어 무한모집단이라고 할 수 있다.

모집단에 대해서 추론을 한다는 것은 모집단의 어떤 특성에 대해서 결론을 내린다는 것으로, 이러한 모집단의 특성을 모수(parameter)라고 하고 모수에는 모평균(μ), 모분산(σ^2), 모표준편차(σ), 모비율(ρ) 등이 포함된다.

통계조사에 있어서 원칙적으로는 조사대상 전체를 조사하는 것이 이상적이지만, 전수조사가 너무 방대하여 노력·시간·경비 등이 많이 소요되며 또한 조사과정에서 수집된 정보가 빠르게 변화하므로, 노력·시간 및 비용 등의 면에서 볼 때 전수조사 방법의 일상적 사용에는 현실적으로 난점이 있다. 따라서 조사대상이 되는 현상의 전체적 특성을, 그 전체로부터 추출된 부분, 즉 표본을 관찰·파악함으로써 모집단을 특성을 유추하게 된다. 표본은 그것이 모집단을 적절히 대표할 수 있어야만 하며, 이러한 표본을 선택하기 위해 쓰이는 표본추출(sampling)은 여러 가지가 있다. 크게는 확률 표본추출과 비확률 표본추출로 구분한다.

확률 표본추출에는 크게 단순 무작위 표본추출(random sampling), 계통 표본추출(systematic sampling), 층화 표본추출(stratified sampling), 군집 또는 집락 표본추출(cluster sampling), 그리고 임의번호 걸기(random digit dialing) 등이 있다.

단순 무작위 표본추출은 표본추출 프레임에서 각 대상자에게 고유한 숫자를 부여한 후, 난수표(亂數表, table of random numbers)를 이용해 특정한 방법으로 숫자를 무작위로 선택해, 만일 모집단 각 대상자에게 부여한 숫자와 난수표에서 선택한 숫자가 일치할 경우 그 대상자를 표본으로 추출하는 방법이다. 이 방법은 표본을 추출할 때 연구자의 자의적 개입이 전혀 이뤄지지 않은 채 무작위로 표본을 추출할 수 있다는 장점이 있다.

계통 표본추출 역시 표본추출 프레임에서 첫 번째 대상자를 무작위로 선정한 후, k

번째 대상자들을 체계적으로 뽑는 방법이다. 이 방법은 대선이나 총선에서 실시하는 출구조사(exit poll)에서 자주 사용한다.

층화 표본추출은 모집단을 두 개 또는 그 이상의 하위 모집단으로 구분한 후, 각 하위 모집단에서 표본을 각각 무작위로 추출하는 방법이다.

집락 표본추출은 표본추출 단위를 개인이 아닌 '집단'이나 '집락'을 무작위로 선택한 후, 그 집단 내에 있는 모든 구성원들을 표본으로 추출하는 방법이다. 이 표본추출은 표본추출 프레임이 없어도 실행할 수 있다는 점에서 앞서 소개한 세 가지 표본추출과 차별화할 수 있는 장점을 갖는다. 또한 집락 표본추출은 집단 간에는 동질적인 속성을 갖는 반면, 집단 내부는 이질적인 속성을 갖기 때문에 층화 표본추출과 정반대의 작동 메카니즘을 갖는다.

임의번호 걸기는 표본추출 프레임인 전화부에 기재된 전화번호를 무작위로 선정해 표본을 추출하는 방법이다. 이 방법은 주로 여론조사를 실시할 때 자주 사용하지만, 집 전화 소유 여부, 집 전화 수신 대상자 문제 등으로 인해 요즘은 휴대전화번호를 이용한 표본추출을 병행하기도 한다.

비확률 표본추출로 자주 언급되는 방법에는 편의 표본추출(convenient sampling)을 비롯해, 유의 표본추출(purposive sampling), 지원자 표본추출(volunteer sampling), 눈덩이 표본추출(snowball sampling), 할당 표본추출(quota sampling) 등이 있다.

편의 표본추출은 연구자가 가장 접근하기 쉬운 대상자들을 공원, 역, 길거리 등지에서 연구자가 임의로 선정하는 방법으로 가장 자주 사용되는 표본추출 방법 중 하나다. 유의 표본추출은 판단 또는 목적 표본추출이라고도 하며, 연구 목적에 적합한 특정 대상자, 예를 들어 해당분야 전문가나 특정 조직 등 상대적으로 제한된 집단들만을 대상으로 표본을 추출하는 방법이다.

지원자 표본추출은 메일이나 광고지 등을 통해 연구를 광고한 뒤 참가 희망자들을 대상으로 표본을 추출하는 방법이다.

네트워크 표본추출(network sampling)로도 불리는 눈덩이 표본추출은 산 정상에서 떨어진 작은 눈덩이가 내려오면서 거대한 눈덩이가 되는 것처럼 소수 참여 대상자로부터 또 다른 여러 명의 참여 대상자를 계속적으로 소개받는 식으로 표본을 추출하는 방법이다.

마지막으로 할당 표본추출은 인구통계학적 특성이나 거주지와 같은 모집단의 속성을 미리 파악할 수 있을 때, 각 속성의 구성 비율을 고려해 표본을 추출하는 방식이다. 따라서 층화 표본추출과 외견상 매우 비슷하지만, 표본추출 프레임이 없다는 차이가 있다.

모집단의 모수를 통계적으로 추정하거나 모수를 가설 검정하는 데 사용되는 표본의 값이 표본통계량(statistic) 혹은 줄여서 통계량이다. 표본통계량에는 표본평균($\overline{X}$), 표본분산(S^2), 표본표준편차(S), 표본비율($\hat{p}$) 등이 포함된다. [그림 1-1]은 모집단과 표본, 모수와 통계량의 관계를 보여준다.

그림 1-1 모집단과 표본의 관계

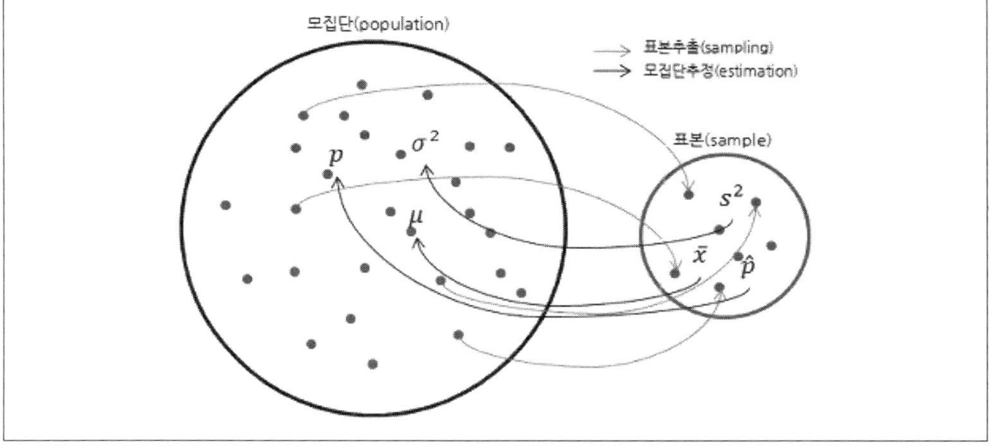

우리가 어떤 모집단에 대해 의사결정을 하려면 그로부터 표본을 추출하고 자료를 수집해야 한다. 이 자료를 바탕으로 표, 그래프, 대표값 등 기술통계학의 기법으로 요약하고 정리하면 정보가 된다. 앞에서 말한 통계량이 이러한 정보의 예이다. 이후, 이러한 통계량을 이용하여 모수에 대하여 추측통계학의 기법인 추정 또는 가설 검정 등을 실시하여 의사결정이 가능하다.

1.3 통계적 문제 유형

신문이나 전문잡지를 보면 여러 다양한 문제들을 통계적 방법으로 접근하고 있음을 알 수 있다. 어떤 문제들은 본서에서 다루는 범위 내에서 충분히 해결할 수 있으며, 좀 더 고차원적인 통계적 지식과 방법을 요하는 문제들도 있다.

이들 중 큰 비중을 차지하는 것은 모집단의 특성을 추정하는 것이다. 특정 텔레비전

프로그램을 시청하는 시청자 비율의 추정, 가구당 저축액의 추정, 서로 다른 제품 간의 만족도 혹은 불량률 등의 비교, 새로 개발된 교수법의 효과와 같은 문제가 좋은 예이다.

이에 본서에서 다루게 될 통계적 문제의 유형에 대해 간단히 살펴보기로 하자.

[자료의 정리] 어느 도시의 가구당 연평균 저축액을 알아보기 위해 자료를 수집하였다. 수집한 자료를 알아보기 쉽도록 표와 그림으로 요약하였으며 가구당 저축액의 평균과 중앙값도 계산하였다.

[확률변수와 확률분포] 모든 대학생들의 70%는 환각제를 복용한다고 한다. 복용여부를 측정하는 기계를 개발하여 테스트를 실시하여, 복용한 학생의 60%는 양성반응을, 복용하지 않은 학생의 20%가 양성반응을 나타내었다. 이를 기초로 양성반응결과를 나타냈을 때, 실제로 그 학생이 환각제를 복용했을 확률을 계산하였다.

[모평균에 관한 추정] 이번에 새로운 타입의 보일러를 개발하였다. 이 보일러의 열효율 평균을 알아보기 위해 100대의 보일러를 추출하여 측정하였다. 이 실험에서 나온 자료를 이용하여 보일러의 평균 열효율의 구간을 통계적으로 추정하였다.

[모비율에 대한 추정] 특정 TV 프로그램의 시청률을 알아보기 위해 900명의 시청자 집에 특수장치를 설치하였다. 이 자료를 이용하여 프로그램 시청률이 포함되어 있는 구간을 통계적으로 추청하였다.

[가설의 검정] 모 제약회사가 신약을 개발하였다. 이 신약의 지속 효과는 기존의 약들에 비해 길다고 제약회사는 판단하고 있다. 이 주장을 통계적으로 검증하기 위해 피실험자들을 대상으로 약의 효과를 실험하여 나온 자료를 이용하여 가설이 참인지 아닌지를 검증하였다.

[분산분석] 세 개의 회사에서 만든 보일러의 열효율을 비교하기 위해, 각 회사 보일러를 10대씩 추출하여 열효율을 측정하였다. 이 자료를 바탕으로, 세 개의 회사에서 만든 보일러의 열효율이 차이가 있는 지를 분석하였다.

[회귀분석] 광고를 많이 하면 매출액이 늘어나는 지를 알아보기 위해 월별 광고비액수와 매출액에 관한 지난 10년간의 자료를 수집하였다. 두 변수간의 관계를 1차식으로 모형을 만들고 통계적 분석을 통해 이 변수들의 관계를 알아보았다.

연/습/문/제

다음의 통계결과는 기술통계와 추측통계 중 어떤 방법인지 판단해 보라.

1. 통계청이 한국의 이혼율을 조사한 결과를 23%라고 발표하였다.

2. 카페인이 심장에 미치는 영향을 알기 위해 쥐를 대상으로 실험한 결과, 카페인을 소량 복용한 쥐보다 10cc 복용한 쥐의 심장박동이 분당 평균 30회 가량 높아졌다.

3. 국회의원은 한해 평균 5,000통의 업무 메일을 받는다고 한다.

4. 한 심리학자가 노인들의 행복에 미치는 영향을 조사한 결과, "배우자>취미활동>자녀와의 관계>자산" 순으로 나타났다.

5. A회사에서 근무하는 직원 중 평균 이직횟수를 파악한 결과 4.3회로 나타났다.

6. 기업의 인사담당자 5,000명으로 대상으로 조사한 결과 38%가 '성과에 대한 빈번한 칭찬'이 직원의 동기부여가 가장 효과적이라고 응답하였다.

기술통계학 02

학습목표

이번 장에서는 통계 처리를 위해 수집되는 자료를 요약, 정리하는 방법에 대해 배울 것이다.
자료를 요약·정리하는 방법에는 표나 그래프를 이용하는 시각적 방법과 숫자를 이용하여 자료의 특성을 추정하는 수치적 방법이 있다.

2.1 자료의 종류

자료(data)는 관심 대상의 속성을 나타내는 기본적인 사실과 수치의 집합이다. 다시 말하면 자료란 발표 또는 해석을 위하여 관찰 혹은 실험을 통하여 측정하고 수집되는 일련의 특수한 값을 갖는 관찰치들의 집합이다. 관심대상의 속성이라고 하면, 나이, 학력, 성별, 주거지 등이 있고 수많은 속성 중에서 수집해야 되는 속성은 연구 내용에 따라 바뀔 것이다. 이러한 속성을 변수(variable)라고 하는데, 변수는 변수가 가지는 값의 특성에 따라 질적자료와 양적자료로 분류하고 양적자료의 경우는 이산자료와 연속자료로 분류할 수 있다.

2.1.1 질적자료와 양적자료

질적자료를 갖는 질적변수(qualitative variable)는 성별, 학력, 종교, 직급, 직업 등과 같이 그 속성이 수치로 사용할 수 없는 변수를 말한다. 수치로 사용할 수 없다는 것은 연산이 무의미하다는 것으로, 성별의 경우 1은 남성, 2를 여성으로 표현하더라도, 1+2와 같은 계산은 하지 않는 속성을 가지면 질적자료이다. 질적자료는 몇 개의 그룹이나 일정 범위 내에서 관측되는 자료이므로 범주형 자료(categorical data)라고도 한다.

반면에 양적변수(quantitative variable)는 가구원 수, 부적합품 수, 통학시간, 음주량, 판매량, 물가지수, 지지율 등과 같이 속성이 정량적인 수치로 측정되며, 해당 수치간의 연산이 유의미한 변수를 말한다. 따라서 일반적으로 양적자료에 대해서는 더 많은 통계 분석 기법이 적용될 수 있다. 그런데 질적 자료도 수치로 전환할 수 있는 규칙을 사용하여 양적자료로 변환한다면 다양한 통계분석이 가능하다.

양적변수는 셀 수 있느냐의 기준에 따라 이산변수(discrete variable)와 연속변수(continuous variable)로 나눌 수 있다. 이산변수는 학생수, 과목수, 합격자 수와 같이 하나하나 셀 수 있는 정수값을 취하는 관측결과이다. 이에 반해, 연속변수는 키, 무게, 온도 등과 같이 측정이 가능하고 실수값을 취하는 관측결과를 말한다.

2.1.2 척도에 따른 분류

자료는 관찰단위의 속성을 분류하여 수치를 부여하는 척도에 따라 네 종류로 나누어진다. 자료가 어떤 척도로 측정된 것인가 하는 것은 단순히 분류만 하는 것인지, 자료 사이의 순서가 있는 지, 자료 사이의 거리 개념이 있는 지, 그리고 자료에 의미가 있는 원점(0)이 존재하는 지에 따라 결정된다. 척도로 얻은 자료의 정보량은 명목척도, 서열척도, 등간척도 그리고 비율척도 순이다.

명목척도(nominal scale)는 관찰단위의 속성을 분류, 확인 및 포괄적인 범주로 구분할 목적으로 수치를 부여하는 측정도구이다. 명목척도로 얻어진 자료는 도수표, 교차표 등으로 정리되고 그래프화 된다. 도수분석이나, 비율의 계산 그리고 두 변수간 교차분석 등의 처리로 분석을 진행한다. 단지 분류나 구분을 하는 것이므로 측정된 자료들 간의 사칙연산은 의미가 없다.

성별, 혈액형, 거주지역, 학력 등의 자료가 명목척도이다. 예를 들어, 거주지역을 서울, 대전, 대구, 부산을 각각 1, 2, 3, 4의 수치로 표기하기로 하였다면 자료값의 크기에는 관심이 없고 내용이 관심의 대상이고 단지 편의상 정한 약속에 불과할 뿐이다. 이는 주로 사회과학 분야의 설문조사에서 자주 사용된다.

서열척도(=순서척도, ordinal scale)는 명목척도이면서 각 범주의 크기나 중요성에 따라 측정결과의 서열 순서를 정하는 것이다. 서열척도로 측정한 자료를 서열자료(ordinal data)라 한다. 예를 들면, 선호도에 관한 자료에서 “매우 좋다”, “좋다”, “보통이다”, “싫다”, “매우 싫다”라는 5개의 범주가 주어진다면, 이 5가지 범주에는 의미상으로 순서가 존재한다. 이와 같이 범주간에 의미상의 순서가 존재하면 서열자료이다.

명목척도와의 차이가 바로 이 순서의 개념이다. 성별은 남자와 여자가 순서와 상관없는 명목척도인 반면, 학년은 학생을 분류하면서, 순서를 정하기 위한 특성을 갖고 있는 서열척도 자료이다. 서열척도 역시 사칙연산은 의미가 없다.

구간척도(=등간척도, interval scale)는 측정대상을 범주에 따라 분류하고 여기에 서열순서를 정한다는 점에서는 서열척도와 같지만 서열을 나타내는 숫자간의 간격이 산술적 의미를 갖는다는 차이가 있다. 여기서, 산술적 의미란 상대적 차이를 말하는 것으로 임의의 영점을 가지므로 덧셈과 뺄셈은 성립하지만, 곱셈과 나눗셈은 성립하지 않는다. 측정대상의 상대적 크기와 차이를 측정하기 위하여 순위 사이는 균일한 간격을 사용하게 된다. 구간척도로 측정한 자료를 구간자료(interval data)라 한다.

구간척도의 대표적인 사례가 온도인데, 어제의 기온이 20℃이고 오늘 기온이 30℃라고 할 때, 온도의 차이가 10℃라는 연산은 의미가 있지만, 어제보다 오늘 1.5배 더 덥다는 것은 사실이 아니다.

비율척도(ratio scale)는 명목척도, 서열척도, 구간척도가 갖는 특성을 모두 포함하면서 절대 원점을 갖기 때문에 상대적 크기의 비교는 물론 절대적 크기의 비율을 반영한다. 즉, 사칙연산 모두 의미가 있는 자료를 말하며, 비율척도로 측정한 자료를 비율자료(ratio data)라고 한다. 질량, 길이, 점수 등이 해당된다.

예제 2-1

다음은 설문조사들에 사용되는 몇 가지 문항이다. 각 문항의 자료값이 질적 자료인지, 연속자료인지와 어떤 측도를 갖는지 알아보자.

(1) 귀하의 성별은 무엇입니까?
① 남성 ② 여성
(2) 귀하 가정의 경제적 수준은 어느 정도라고 생각합니까?
① 상 ② 중 ③ 하
(3) 귀하의 연령은? ( ) 세
(4) 귀하의 수학능력점수는 몇 점이었습니까? ( ) 점
(5) 작년 경기를 100으로 할 때 현재 체감경기는 몇 점을 줄 수 있습니까?
(6) 귀하 가정 월 평균 소득은? ( ) 원
(7) 출퇴근시 주로 이용하는 교통수단은 무엇입니까?
① 버스 ② 지하철 ③ 자가용 ④ 택시 ⑤ 도보
(8) 본 제품에 대한 만족도는 어느 정도이십니까?
① 매우 좋음 ② 좋음 ③ 보통 ④ 나쁨 ⑤ 아주 나쁨
(9) 귀하의 체중과 키는?

(10) 귀하의 최종 학력은?
① 초졸 ② 중졸 ③ 고졸 ④ 대졸 이상

2.2 질적자료의 정리

음식을 만들 때 식재료의 종류에 따라 조리법이 다른 것처럼 자료도 특성에 따라 요약·정리하는 방법이 다르다. 먼저 명목척도나 서열척도로 측정된 질적 자료는 도수분포표(빈도표)나 분할표(교차표)를 사용할 수 있고 이렇게 정리된 도표를 이용하여 여러 종류의 그래프로 표현하고 분석한다.

2.2.1 도수분포표

이 절에서 다루게 되는 모든 그래프 표현은 도수분포표를 이용한다. 질적자료의 경우 각 범주에 나타나는 자료의 빈도수를 도수(frequency)라 하며, 도수를 전체 자료의 수로 나눈 비율을 상대도수(relative frequency)라 한다. 질적자료에서 범주와 그 범주에 대응하는 도수와 상대도수를 나열하여 표로 작성한 것을 도수분포표(frequency table)라고 한다.

예를 들어, 1998년 8월에 애플사는 iMac 컴퓨터를 출시하면서, iMac 시장 확장 가능성에 대한 정보가 필요하였다. 이를 위해, 500명의 iMac 컴퓨터 구매자를 대상으로 이전 컴퓨터가 매킨토시였는지, 윈도우즈 컴퓨터 또는 다른 종류의 컴퓨터 소유 여부에 대해 조사를 실시하였다. [표 2-1]은 조사 결과를 정리한 것이다. 이 표는 조사 결과를 세 개의 범주로 정리한 도수와 상대도수이다. 윈도우즈 그룹의 상대도수는 $0.12 = 60/500$ 이다.

표 2-1 iMac 자료의 도수분포표

과거 컴퓨터	도수	상대도수
없음	85	0.17
윈도우즈	60	0.12
매킨토시	355	0.71
합계	500	1.00

질적자료를 이용하여 도수분포표를 작성하는 경우, 첫 번째 열에는 자료의 범주를

둘째 열에는 각 범주에 해당하는 도수를 직접 세어서 적는다. [표 2-1]을 보면 iMac 사용자는 기존의 매킨토시 기종을 사용하던 사용자가 다른 기종을 사용하던 사용자에 비해 월등하게 많음을 알 수 있다. 질적 자료의 경우 도수분포표가 작성되면 각 계급의 상대도수를 계산할 수 있다. 상대도수는 각 범주의 도수가 총 도수에서 차지하는 비율(%)를 의미하고, 상대도수를 구하는 공식은 다음과 같다.

$$\text{상대도수} = \frac{f_i}{n} \qquad f_i : \text{범주 } i \text{의 도수}, \; n : \text{총도수} \qquad \text{(식 2.1)}$$

2.2.2 파이차트

질적자료의 경우 도수분포표를 작성하면 이를 이용하여 막대그래프와 파이차트를 그릴 수 있다. 파이차트는 각 범주의 상대도수를 사용하여 표현한다. 파이차트를 작성하기 위해서는 각 범주에 해당하는 상대도수에 360° 를 곱한 다음 각 계급이 차지하는 면적으로 원을 쪼개어 표시하면 된다. [표 2-1]의 도수분포표를 파이차트로 나타내기 위해 각 범주의 각도를 구하면 [표 2-2]와 같고, [그림 2-1]은 [표 2-2]로 작성한 파이차트이다. 각 범주는 파이차트의 조각으로 표현되어 있고, 조각의 면적은 도시에 비례한다.

표 2-2 상대도수를 이용한 파이차트 아이템의 범주 각도

범주	상대도수	각도(°)
없음	0.17	$0.17 \times 360 = 61.2$
윈도우즈	0.12	$0.12 \times 360 = 43.2$
매킨토시	0.71	$0.71 \times 360 = 255.6$
합계	1.00	360

그림 2-1 파이차트 : iMac 조사 자료

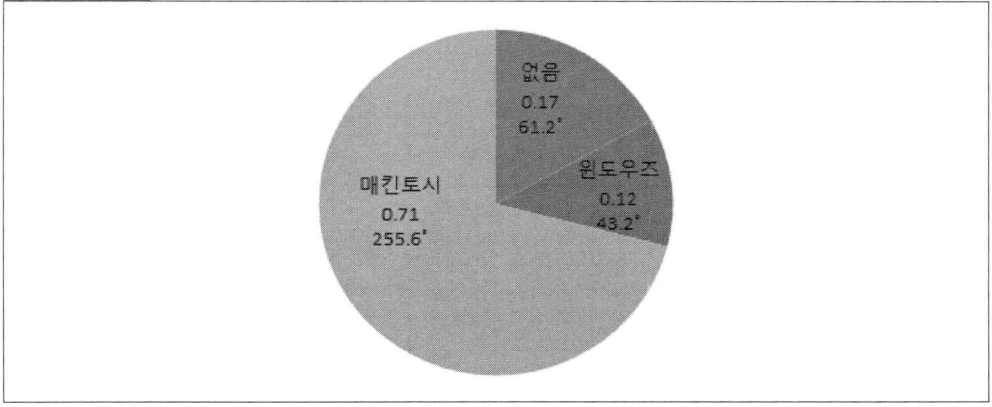

파이차트는 범주의 수가 적은 경우, 상대적인 빈도를 표현하는 데 효율적인 도구이지만 범주의 수가 많은 경우는 비효율적이다. 또한, 자료의 수가 너무 적은 경우에 백분율 내지는 비율로 표현되는 파이차트의 조각은 오해가 생길 수 있으므로 주의해야 한다. 예를 들어, iMac 자료 조사를 5건만 수행하였고, 윈도우즈 사용자의 수가 3명이라면, 해당 범주의 상대도수가 60%가 되어, 자료 집단에 대한 해석이 잘못될 가능성이 많기 때문이다.

2.2.3 막대그래프

도수분포표를 막대그래프로 표현하기 위해서는 그래프의 X축에 범주를 똑같은 간격으로 나타내고 Y축에는 각 범주의 도수 또는 상대도수를 길이로 나타낸다. [그림 2-2]는 iMac 자료의 도수를, [그림 2-3]은 iMac 자료의 상대도수를 이용한 막대그래프이다.

조사 자료에 대해 서로 다른 조건에 따른 결과 비교가 필요한 경우, 막대그래프가 자주 사용된다. [그림 2-4]는 수요일과 일요일에 야후 사이트에서 카드 게임을 하는 사용자의 수를 조사한 결과이다. Pinochle 게임의 경우는 수요일과 일요일의 사용자수 차이가 없는 반면, Hearts 게임은 요일에 따라 사용자의 수가 2배 정도 차이를 보인다. 이와 같이, 조건에 따른 분포를 비교하고자 할 때 막대그래프가 효율적임을 알 수 있다. 여기에 [그림 2-4]는 막대의 방향이 수평이다. 범주의 수가 비교적 많은 경우에는 막대 방향을 수평으로 표현하는 것이 적합하다.

그림 2-2 도수 막대그래프 : iMac 자료

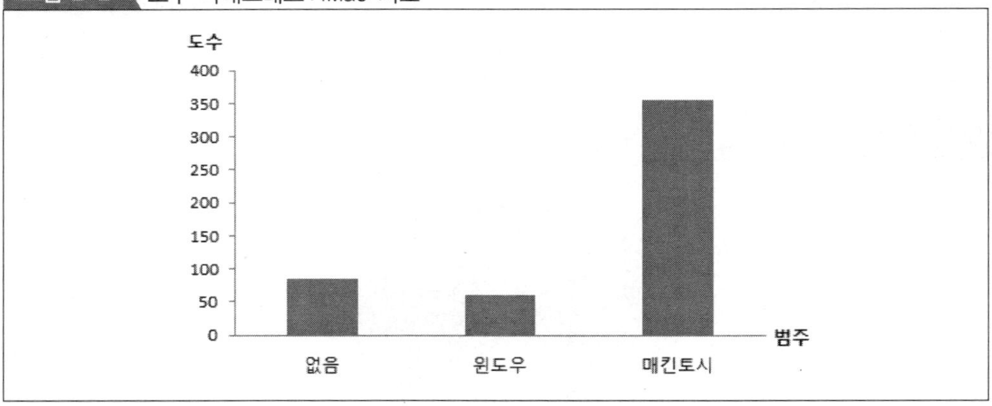

그림 2-3 상대도수 막대그래프 : iMac 자료

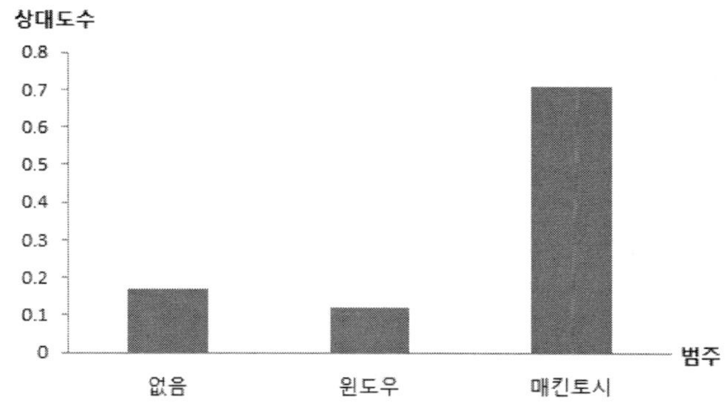

그림 2-4 게임 인원수(요일별, 종류별)

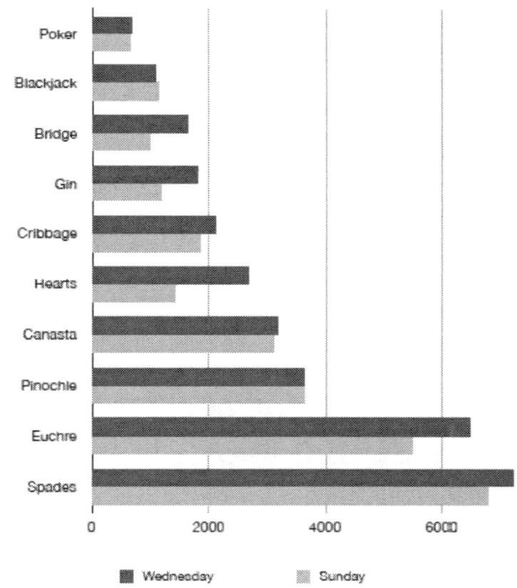

*그림 출처 : Introduction to Statistics. Online Edition

차트로 자료를 정리할 때는 그래프 표현이 정보를 왜곡하지 않도록 유의해야 한다. [그림 2-5]와 [그림 2-6]은 iMac 자료를 이용한 또 다른 표현이다. [그림 2-5]는 3차원 그래프를 사용 하였는데, 이것이 2차원 도표보다 효과적으로 정보를 표현했다고 볼 수 없고, [그림 2-6]은 이미지를 막대 대신 이용하여 표현하였는데, 이미지의 높이가 실제 값의 차이인데, 독자는 그래프의 면적을 차이로 오인할 수 있어 잘못된 표현이라 할 수 있겠다. 이 외에도 Y축의 시작값을 0이 아닌 다른 값으로 해서 작성하는 경우 거짓 정보를 의도한 것으로 오인될 수 있고, 질적 자료를 꺾은선 그래프를 이용하여 표현하는 것도 부적절한 표현이다.

그림 2-5 iMac 자료의 3차원 그래프

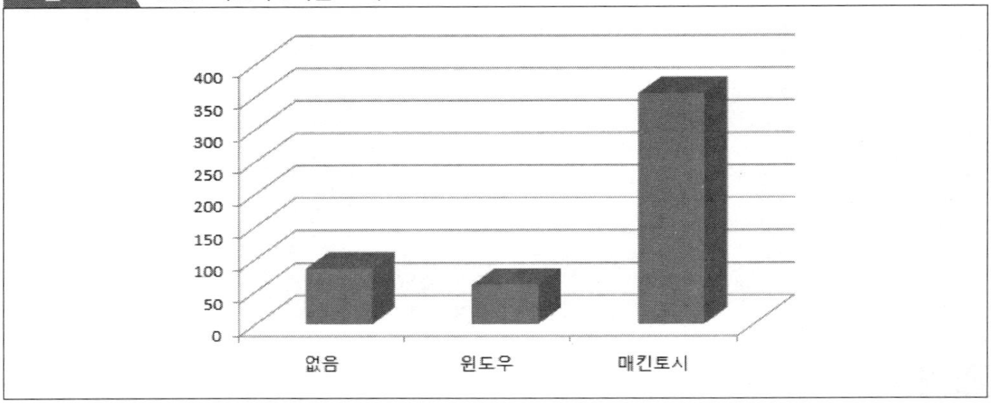

그림 2-6 못된 요소를 가진 iMac 자료 그래프

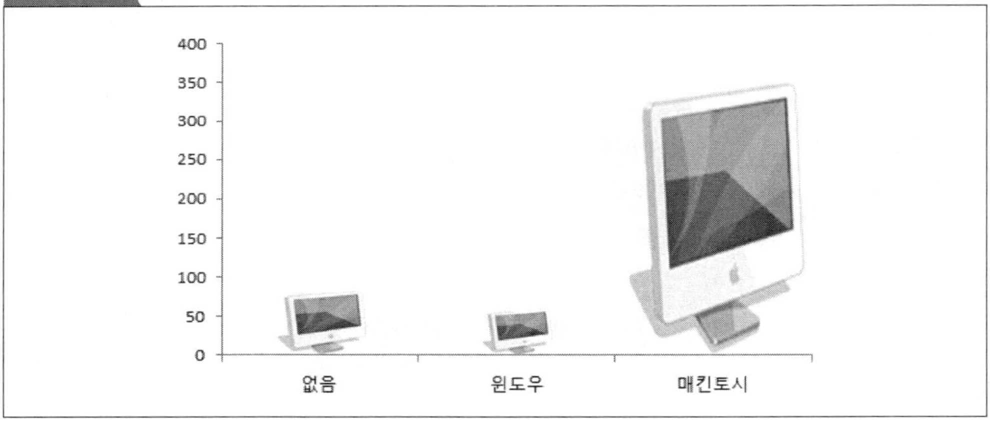

2.3 양적자료의 정리

양적 자료는 이산자료와 연속자료로 나눌 수 있다. 이산자료는 자료값의 종류가 많지 않을 경우에는 질적자료를 요약하는 방법을 사용하고, 도수분포표는 질적 자료의 경우와 같이 변수의 각 값이 하나의 범주(계급)를 나타내도록 정리하되 수치가 의미를 가지기 때문에 순서를 지켜야 한다. 또한 이산자료는 질적 자료와는 다르게 도수와 상대도수 외에 누적도수와 상대누적도수도 계산할 수 있다. 양적자료의 자료값의 종류가 많은 연속자료는 도수분포표를 작성할 때 계급의 수, 계급간격, 계급 경계값의 결정에 신경을 써야 한다.

2.3.1 이산자료의 요약

이산자료의 도수분포표 작성방법은 질적자료의 경우와 동일하게 변수의 각 값이 하나의 범주를 나타낸다. 그러나 이산자료의 경우에는 수치가 어떤 의미를 가지기 때문에 질적자료의 경우와는 다르게 범주의 수치적 순서를 지켜야한다.

파이차트를 그리려면, 상대도수를 이용하여 자료값마다 각도를 계산하고, 구해진 각도를 이용하여 작성하지만, 대부분 현재는 통계 프로그램을 사용하여 자동으로 작성하는 방식을 사용한다.

예제 2-2

통계학 강의 결석 학생수

한 학기 동안 통계학 강의시간에 결석한 학생의 수를 매시간 기록한 결과이다. 이 자료를 사용하여 도수분포표, 막대그래프, 파이차트를 만들어 보자.

1	3	3	1	1	3	0	2	3	0
2	0	0	1	1	1	4	5	2	1
1	2	0	1	1	0	3	2	3	0

결석한 학생수에 대하여 발생한 도수를 세고 각 도수를 전체 도수의 합으로 나누어 상대도수를 계산하여 도수분포표를 만들면 [표 2-3]과 같다.

표 2-3 통계학 결석 학생수에 대한 도수분포표

결석 학생수	도수	상대도수	누적도수	누적상대도수
0	7	0.233	7	0.233
1	10	0.333	17	0.567
2	5	0.167	22	0.733
3	6	0.200	28	0.933
4	1	0.033	29	0.967
5	1	0.033	30	1.000
합계	30	1.000		

그림 2-7 결석 학생수에 대한 파이차트

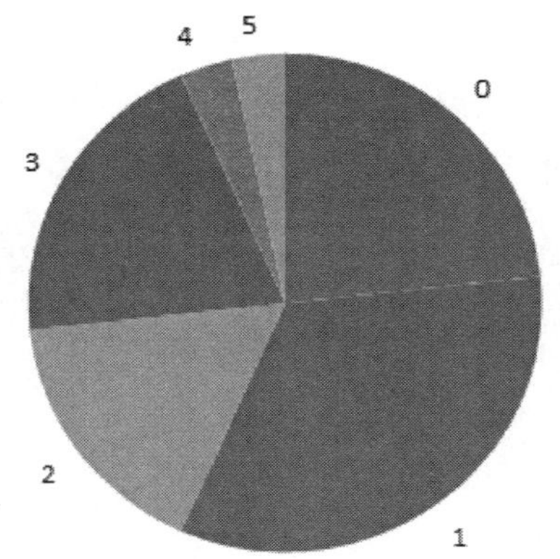

그림 2-8 결석 학생수에 대한 막대그래프

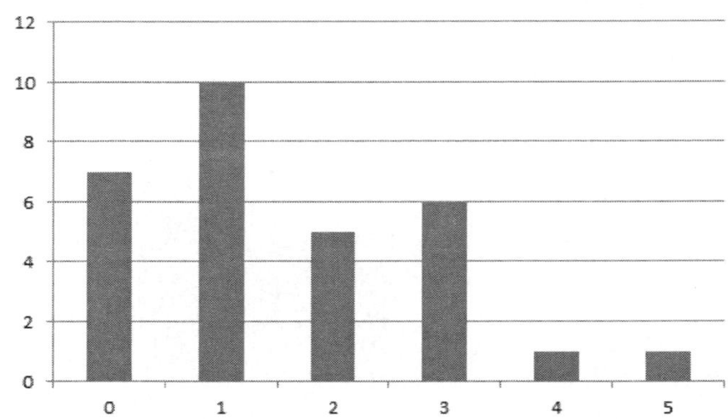

파이차트와 막대그래프 모두 매시간 결석 학생수가 3명 이하인 경우가 대부분임을 알 수 있고, 4, 5명이 결석할 가능성은 매우 작음을 알 수 있다.
[그림 2-8]에서는 차트의 각 조각에 도수를 표현하였으나, 상대도수 혹은 상대도수의 백분율을 표시하여 비율을 강조하여 표현할 수도 있다.

2.3.2 연속자료의 요약 : 도수분포표

소수점 이하의 값을 가질 수 있는 연속자료를 사용하여 도수분포표를 작성할 때는 계급의 수, 계급의 간격, 계급의 경계값 등을 결정해야 한다. 여기에서 사용될 용어 중 계급은 자료값의 전체 범위를 일정 간격으로 나눈 구간을, 계급의 간격은 계급을 나눈 구간의 너비를, 계급값은 계급을 중앙값으로 계급을 대표하는 값으로 사용될 값을 의미한다. 계급의 경계값은 각 계급에 포함될 자료값의 절단점을 의미한다. 연속자료의 도수분포표를 작성하는 과정은 다음과 같다.

STEP 1 변수의 값들을 정렬한다.

STEP 2 변수의 범위를 결정한다.(범위 = 변수의 최대값-최소값)

STEP 3 계급의 수를 결정한다.
일반적으로, 스터지스의 공식($1+3.3\log N$)이나 제곱근($\sqrt{N}$)을 이용

STEP 4 계급의 구간을 결정한다.

$$\text{계급구간} = \frac{\text{범위}}{\text{계급의수}} = \frac{\text{최대값} - \text{최소값}}{\text{계급의수}} \qquad \text{(식 2-2)}$$

STEP 5 계급의 경계값을 결정한다. 첫 계급의 시작점은 (식 2-3)으로 계산, 모든 자료는 하나의 계급에만 속해야 하므로 계급의 한계가 중복되지 않도록 유의해야 한다. 이때, 자료값의 최소단위값이 1단위라면, 계급의 폭도 같은 수준까지 올림 연산을 수행하여 결정한다. 만약, 자료값이 소수점 첫째자리까지 관측된 자료라면, 자료값의 최소단위는 0.1이 된다.

$$\text{첫 계급의 시작값} = (\text{최소값}) - \frac{1}{2} \times (\text{자료값의최소단위}) \qquad \text{(식 2-3)}$$

계급의 경계값이 결정되면 계급값을 구할 수 있다.

$$\text{계급값} = \frac{\text{계급하한} + \text{계급상한}}{2} \qquad \text{(식 2-4)}$$

STEP 6 각 계급의 도수, 상대도수, 누적도수, 누적상대도수를 구한다.

| 예제 2-3 |

중학교 1학년 학생 100명의 멀리뛰기 기록이다.
이 자료를 사용하여 도수분포표를 만들어 보자.

120	123	124	124	124	126	126	126	126	126
127	127	127	127	127	127	128	128	128	128
129	130	130	130	130	131	131	131	131	131
132	132	132	132	133	133	133	133	134	134
135	135	135	135	135	135	135	136	136	136
137	137	137	137	138	138	138	138	138	138
139	139	139	139	139	140	140	140	141	141
142	142	142	142	143	143	143	143	143	143
145	145	145	145	145	145	145	145	146	146
146	147	147	147	148	149	149	150	152	152

STEP 1 현재, 자료는 정렬되어 있다.

STEP 2 범위 = 152 − 120 = 32

STEP 3 스터지스공식에 의한 계급수 ≒ 7.6, 따라서, 계급의 수는 8로 결정

STEP 4 계급구간은 (식 2-2)에 의해 계산하면 4

STEP 5 첫 계급의 시작점은 (식 2-3)에 의해 119.5

이와 같이 하여 도수분포표를 작성하면 [표 2.4]와 같다.

표 2-4 연속자료의 도수분포표

계급(초과~이하)	도수	상대도수	누적도수	누적상대도수
~123.5	2	0.02	2	0.02
123.5~127.5	14	0.14	16	0.16
127.5~131.5	14	0.14	30	0.30
131.5~135.5	17	0.17	47	0.47
135.5~139.5	18	0.18	65	0.65
139.5~143.5	15	0.15	80	0.80
143.5~147.5	14	0.14	94	0.94
147.5~	6	0.06	100	1.00
	100	1		

2.3.3 연속자료의 요약 : 히스토그램

이산자료와 같이 연속자료도 도수분포표를 사용하여 막대그래프를 그릴 수 있는 데 이를 특별히 히스토그램(histogram)이라 부른다. 히스토그램을 통하여 각 계급구간 사이의 도수를 비교할 수도 있으며 계급구간에 따른 도수 변화의 경향, 즉 자료의 분포를 파악할 수 있다.

연속자료의 히스토그램도 질적자료 또는 이산자료의 막대그래프와 같이 직사각형 막대의 높이로 각 계급의 도수를 나타낸다. 다만, 연속자료의 히스토그램에서는 각 계급의 계급값을 중심으로 막대를 표시하고 막대 사이의 공간을 없애 서로 붙여서 그린다.

[그림 2-10]은 [표2-5]를 사용하여 그린 히스토그램이다. 그림에서 보듯이 히스토그램은 각 계급의 자료의 중심이 어디인지, 자료가 어느 정도 흩어져 있는지, 자료 분포의 형태는 대강 무엇인지를 알 수 있다. [그림 2-10]에서 자료의 중심은 137.5이고, 이를 중심으로 자료가 밀집되어 비교적 균형있는 종 모양을 나타낸다는 사실을 발견할 수 있다. 부드러운 종 모양의 히스토그램은 자료의 분포가 정규분포를 이루고 있음을 나타낸다.

그림 2-10 히스토그램 : 멀리뛰기 기록

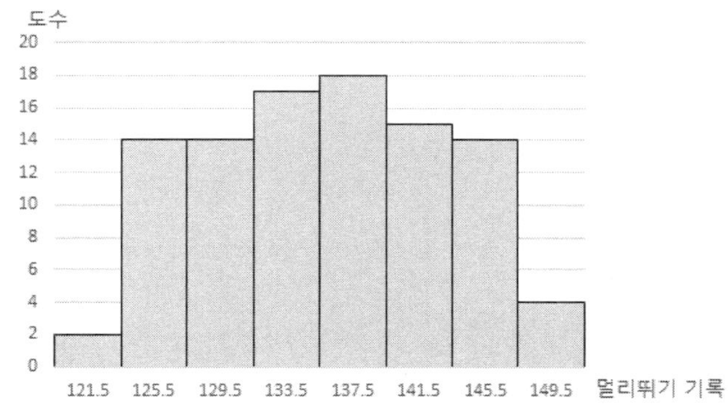

2.3.4 연속자료의 요약 : 꺾은선 그래프

꺾은선 그래프는 질적 자료와 이산자료를 위해서는 사용할 수 없고 연속자료에 대해서만 적용되며, 막대를 사용하지 않고 각 계급의 도수에 해당하는 높이에서 계급값을 점으로 찍고 이들 점들을 연결한 모양을 갖는다. 꺾은선 그래프를 도수다각형이라 부르기도 한다. 꺾은선그래프는 히스토그램에 비하여 분포의 형태를 더욱 분명히 해주며

특히 두 개 이상의 도수분포를 비교하는 데 효과적이다. [그림2-11]은 멀리뛰기 기록 자료를 이용하여 작성한 꺾은선 그래프이고, [그림 2-12]는 누적도수를 이용하여 작성한 누적도수다각형이다.

그림 2-11 꺾은선 그래프 : 멀리뛰기 기록

그림 2-12 누적도수다각형 : 멀리뛰기 기록

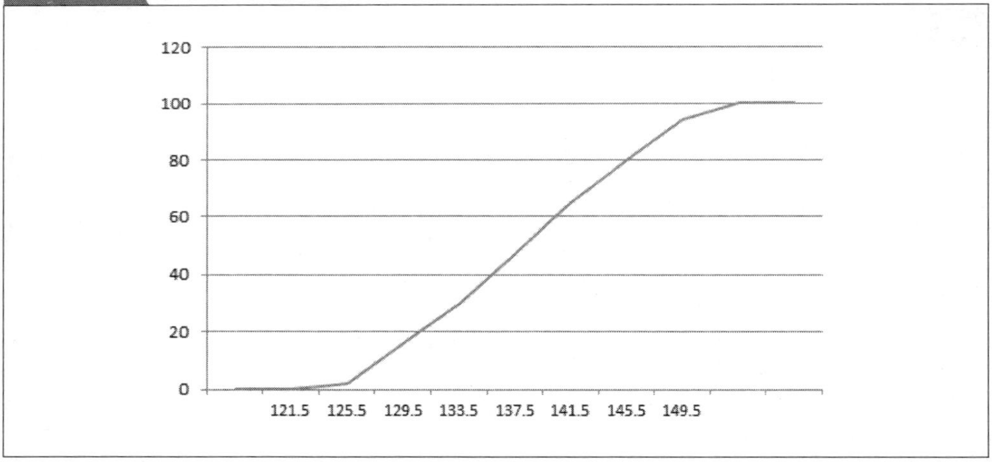

[그림 2-13]은 두 개의 자료값을 비교하기 위한 도수다각형과 누적도수다각형이다.

그림 2-13 두 종류의 자료값을 이용한 도수다각형과 누적도수다각형

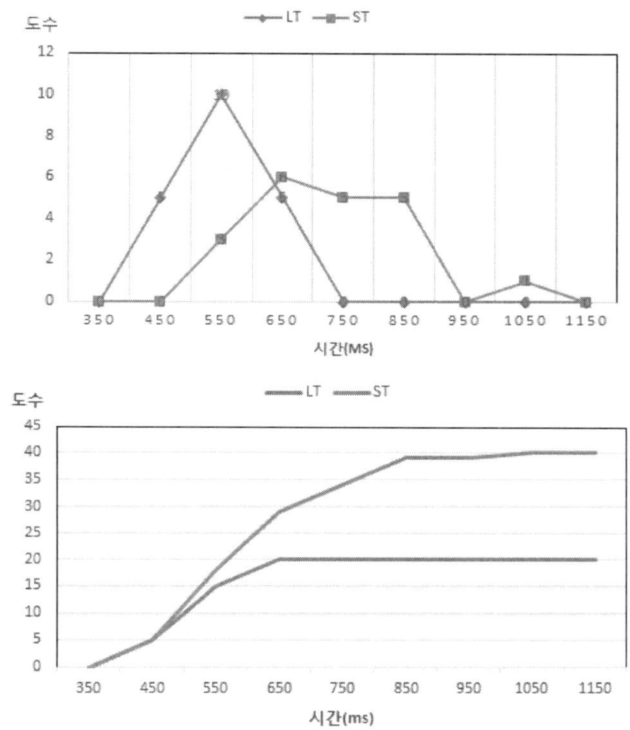

2.3.5 연속자료의 요약 : 줄기-잎 그림(stem and leaf plot)

줄기-잎 그림은 히스토그램이나 꺾은선그래프가 자료의 분포를 쉽게 파악할 수 있게 해주지만, 각 자료값이 가진 정보를 잃어버리는 단점을 보완해 주는 그림이다. 자료의 분포를 시각적으로 쉽게 파악할 수 있게 해 주면서, 각 자료값을 유지할 수 있는 자료 요약 방법이다. 제약사항으로는 자료의 수가 너무 많은 경우에는 사용하기 어렵다는 점이다.

줄기-잎 그림의 작성 순서는 다음과 같다.

STEP 1 전체 자료값을 보고 앞 단위(줄기)와 뒷 단위(잎)를 정한다.

STEP 2 앞 단위를 줄기로 하여 순서대로 세로로 배열하고, 그 옆에 수직선을 그린다.

STEP 3 뒷 단위를 잎으로 하여 자료값을 앞 단위 오른쪽에 가로로 배열한다.

STEP 4 각 줄기마다의 숫자를 오름차순으로 정렬한다.

[표 2-5]는 2000년 미식축구 시즌에서 31개 팀의 터치다운 횟수를 나타내고 있다.

표 2-5 터치다운 횟수

37	33	33	32	29	28	28	23
22	22	22	21	21	21	20	20
19	19	18	18	18	18	16	15
14	14	14	12	12	9	6	

이를 줄기-잎 그림으로 표현한 것은 [그림 2-14]이다.

그림 2-14 줄기-잎 그림

3		3	7332	3	2337
2		2	988322211100	2	001112223889
1		1	9988886544422	1	2244456888899
0		0	96	0	69
<STEP 1>		<STEP 2>		<STEP 3>	

줄기-잎 그림은 히스토그램과 유사하게 데이터의 분포를 표현하면서도, 히스토그램이 가지고 있지 않은 두 가지 장점을 가지고 있다. 하나는 언제든지 원래의 자료값을 다시 얻을 수 있다는 점이고, 둘째는 자료값을 크기순으로 나열하기 용이하기 때문에, 특정 자료값의 위치(예 : 중앙값)를 쉽게 알 수 있다는 점이다. 단점은 자료의 개수가 많은 경우에는 부적합하기 때문에, 자료의 개수가 많은 경우에는 히스토그램을 사용하는 것이 편리하다.

2.3.6 연속자료의 요약 : 상자 그림(box plot)

기술 통계학에서 '상자 그림'은 수치적 자료를 표현하는 그래프이다. 이 그래프는 가공하지 않은 자료 그대로를 이용하여 그린 것이 아니라, 자료로부터 얻어낸 통계량인 5가지 요약수치를 가지고 그린다. 이 때 5가지 요약 수치란 최소값, 제 1사분위수(Q1), 제 2사분위수(Q2), 제 3사분위수(Q3), 최대값을 일컫는 말이다. 히스토그램과는 다르게 집단이 여러 개인 경우에도 한 공간에 수월하게 나타낼 수 있다. 자료값들의 최대값, 최소값, 중앙값, 사분편차를 사용하여 자료의 측정값들이 어떤 모양으로 분포되어 있으며, 극단값들은 어떠한지 등을 쉽게 알 수 있도록 하는 그림 표현방법이다. 자료들이 비대칭으로 분포되어 있을 경우에는 상자그림을 그려 극단값의 개수, 비대칭 여부 등을 파악할 수 있으므로 측정값들의 중심위치와 산포도의 척도로 사용할 수 있다.

상자그림의 작성 순서는 다음과 같다.

STEP 1 주어진 자료값에서 각 사분위수를 계산한다.

STEP 2 제1 사분위수와 제3 사분위수를 밑변으로 하는 직사각형을 그리고 제 2사분위수에 해당하는 위치에 선분을 긋는다.

STEP 3 사분위수 범위(IQR, Interquartile range, Q3-Q1)를 계산한다.

STEP 4 Q3과 차이가 1.5 IQR 이내인 값 중에서 최대값을 Q3과 직선으로 연결하고, 마찬가지로 Q1과 차이가 1.5IQR 이내인 값 중에서 최소값을 Q1과 연결한다.

STEP 5 Q3보다 1.5 IQR 이상 초과하는 값과 Q1보다 1.5 IQR 이상 미달하는 값은 점이나, 원, 별표 등으로 따로 표시한다.

그림 2-15 상자그림의 예

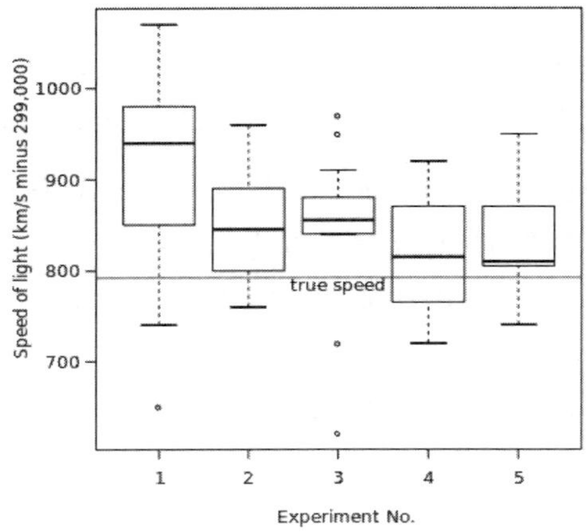

2.4 중심경향치

기술통계학에서 자료의 특성을 요약하는 방법으로는 몇 가지 수치를 이용하여 자료의 분포나 퍼짐 정도 등을 설명하는 방법이 있다. 중심경향치란, 자료의 대표값으로 사용할 수 있을 만한 특성을 가진 수치자료를 의미하는 것으로 평균이나, 중앙값, 최빈값 등이 이에 해당된다.

2.4.1 산술평균

중심경향치중에서 가장 잘 알려진 것이 산술평균(arithmetic mean)이다. 이것은 자료값의 합을 자료의 개수로 나눈 것이다. 모집단에 대해서는 μ로 표기하고 표본에 대해서는 $\overline{x}$로 표기한다. 모집단의 평균, 즉 모평균은 (식 2-5)로 구한다.

$$\mu = \frac{\sum_{i=1}^{N} x_i}{N} \text{ (모집단 평균)} \qquad \text{(식 2-5)}$$

우리가 모집단을 접하는 일은 드물기 때문에 (식 2-6)의 표본평균을 더 자주 보게 될 것이다.

$$\overline{x} = \frac{\sum_{i=1}^{n} x_i}{n} \text{ (표본 평균)} \qquad \text{(식 2-6)}$$

자료값이 없고 도수분포표만 주어졌을 때의 산술평균을 구할 경우는 (식 2-7)을 사용한다.

$$\bar{x} = \frac{\sum_{i=1}^{n} f_i x_i}{n} \quad \text{(도수}(f_i)\text{가 주어졌을 때의 평균)} \qquad \text{(식 2-7)}$$

산술평균은 자료값의 모든 값을 영향을 받는다. 한 자료의 값이 다른 자료의 값보다 아주 작거나 클 때 이 극단값을 영향을 많이 받는 통계량이다. 따라서 주어진 자료에 극단값들이 있을 때는 자료를 크기 순으로 나열한 후, 일정한 개수의 큰 값과 작은 값을 제외하여 평균을 계산하거나 다음에 설명할 중앙값을 중심경향치로 사용하는 것이 바람직하다.

예제 2-4

주어진 도수분포표를 보고 산술평균을 계산해 보자.

계급	계급값(x_i)	도수(f_i)	$f_i x_i$
16.0~19.0	17.5	3	52.5
19.0~22.0	20.5	7	143.5
22.0~25.0	23.5	36	846.0
25.0~28.0	26.5	57	1,510.5
28.0~31.0	29.5	59	1,740.5
31.0~34.0	32.5	20	650.0
34.0~37.0	35.5	8	284.0
37.0~40.0	38.5	5	192.5
40.0~43.0	41.5	4	166.0
43.0~46.0	44.5	1	44.5
계		200	5,630.0

(식 2-7)에 의해 $\bar{x} = \frac{5630}{200} = 28.15$ 이다.

산술평균의 특징

- 극단값의 영향을 많이 받는다.
- 각 자료와 산술평균과의 차이의 합 즉, 편차의 합은 0이다.

$$\sum_{i=1}^{n}(x_i - \overline{x}) = 0$$

- 산술평균에 대한 편차의 제곱의 합은 다른 어떤 수에 대한 편차의 제곱의 합보다 작거나 같다.

$$\sum_{i=1}^{n}(x_i - \overline{x})^2 \le \sum_{i=1}^{n}(x_i - a)^2 \text{ , 단 a는 임의의 수}$$

2.4.2 중앙값

중앙값(median=M)은 자료값들을 크기순으로 정렬한 다음 이사분위수(Q_2) 즉, 중간점을 찾는 것이다. 자료값의 개수가 홀수 개이면 $\frac{n+1}{2}$번째 위치한 값이, 짝수이면 $\frac{n}{2}$번째 자료와 $(\frac{n}{2}+1)$ 번째 자료의 평균값이 중앙값이 된다. 중앙값은 산술평균과는 달리 극단값에 영향을 받지 않는 장점이 있다.

도수분포표만 주어진 경우는 (식 2-8)을 이용하여 중앙값을 구한다.

$$M = L + (\frac{n}{2} - F_{i-1})\frac{C}{f_i} \quad \text{(식 2-8)}$$

L : 중앙값이 포함된 계급의 하한
F_{i-1} : 중앙값을 포함 계급 이전까지의 누적 도수
C : 계급의 폭
f_i : 중앙값이 포함된 계급의 도수

예제 2-5

자료 3, 8, 46, 5, 64, 11, 126의 중간값은 얼마인가?

자료를 크기순으로 나열한다.

즉 3, 5, 8, 11, 46, 64, 126

자료의 개수 $n = 7$이므로 $\frac{7+1}{2}=4$ 번째의 값이 중간값이다.

그러므로, 중간값은 11

예제 2-6

예제2-5의 도수분포표를 보고 중앙값을 계산해 보자.

(식 2-8)에 의해, $M=25+(\frac{200}{2}-46)\frac{3}{57} \fallingdotseq 27.84$

중앙값의 특징

- 극단값에 영향을 받지 않는다.
- 중앙값에 대한 편차의 절대값은 다른 어떤 수에 대한 편차의 절대값보다 항상 작거나 같다.

$\sum_{i=1}^{n}|x_i - M| \le \sum_{i=1}^{n}|x_i - a|$ 단, a는 임의의 수

2.4.3 최빈값

최빈값(mode, M_o)은 가장 발생빈도가 높은 자료값을 말하며 도수분포표를 이용하여 쉽게 구할 수 있다. 하지만, 최빈값은 항상 존재할 수 있는 것이 아니고 또 유일하지 않을 수도 있다.

도수분포표만 주어진 경우의 최빈값은 (식 2-9)를 이용하여 구한다.

$$M_o = L + (\frac{f_{i+1}}{f_{i-1}+f_{i+1}})C \qquad \text{(식 2-9)}$$

L : 최빈값이 포함된 계급의 하한
f_{i-1} : 최빈값이 속한 계급의 바로 이전 계급의 도수
f_{i+1} : 최빈값이 속한 계급의 바로 다음 계급의 도수
C : 계급의 폭)

예제 2-7

예제 2-5의 도수분포표를 보고 최빈값을 계산해 보자.

(식 2-9)에 의해, $M_o = 28 + (\frac{20}{57+20})3 \fallingdotseq 28.78$

최빈값의 특징

- 극단값에 영향을 받지 않으며 도수가 가장 많은 값이다.
- 없거나 두 개 이상의 최빈값이 존재할 수도 있다.
- 제품 생산에서 가장 많이 생산해야 할 제품의 사이즈 결정에 편리하다.

2.5 산포도

중심위치를 나타내는 통계량만으로는 자료의 분포에 대한 충분한 정보가 되지 못한다. 자료가 평균을 중심으로 어떤 범위 내에 어느 정도 분포되어 있는지를 나타내는 산포도를 나타내는 통계량으로 분산, 표준편차, 범위, 사분위수범위 등이 있다.

2.5.1 분산

분산(variance)은 자료의 변동을 측정하는 데 가장 많이 쓰이는 방법이다. 분산은 자료가 산술평균으로부터 어떻게 퍼져 있는가를 나타내는 통계량이다. 분산이 크면 자료가 평균값을 중심으로 넓게 퍼져 있음을, 분산이 작으면 평균값을 중심으로 자료가 밀집되어 있음을 나타낸다.

모집단이 대상일 때는 모분산(population variance, σ^2)이라 하고 표본이 대상일 때는 표본분산(sample variance, S^2)이라 하며, 통계량을 구하는 방법은 각각 (식 2-10)과 (식 2-11)이다. 각 자료와 평균의 차이인 편차를 제곱하여 평균을 구한 값이 분산이다.

$$\sigma^2 = \frac{1}{N}\sum_{i=1}^{N}(x_i - \mu)^2 = \frac{1}{N}\sum_{i=1}^{N}x_i^2 - \mu^2 \qquad \text{(식 2-10)}$$

$$S^2 = \frac{1}{n-1}\sum_{i=1}^{n}(x_i - \overline{x})^2 = \frac{1}{n-1}\sum_{i=1}^{n}x_i^2 - n\overline{x^2} \qquad \text{(식 2-11)}$$

표본분산을 구할 때, (n-1) 대신에 n을 사용하면 모분산을 과소평가하게 되어 편의 추정치가 되고, (n-1)을 사용하여 구한 분산은 모분산의 불편추정치가 된다. 이에 대한 상세한 설명은 본서의 범위에서 벗어난다.

예제 2-8

40, 55, 75, 95, 95의 자료값에 대한 모분산과 표본분산을 구하라.

x_i	$x_i - \overline{x}$	$(x_i - \overline{x})^2$
40	-32	1,024
55	-17	289
75	3	9
95	23	529
95	23	529
$\overline{x}$=72		$\sum(x_i - \overline{x})^2$ =2,380

(식 2-10)에 의해, 모분산 $\sigma^2 = \frac{2380}{5} = 476$,

(식 2-11)에 의해, 표본분산 $S^2 = \frac{2380}{4} = 595$ 이다.

2.5.2 표준편차

분산은 편차의 제곱을 이용하여 계산하기 때문에 자료의 단위보다 큰 단위로 표시된다. 따라서, 산포의 단위를 자료의 단위에 맞추기 위해서는 분산을 제곱근을 취하여야 한다. 분산의 양의 제곱근을 이용한 산포도가 표준편차(standard deviation)이다. 모집단의 표준편차는 모표준편차(σ)이고, 표본의 표준편차는 표본표준편차(S)이다.

[예제 2-8]의 자료값에 대한 모표준편차 $\sigma = \sqrt{(476)} \fallingdotseq 21.82$ 이고, 표본표준편차 $S = \sqrt{(595)} \fallingdotseq 24.40$ 이다.

분산과 표준편차의 성질

- 분산이 0이면, 모든 자료가 동일한 값을 갖는 것이고, 분산이 0에 가까운 값을 가지면, 자료들이 평균에 밀집해 있음을, 분산의 값이 커질수록 자료들이 평균으로부터 멀리 떨어져 있음을 의미한다.
- 표준편차나 분산은 자료의 극단적인 값에 영향을 많이 받는 산포도이다.
- 자료가 정규분포를 한다고 할 때, $\overline{x}\pm\sigma$, $\overline{x}\pm 2\sigma$, $\overline{x}\pm 3\sigma$ 범위에 있는 자료의 비율은 각각 68.27%, 95.45%, 99.73%이다.

2.5.3 범위

범위(range)는 자료를 크기 순서로 나열했을 때, 최대값에서 최소값을 뺀 것으로, 자료들이 흩어져 있는 구간의 길이를 나타낸다. 이는 계산은 간편하나, 자료값의 특성에 대한 정보를 무시하기 때문에 올바른 산포도가 되지는 못한다.

2.5.4 사분위수 범위

사분위수는 자료를 크기순으로 나열했을 때, 전체 자료를 4등분하는 위치에 있는 숫자로서 일사분위수(Q_1), 이사분위수(Q_2), 삼사분위수(Q_3)가 있다. 상자 그림을 그릴 때 사용했던 개념이다.

사분위수 범위(interquartile range : IQR)란 삼사분위수에서 일사분위수를 뺀 값으로, 가운데 부분을 이루고 있는 구간이 얼마나 넓은 구간에 걸쳐서 흩어져 있는가는 나타낸다. 만약 계산된 사분위수 범위가 크면 자료값들이 넓게 흩어져 있는 상태라는 것을 알 수 있다.

예제 2-9

3, 6, 5, 7, 9의 자료값에 대한 범위와 사분위수범위를 구하라.

범위 = 최대값 - 최소값 = 9 - 3 = 6,

사분위수 범위 $IQR = Q_3 - Q_1 = 7 - 5 = 2$ 이다.

2.5.5 변이계수

표준편차는 평균값이 큰 데이터 쪽이 커지는 경향이 있다. 따라서 다른 평균값을 가진 데이터를 비교하는 경우, 표준편차를 기준으로 하면 적당하지 않은 경우가 있다. 변이계수(변동계수 : coefficient of variation, CV)는 표준편차를 평균값으로 나눔으로써 이 평균값의 차이를 조정하여, 서로 다른 두 집단의 특징을 비교할 수 있게 해 준다. 변이계수를 구하는 식은 (식 2-12)와 같다.

$$CV = \frac{S}{\bar{x}} \times 100 \qquad \text{(식 2-12)}$$

변이계수는 키, 몸무게 등과 같이 성질이 서로 다른 두 자료의 변화 정도를 비교하거나, 두 종류의 자료값들의 차이가 클 때 유용하게 사용된다.

| 예제 2-10 |

키 자료를 미터로 측정한 S_1(1.75, 1.69, 1.81, 1.58, 1.77)과 센티미터 단위로 측정한 S_2 (175, 169, 181, 158, 177)의 자료에 대한 표준편차와 변이계수를 구하고 산포도에 대하여 비교하시오.

$S_{s_1} \fallingdotseq 0.089$ 이고 $S_{s_2} \fallingdotseq 8.94$ 이고, $CV_{S_1} = CV_{S_2} \fallingdotseq 5.20$ 이다.

자료집합은 측정단위만 다를 뿐, 같은 자료인데, 표준편차만으로는 두 집단의 산포정도가 상당한 차이가 있지만, 변이계수가 같은 값을 나타냄으로 두 집단이 같은 정보 집합임을 알 수 있다.

| 예제 2-11 |

신생아와 성인 5명의 몸무게를 측정하였다. 어느 집단이 평균을 중심으로 변화정도가 심한지를 조사하시오.

신생아	2.96	4.15	3.30	3.51	1.98
성인	75	59	61	88	55

신생아 : 평균 3.18, 표준편차 0.80, 변이계수 25.12
성인 : 평균 67.6, 표준편차 13.66, 변이계수 20.22

위의 결과에서 신생사의 변이계수가 성인의 변이계수보다 크므로, 신생아 집단의 자료값들이 평균을 중심으로 더 흩어져 있다고 분석할 수 있다.

2.6 상대위치

상대위치를 나타내는 통계량은 전체 자료값 중에서 어떤 위치에 있는지를 표시하는 통계량으로 백분위수, Z값, T값 등이 있다.

2.6.1 Z값

(식 2-13)과 같이 자료값과 평균의 차이를 표준편차로 나누어 변환하는 것을 "표준화한다"라고 한다. 표준화된 값은 Z로 표시되며, 이때 Z값(Z-value)은 평균은 0이고 분산은 항상 1이 된다. 즉, Z값으로의 변환은 자료의 분포와는 관계없이 자료값들의 평균을 0, 표준편차를 1로 만드는 변환이다. 자료값을 Z값으로 변환했을 때, 그 값이 0이면 해당 자료값은 전체 자료값들과의 비교에서 상대적으로 중간에 위치한 값임을 의미하는 것이고, 음수가 된다면 평균이하, 양수이면 평균이상의 위치에 있는 값이라는 의미이다.

$$Z_i = \frac{x_i - \overline{x}}{S},\ Z_i\text{는 } i\text{번째 자료값의 } Z\text{값} \qquad \text{(식 2-13)}$$

| 예제 2-11 |

어떤 학생이 통계학은 84점, 수학은 90점을 받았다고 하자.
전체학생들의 통계학 평균은 76점, 표준편차는 10점이고, 수학은 평균 82점, 표준편차는 16점이라고 할 때, 해당 학생은 어느 과목을 더 잘한 것인가?

$$Z_{\text{통계학}} = \frac{84-76}{10} = 0.8,\ Z_{\text{수학}} = \frac{90-82}{16} = 0.5 \quad \text{이다.}$$

따라서, 통계학이 상대적으로 우수하다고 할 수 있다.

2.6.2 T값

T값(T-value)은 Z값에 50을 더한 값이다. Z값은 평균이 0이기 때문에, 자료값의 절반 정도가 음수를 갖게 된다. 이러한 점을 보완하기 위하여 평균이 50, 표준편차는 10이 되도록 Z값을 변환한 것이다. 따라서 T값을 구하는 방법은 (식 2-14)와 같다.

$$T = 50 + 10Z \qquad \text{(식 2-14)}$$

2.7 분포 형태값

자료의 평균이나 표준편차만으로는 자료의 분포 상태를 완전하게 결정할 수 없다. 평균이 같고 표준편차가 같은 경우라도 분포의 형태가 다를 수 있기 때문이다. 자료의 분포 형태를 추측할 수 있는 척도로 왜도와 첨도를 사용한다.

2.7.1 왜도

왜도(skewness)는 분포의 비대칭의 정도, 즉 분포가 기울어진 방향과 그 기울어진 정도를 나타내는 척도이다. 단봉분포에서 긴 꼬리가 왼쪽에 있으면 왜도가 음수이고, 그 반대의 경우 양수의 왜도를 가진다. 왜도값이 '0'이면 좌우대칭인 정규분포를 가지고, 왜도값의 절대값이 클수록 분포의 비대칭 정도가 커진다. 왜도를 구하는 방법은 (식 2-15)이다.

$$\frac{n\sum_{i=1}^{n}(x_i-\overline{x})^3}{(n-1)(n-2)S^3} \quad \text{(식 2-15)}$$

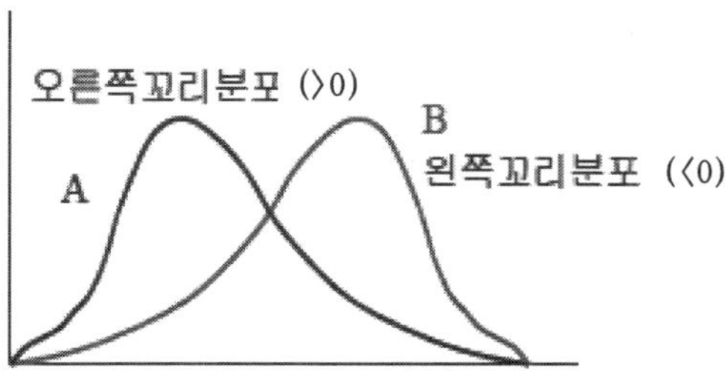

2.7.2 첨도

첨도(kurtosis)는 자료의 분포가 중심경향값을 중심으로 집중적으로 분포되어 있는 정도 혹은 분포의 뾰족한 정도를 나타내는 척도이다. 첨도는 정규분포와 비교하기 위하여 사용되는 데, 첨도가 음수이면 자료의 분포가 정규분포보다 꼬리 부분이 더 두텁다는 것을 의미하고, 첨도가 양수이면 자료의 분포가 정규분포보다 꼬리 부분이 얇아서 정규분포보다 뾰족하다는 것을 의미한다. 첨도는 (식 2-16)을 사용하여 산출된다. 정규분포의 경우는 첨도값 3을 기준으로 하는데, EXCEL이나 SAS, SPSS에서 제공되고 있는 값은 3을 뺀 0을 기준으로 제시하고 있다.

$$\frac{n(n+1)\sum_{i=1}^{n}(x_i-\overline{x})^4}{(n-1)(n-2)(n-3)S^4}-\frac{3(n-1)^2}{(n-2)(n-3)} \qquad \text{(식 2-16)}$$

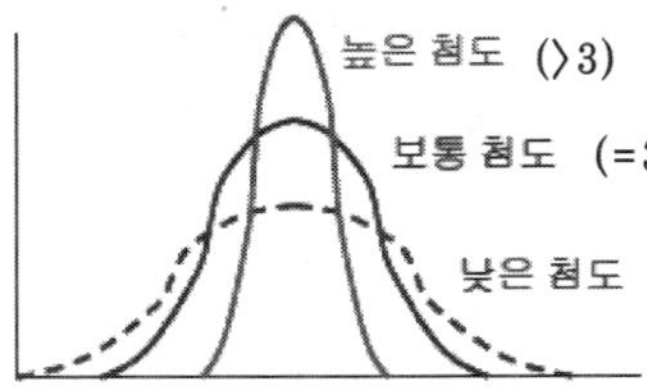

2.8 엑셀 활용

2.8.1 엑셀 함수

이 장에서 사용할 엑셀 함수는 [표 2-6]과 같다.

표 2-6 2장에서 사용할 엑셀 함수

함수 구문	기능
ABS(숫자)	인수인 숫자의 절대값 반환
AVERAGE(숫자리스트)	리스트의 수들의 평균 반환
COUNT(숫자리스트)	리스트에서 숫자가 있는 셀의 개수 반환
COUNTIF(범위, 조건)	주어진 범위에서 조건에서 지정한 값과 같은 값의 개수를 반환
FREQUENCY(자료배열, 구간값 배열)	자료배열의 자료값을 구간값 배열에 맞춰 도수 계산
LOG10(숫자)	상용로그의 값을 반환,
MAX(숫자리스트)	리스트의 수 중에서 최대값 반환
MEDIAN(숫자리스트)	리스트에서 중앙값 반환
MIN(숫자리스트)	리스트의 수 중에서 최소값 반환
MODE(숫자리스트)	리스트에서 최빈값 반환
POWER(밑수, 지수)	인수인 밑수를 지정한 만큼 거듭제곱한 값을 반환
PRODUCT(숫자리스트)	리스트의 수들의 곱을 반환
QUARTILE(숫자리스트, quart)	리스트에서 사분위수 반환 quart가 0, 1, 2, 3, 4 이면 각각 최소값, 일사분위수, 중앙값, 삼사분위수, 최대값을 반환
SQRT(숫자)	인수인 숫자의 양의 제곱근을 반환
SUM(숫자리스트)	리스트의 수들의 합 반환

2.8.2 이산자료의 도수분포표

① 도수분포표를 작성하기 다음과 같이 자료를 입력한다.

	A	B	C	D	E	F	G	H	I	J	K	L
1						이산자료의 도수분포표 작성						
2												
3	강의만족도 조사 자료						도수분포표					
4	3	4	5	4			수준	척도	도수	상대도수	상대도수(%)	
5	4	5	5	3			매우불만	1				
6	4	5	3	5			불만	2				
7	5	4	4	4			보통	3				
8	1	1	5	5			만족	4				
9	5	4	5	4			매우만족	5				
10	3	5	2	3			계					
11	4	4	4	5								
12	5	2	3	3								
13	2	5	4	3								
14	4	4	5	4								
15	5	2	4	4								
16	3	4	3	3								
17	4	4	5	5								
18	4	4	4	3								
19												
20												

② 다음과 같이 수식을 시트에 입력한다.

	I	J	K
1	분포표 작성		
2			
3			
4	도수	상대도수	상대도수(%)
5	=COUNTIF($A$4:$D$18,H5)	=I5/$I$10	=J5*100
6	=COUNTIF($A$4:$D$18,H6)	=I6/$I$10	=J6*100
7	=COUNTIF($A$4:$D$18,H7)	=I7/$I$10	=J7*100
8	=COUNTIF($A$4:$D$18,H8)	=I8/$I$10	=J8*100
9	=COUNTIF($A$4:$D$18,H9)	=I9/$I$10	=J9*100
10	=SUM(I5:I9)	=SUM(J5:J9)	=SUM(K5:K9)
11			

③ 다음과 같은 도수분포표를 얻는다.

	A	B	C	D	E	F	G	H	I	J	K	L
1							이산자료의 도수분포표 작성					
2												
3	강의만족도 조사 자료						도수분포표					
4	3	4	5	4			수준	척도	도수	상대도수	상대도수(%)	
5	4	5	5	3			매우불만	1	2	0.033	3.333	
6	4	5	3	5			불만	2	4	0.067	6.667	
7	5	4	4	4			보통	3	12	0.200	20.000	
8	1	1	5	5			만족	4	24	0.400	40.000	
9	5	4	5	4			매우만족	5	18	0.300	30.000	
10	3	5	2	3			계		60	1	100	
11	4	4	4	5								
12	5	2	3	3								
13	2	5	4	3								
14	4	4	5	4								
15	5	2	4	4								
16	3	4	3	3								
17	4	4	5	5								
18	4	4	4	3								

2.8.3 이산자료의 막대그래프

① 강의만족도 도수분포표를 이용하여 막대그래프를 작성하기 위해, [G5:G9,I5:I9]를 블럭 지정한다.

② 메뉴에서 [삽입]-[세로 막대형]을 선택한 후, [2차원 세로 막대형]의 첫 그림을 선택한다.

③ [차트레이아웃]에서 적당한 내용을 선택한다. 여기서는 [레이아웃 9]를 선택했다.

④ 차트제목이나, 축제목, 범례 등을 원하는 모양으로 편집한다.
(편집을 원하는 항목을 클릭 후 한 번 더 클릭하면 편집할 수 있음)

⑤ 다음과 같은 막대그래프가 작성되었다.

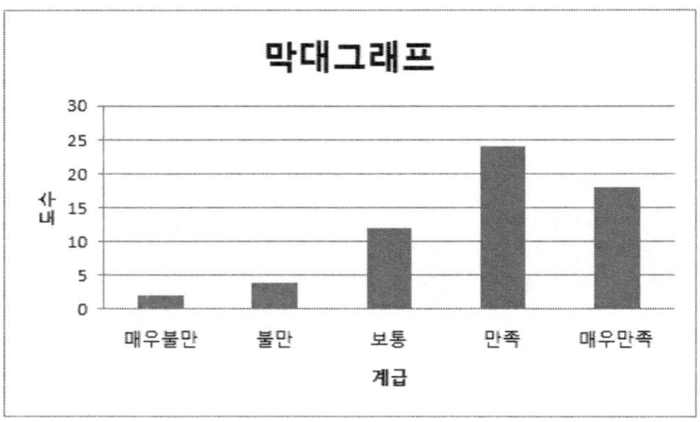

2.8.4 이산자료의 파이차트

① 강의만족도 도수분포표를 이용하여 막대그래프를 작성하기 위해, [G5:G9,J5:J9]를 블럭 지정한다.

② [삽입]-[원형]의 첫 그림을 선택한다.

③ [차트레이아웃]에서 적당한 내용을 선택한다. 여기서는 [레이아웃 1]을 선택했다.

④ 차트제목, 레이블 등을 원하는 모양으로 편집한다.

⑤ 다음과 같은 파이차트가 작성되었다.

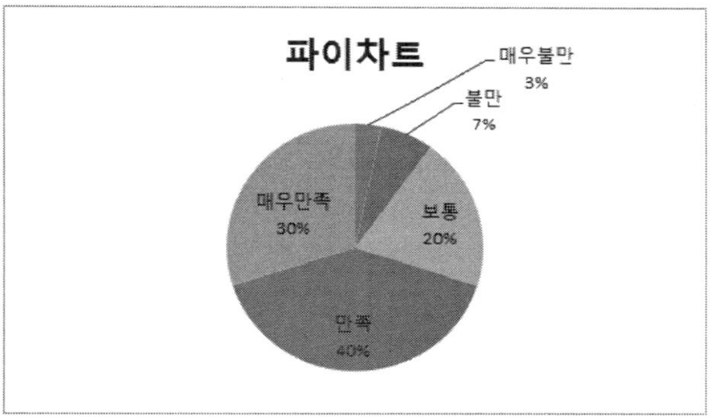

2.8.5 연속자료의 도수분포표

① 도수분포표를 작성하기 다음과 같이 자료를 입력한다.

	A	B	C	D	E	F	G	H
1						이산자료의 도수분포표 작성		
2								
3				임금 자료				
4	27.8	23.1	30.7	22.7	31.2	28.0	28.3	35.3
5	28.5	23.6	26.2	24.2	20.5	23.4	33.6	22.7
6	28.4	30.0	23.3	33.1	24.9	29.3	29.6	27.3
7	28.3	27.5	28.4	29.7	29.3	34.4	29.2	26.4
8	24.2	25.4	28.4	25.5	30.8	23.5	26.6	31.3
9	45.6	27.2	29.2	24.0	28.6	27.6	28.7	31.4
10	19.0	32.5	17.5	28.1	37.9	30.9	27.4	26.3
11	24.6	28.2	29.5	27.5	26.7	28.3	30.3	31.3
12	27.6	36.1	22.1	24.7	30.0	29.2	42.7	31.4
13	32.1	25.1	34.7	25.3	23.0	29.9	26.7	26.3
14	27.4	32.7	28.0	27.5	18.4	25.7	32.7	41.8
15	25.7	29.6	33.2	16.8	31.1	26.1	22.8	29.8
16	23.8	29.1	25.0	26.1	28.5	26.5	30.4	28.1
17	28.8	33.7	26.9	28.7	28.7	25.3	26.6	30.5
18	27.7	28.2	29.9	25.6	33.3	21.6	26.4	31.6
19	40.1	27.1	28.9	19.8	27.7	28.0	33.4	29.4
20	20.2	27.4	29.1	26.1	29.7	28.1	26.5	30.0
21	24.4	37.3	26.4	31.5	27.7	28.5	36.6	31.8
22	42.0	22.4	35.1	27.6	24.5	29.6	25.9	27.2
23	29.7	27.4	24.8	24.9	22.5	26.3	27.0	28.4
24	28.4	27.5	30.0	32.4	26.3	23.3	27.0	25.1
25	23.7	22.2	24.6	28.7	28.1	27.2	30.2	26.6
26	22.2	29.0	29.2	26.8	38.5	27.9	28.6	31.6
27	37.8	26.5	29.4	25.4	30.6	23.2	21.3	20.2
28	31.8	23.5	26.6	21.8	24.4	39.2	30.6	25.0

② 이산자료와 달리 연속자료의 경우 계급수와 계급폭 등을 정해야 한다. 이를 위해 다음과 같이 입력한다.

	A	B
29		
30	용어	값
31	총도수	=COUNT(A4:H28)
32	로그값	=LOG10(B31)
33	계급수	=1+3.3*B32
34	최대값	=MAX(A4:H28)
35	최소값	=MIN(A4:H28)
36	범위	=B34-B35
37	계급폭	=B36/B33

③ 함수를 이용하여 값을 계산한 결과, 계급폭은 3으로 하고, 도수분포표를 작성하기 위하여 다음과 같이 도수분포표를 작성한다.

	J	K	L	M
1	ㅏ자료의 도수분포표 ㅈ			
2				
3	도수분포표			
4	계급하한	계급상한	도수	상대도수
5	16.0	19.0		
6	19.0	22.0		
7	22.0	25.0		
8	25.0	28.0		
9	28.0	31.0		
10	31.0	34.0		
11	34.0	37.0		
12	37.0	40.0		
13	40.0	43.0		
14	43.0	46.0		
15				

④ 도수를 구하기 위하여 [L5:L14]를 블럭 지정한다. 함수 마법사를 이용하거나, 직접 수식을 입력하는 방식으로 입력 후, 마지막에 Ctrl + Shift + Enter↵ 를 누르면 블럭 모두에 도수가 계산되어 출력된다.

도수분포표			
계급하한	계급상한	도수	상대도수
16.0	=FREQUENCY(A4:H28,K5:K14)		
19.0	22.0		
22.0	25.0		
25.0	28.0		
28.0	31.0		

⑤ 상대도수까지 구하면 다음과 같은 결과를 얻는다.

	I	J	K	L	M
1	연속자료의 도수분포표 작성				
2					
3		도수분포표			
4		계급하한	계급상한	도수	상대도수
5		16.0	19.0	4	0.02
6		19.0	22.0	7	0.035
7		22.0	25.0	33	0.165
8		25.0	28.0	59	0.295
9		28.0	31.0	59	0.295
10		31.0	34.0	22	0.11
11		34.0	37.0	6	0.03
12		37.0	40.0	5	0.025
13		40.0	43.0	4	0.02
14		43.0	46.0	1	0.005
15		계		200	1
16					

2.8.6 연속자료의 히스토그램

① 임금자료 도수분포표를 이용하여 [N5:N14]에 계급값을 추가하여, 계산하고, 히스토그램 작성을 위해, [L5:L14]를 블럭 지정한다.

② 메뉴에서 [삽입]-[세로 막대형]-[묶은 세로 막대형]을 선택한다.

③ [차트레이아웃]에서 적당한 내용을 선택한다. 여기서는 [레이아웃 8]을 선택했다.

④ 차트제목이나, 축제목, 범례 등을 원하는 모양으로 편집한다.

⑤ [차트도구]-[디자인]-[데이터선택]을 선택하고, [데이터선택] 대화 상자에서 [가로(항목) 축 레이블] 영역의 편집 단추를 클릭하여, 계산해 준 계급값의 범위 [N5:N14]를 지정한 후, [확인]을 두 번 클릭하면 다음과 같은 히스토그램이 작성된다.

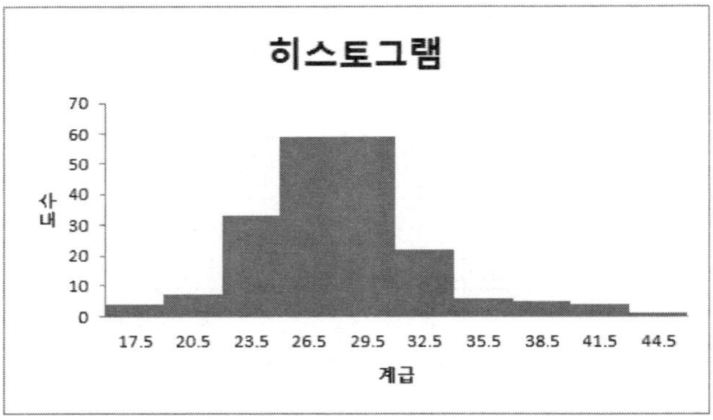

2.8.7 연속자료의 꺾은선 그래프

① 임금자료 도수분포표를 이용하여 꺾은선 그래프를 그리기 위해서 [L5:L14]를 블럭 지정한다.

② [삽입]-[꺾은선 형]-[표식이 있는 꺾은선 형]을 선택한다.

③ [차트레이아웃]에서 적당한 내용을 선택한다. 여기서는 [레이아웃 10]을 선택했다.

④ 차트제목이나, 축제목, 범례 등을 원하는 모양으로 편집한다.

⑤ [차트도구]-[디자인]-[데이터선택]을 선택하고, [데이터선택] 대화 상자에서 [가로(항목) 축 레이블] 영역의 편집 단추를 클릭하여, [N5:N14]를 지정한 후, [확인]을 두 번 클릭하면 다음과 같은 꺾은선 그래프가 작성된다.

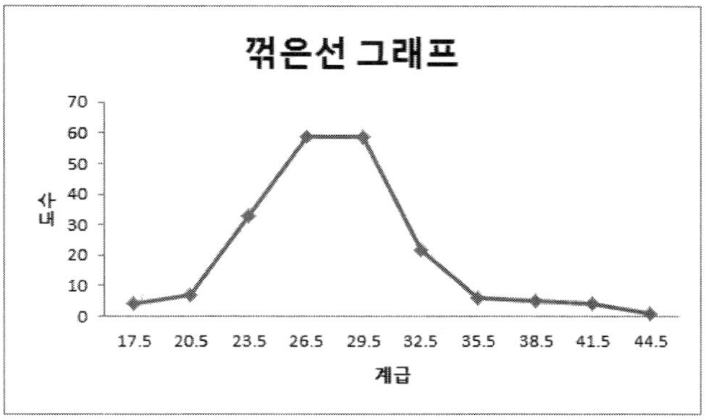

2.8.8 수치적 자료 요약

① 수치적 방법으로 자료 요약 정보를 만들기 위해 다음과 같이 자료를 입력한다.

	A	B	C	D	E	F
1			수치통계량			
2						
3			졸업생 월급 자료			
4	200	180	260	270	240	
5	190	210	320	310	370	
6	200	270	300	350	5000	
7						

② 앞에서 설명한 함수를 이용하여 평균, 중앙값, 최빈값, 분산, 표준편차, 왜도, 첨도 등을 구한다. 사용 함수식과 결과는 다음과 같다.

	A	B	C	D	E
1				수치통계량	
2					
3				졸업생 월급 자료	
4	200	180	260	270	240
5	190	210	320	310	370
6	200	270	300	350	5000
7					
8		≐를이용한 통계량		산술평균	=AVERAGE(A4:E6)
9				중앙값	=MEDIAN(A4:E6)
10				최빈값	=MODE(A4:E6)
11				범위	=MAX(A4:E6)-MIN(A4:E6)
12				사분위수범위	=QUARTILE(A4:E6,3)-QUARTILE(
13				분산	=VAR.P(A4:E6)
14				표본분산	=VAR.S(A4:E6)
15				표준편차	=STDEV.P(A4:E6)
16				표본표준편차	=STDEV.S(A4:E6)
17				왜도	=SKEW(A4:E6)
18				첨도	=KURT(A4:E6)
19					

	A	B	C	D	E	F
1			수치통계량			
2						
3			졸업생 월급 자료			
4	200	180	260	270	240	
5	190	210	320	310	370	
6	200	270	300	350	5000	
7						
8			함수를이용한 통계량	산술평균	578	
9				중앙값	270	
10				최빈값	200	
11				범위	4820	
12				사분위수범위	110	
13				분산	1400016	
14				표본분산	1500017.14	
15				표준편차	1183.22	
16				표본표준편차	1224.75	
17				왜도	3.857246788	
18				첨도	14.91315247	

2.8.9 엑셀 분석도구 사용

수치 통계량을 계산하기 위해 엑셀에서 사용하는 분석 도구를 이용할 수 있다.

① 졸업생 월급 자료를 이용한 수치 통계량 계산을 위해 다음과 같이 입력한 후, [A4:A18]을 블럭 지정한다.

	A	B
1	엑셀 분석도구 활용	
2		
3	졸업생 월급	
4	200	
5	190	
6	200	
7	180	
8	210	
9	270	
10	260	
11	320	
12	300	
13	270	
14	310	
15	350	
16	240	
17	370	
18	5000	

② [데이터]-[분석]-[데이터 분석]을 선택한다. 해당 메뉴가 없는 경우에는 [파일]-[옵션]-[추가기능]을 선택하고 오른쪽 화면 최하단의 관리항목에서 [Excel 추가 기능]을 선택한 후, [이동] 버튼을 클릭하면, [추가기능] 대화상자가 나타난다. 이 대화상자에서 [분석 도구]를 클릭하면 [데이터 분석] 메뉴가 리본 메뉴에 추가된다.

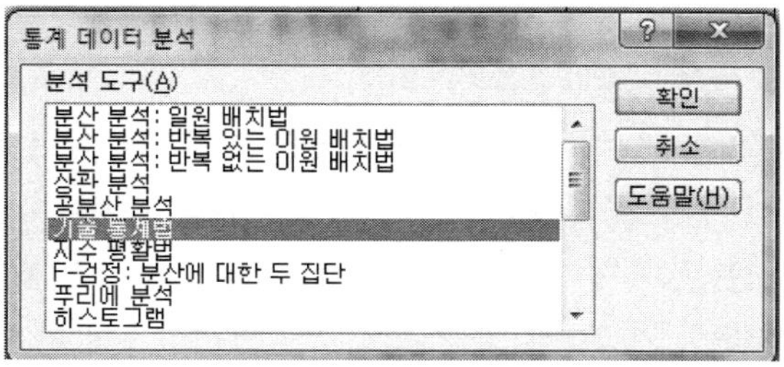

③ [통계 데이터 분석] 대화상자에서 [기술통계법]을 선택하고 [확인] 단추를 클릭, 다음과 같이 지정한 후, [확인] 단추를 누르면 기술 통계량을 구할 수 있다.

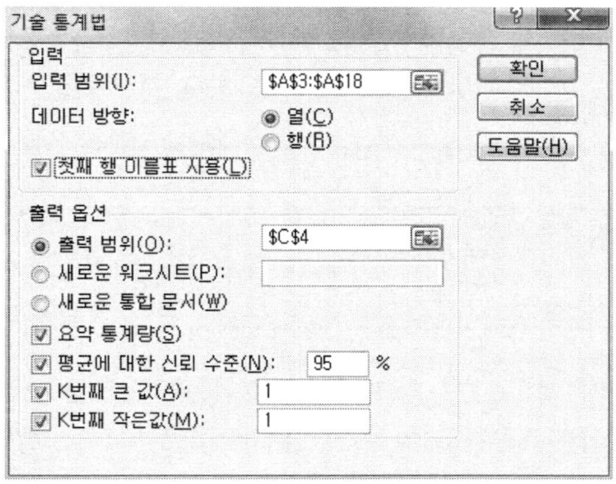

	A	B	C	D	E
1	엑셀 분석도구 활용				
2					
3	졸업생 월급				
4	200		졸업생 월급		
5	190				
6	200		평균	578	
7	180		표준 오차	316.2296	
8	210		중앙값	270	
9	270		최빈값	200	
10	260		표준 편차	1224.752	
11	320		분산	1500017	
12	300		첨도	14.91315	
13	270		왜도	3.857247	
14	310		범위	4820	
15	350		최소값	180	
16	240		최대값	5000	
17	370		합	8670	
18	5000		관측수	15	
19			가장 큰 값	5000	
20			가장 작은	180	
21			신뢰 수준(	678.245	

한걸음 더... 분할표와 산점도

지금까지 설명한 내용은 변수가 하나일 때, 자료를 정리하는 방법들에 대해 알아보았다. 하지만, 실험이나 연구 조사에서는 둘 이상의 변수를 동시에 조사하고, 각종 변수의 관계를 밝혀야 하는 경우가 대부분이다. 예를 들면, 소득과 지출의 관계, 광고와 매출의 관계, 신장과 체중, 가슴둘레 등 신체조건의 연관성 등이다.

변수가 둘인 경우는, 자료 정리를 위해 분할표(contingency table)를 사용한다.

분할표는 두 개의 변수를 정리하여 관련성을 표시하는 데 매우 효과적인 도표이다. 작성요령은 행과 열에 두 종류의 변수 범주를 나눠 적고, 각 칸에는 도수 내지는 비율을 표시한다. 연속형인 경우에도 하나의 변수를 이용한 도수분포표와 마찬가지고 계급의 구간을 결정하고 서로 중복되지 않는 구간을 설정한 다음에 분할표를 만들면 된다. SPSS이나 R과 같은 통계 패키지는 교차분석을 통해 분할표를 자동 생성할 수 있다.

		거주지역			전체
		1.00	2.00	3.00	
종교	1.00	301	50	61	412
	2.00	182	88	107	377
	3.00	458	107	224	789
전체		941	245	392	1578

표의 형태 외에 그래프로 두 변수의 관계를 표현하는 도구로는 산점도(scatter diagram)를 사용할 수 있다. 산점도는 두 개 이상 변수의 분포에서 각 개체를 점으로 표시한 그림이다. 예를 들어, 표본집단에 속한 학생들의 키와 몸무게를 잰 후에, X축은 키의 값을, Y축은 몸무게의 값을 나타내는 변수로 하여 좌평면상에 모든 학생들의 두 변수의 값을 점으로 표시하면 산점도가 된다. 산점도는 두 변수의 관계를 시각적으로 검토할 때 유용하며, 변수들 사이의 관계를 왜곡시키는 특이점(outlier)을 확인하는 경우에도 유용하다.

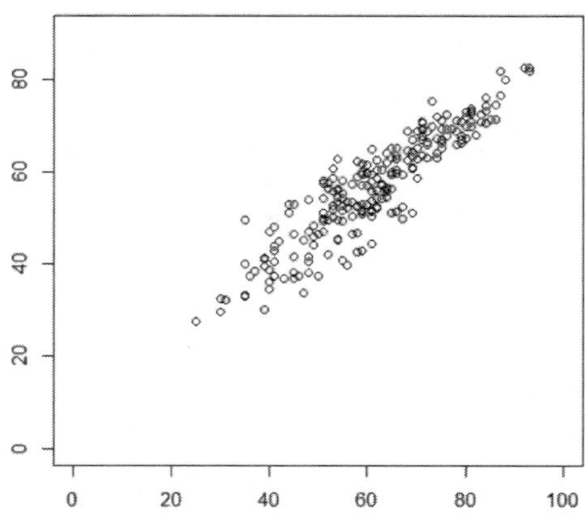

연/습/문/제

1. 다음은 40개 심장전문센터의 침상당 간호사의 비율을 보여주고 있다. 이를 이용하여 도수분포표와 히스토그램을 작성하시오.

1.48	1.16	1.24	1.52	1.30	1.41	2.40	1.12	1.21	2.76
1.34	1.58	1.72	1.38	1.44	2.11	1.40	1.29	1.59	1.50
1.68	1.39	1.62	1.17	1.07	1.68	1.96	1.48	0.93	1.15
1.35	1.42	1.33	1.41	1.28	1.34	1.35	0.98	2.00	1.81

2. 엑셀을 이용하여 다음의 자료를 가장 적합한 형태의 도표로 작성하시오.

주요 자동차생산국의 1인당 의료 지출

나라	1999	2000	나라	1999	2000
미국	2,739	4,631	일본	1,083	2,012
독일	1,600	2,748	영국	972	1,763
캐나다	1,676	2,535	한국	355	893
이탈리아	1,321	2,032	멕시코	260	490

3. 다음은 세계 주요 도시의 연평균 기온이다. 줄기-잎 그림과 상자그림을 그리시오.

도시	기온	도시	기온
서울	11.1	런던	10.5
도쿄	15.0	베를린	9.5
북경	12.0	워싱턴	13.9
상해	16.1	뉴욕	12.6
홍콩	28.4	시카고	10.5
마닐라	27.3	모스크바	4.4
사이공	27.0	스톡홀름	6.6
방콕	28.0	호놀룰루	24.4
싱가폴	27.1	멕시코시티	15.1
뉴델리	25.3	시드니	21.9

4. 어느 학교가 하루 동안 발생하는 컴퓨터 고장 횟수를 30일 동안 조사한 자료이다. 도수분포표를 작성하라.

1	3	1	1	0	1	0	1	1	0
2	2	0	0	0	1	2	1	2	0
0	1	6	4	3	3	1	2	4	0

5. 다음 모집단 자료를 이용하여, 답하시오.

145	149	162	172	211	260	288	302	323	427	778

1) 범위를 구하라.
2) 모분산을 구하라.
3) 모표준편차를 구하라.
4) 변동계수를 구하라.
5) 이 자료가 표본이라고 할 때 표본분산과 표본표준편차를 구하라.

6. A 학생의 1학기 성적이다. 경제학은 65점, 행정법은 70점을 받았다. 경제학의 전체 평균은 60점, 표준편차는 4점이고, 행정법의 전체 평균은 65점, 표준편차는 6점이었다. A 학생은 어느 과목이 상대적으로 더 높은 성적을 받았는지 알아보라.

7. A 고등학과 B 학생은 42명 중에서 5등, C고등학교 D 학생은 350명 중 50등 했다.

1) 몇 %의 학생이 B 학생보다 낮은 성적을 받았는가?
2) 학년 100명을 기준으로 할 때 D 학생은 몇 등인가?
3) 어느 학생이 상대적으로 공부를 잘 하였는가?

8. A 대학과 B 대학의 농구 경기 점수이다.

회수	A대학	B대학
1	78	79
2	76	65
3	77	70

1) 각 대학의 점수 평균과 표준편차를 구하라.
2) 어느 대학이 더 우수한지를 판단하고 설명하여라.

9. 어느 집단의 신장을 조사한 도수분포표이다. 이를 이용하여 다음에 답하여라.

계급	도수
137.5~140.4	6
140.5~143.4	10
143.5~146.4	14
146.5~149.4	33
149.5~152.4	27
152.5~155.4	23
155.5~158.4	21
158.5~161.4	11
161.5~164.4	8
164.5~167.4	6
167.5~170.4	1
1	160

1) 평균과 중앙값을 구하라.
2) 상대도수, 누적도수, 누적상대도수를 구하라.
3) 히스토그램을 작성하라.
4) 상대도수 다각형과 누적도수다각형을 구하라.

10. 40대 여자와 10대 여자의 체중을 비교하였다. 변이계수를 구하여 비교하여라.

여자	평균	표준편차
40대	51	5
10대	26.5	3.7

확률의 이해 03

학습목표

추측통계학은 표본 통계량을 이용하여 알지 못하는 모집단의 특성을 추론하는 학문이다. 이 때, 표본 통계량은 모집단의 측성을 정확하게 예측할 수도 있지만, 그렇지 않을 수도 있다. 통계적 추론은 결국, 어떤 결과의 발생 가능성, 즉 확률의 형태로 결과를 예측하게 된다.
이번 장에서는 추측통계학에서 사용할 기본적인 확률 이론에 대해서 정리한다.

3.1 확률이란

확률은 역사적으로 도박에서 유래되었다. 17세기 중엽 프랑스의 직업 도박사였던 Chevalier de Mere라는 사람이 Blaise Pascal이라는 친구에게 '똑같은 기술을 가진 두 사람이 게임 도중 그 게임을 중간하게 되었을 때 도박판에 놓인 돈을 어떻게 나누어 가져야 하는가?'라는 문제를 풀어 주도록 부탁하였고, Pascal과 Fermat가 이 문제를 풀었는데 이로부터 확률에 대한 연구가 시작되었으며 오늘날에는 천문학, 의학 및 경제학 등 여러 분야에 응용되고 있다.

어떤 사건이 일어날 확률을 정의하려면 먼저 일어날 수 있는 사건이 전부 어떤 것인지 정확히 정의해야 한다. 이렇게 일어날 수 있는 모든 가능한 단순사건을 모아 집합으로 표시한 것이 표본공간(sample space)이다. 표본공간에서 일어날 수 있는 사건(사상) 전부를 포함하여야 하고, 그 사건들은 상호배타적이어야 한다. 표본공간은 S, 사상은 E로 표기한다.

예제 3-1

주사위를 던지는 실험에서 표본 공간 S와 3이상의 숫자가 나오는 사상 E는?

$S = \{1, 2, 3, 4, 5, 6\}$, $E = \{3, 4, 5, 6\}$

확률은 표본공간의 원소들을 0에서 1 사이의 숫자로 연결시키는 함수인데, 그 정의는 한 가지로 내려지지 않는다. 논리적 또는 전통적 접근, 상대적 접근, 주관적 접근에 의하여 확률을 정의할 수 있다. 전통적 접근이란 주사위 또는 동전 던지기, 카드놀이에서 보듯이 어떤 사건이 다른 사건에 비해 출현 가능성이 더 크다는 특별한 근거가 없는 한, 출현 가능성이 같다고 보는 등 확률 조건을 만족한다. 또한 이들 사건이 동시에 일어나는 일이 없을 때 우리는 전통적 관점에서 수학적 확률은 (식 3-1)과 같이 정의한다.

$$P(E) = \frac{\text{사상 } E\text{와 관련된 사상의 수}}{\text{표본공간의 전체 사상의 수}} \qquad \text{(식 3-1)}$$

전통적 확률이론의 최대 약점은, 동등 확률 조건을 만족하는 논리적 사고만으로 얻을 수 있는 선험적 확률 계산에는 유용하지만 동등 확률 조건이 충족되지 않는 현실 문제 해결에는 적용시킬 수가 없다. 이때는 또 다른 객관적 확률 개념으로서 반복 실험 또는 관찰의 결과를 이용하는 상대적 접근 개념을 도입해야 한다. 이때의 경우 경험적 확률은 (식 3-2)와 같다.

$$P(E) = \frac{\text{바라는 사건이 관찰된 횟수}}{\text{전체 관찰 횟수}} \qquad \text{(식 3-2)}$$

근래에 관심이 커지고 있는 주관적 접근은 불확실성에 대한 개인적 또는 주관적 평가로서 여러 번의 개인적 경험, 가치관, 성격, 직관 등의 요인에 의해 정해진다. 실제로 이 개념에 의한 확률은 이미 제시된 객관적인 자료에 의한 판단에 몇 번의 개인적 경험, 가치관, 성격, 직관 등의 주관적 요인을 병합하여 결정된다. 이 확률은 특히 경제, 경영 등의 분야에서 상당히 중요시되며 객관적 확률과 상호보완적으로 이용할 수 있다.

예제 3-2

두 개의 동전을 동시에 던지는 실험에서 한 개의 동전만이 앞면일 확률과 적어도 한 개의 동전이 앞면일 확률은?

동전 앞면을 H, 뒷면을 T라 하고, 한 개의 동전이 앞면이 사상을 E_1, 적어도 한 개의 동전이 앞면일 사상을 E_2라 하면,

$$S = \{(H,H),(H,T),(T,H),(T,T)\},$$
$$E_1 = \{(H,T),(T,H)\},$$
$$E_2 = \{(H,H),(H,T),(T,H)\} \text{ 이다.}$$

따라서, (식 3-1)에 의해 $P(E_1) = \frac{2}{4}$, $P(E_2) = \frac{3}{4}$

어떤 사상이 반드시 일어난다고 하면, 그 사상의 확률 $P(E) = 1$ 이고, 어떤 사상이 결코 일어날 수 없는 경우 그 사상의 확률은 $P(E) = 0$ 이다. 따라서 모든 사상의 확률은 $0 \le P(E) \le 1$ 이다.

3.2 확률의 연산법칙

확률의 기본 개념으로부터 다음과 같은 확률법칙이 성립한다.

3.2.1 덧셈법칙

확률의 덧셈법칙은 두 사상의 합사상이 발생할 확률을 계산하는 데 사용된다. A 또는 B가 일어날 확률 혹은 A, B중 적어도 하나가 일어날 확률을 구할 때 (식 3-3)과 같이 확률을 산정하는 것을 확률의 덧셈 법칙이라고 한다. 이 때 A, B가 배반사건이면 $P(A \cap B) = 0$ 이므로 (식 3-4)와 같다.

$$P(A \cup B) = P(A) + P(B) - P(A \cap B) \qquad \text{(식 3-3)}$$

$$P(A \cup B) = P(A) + P(B), A\text{와 } B\text{가 배반사건인 경우} \qquad \text{(식 3-4)}$$

예컨대 주사위를 1번 던질 때 3또는 4의 눈이 나올 확률을 구하는 경우 (식 3-4)의 덧셈정리가 적용되는 영역이다. 왜냐하면 주사위를 1번 던져 3과 4의 눈이 동시에 나오는 경우는 발생하지 않기 때문이다. 따라서 구하는 확률은 (3이 나올 확률) + (4가

나올 확률) - (3과 4가 동시에 나올 확률)이므로 $\frac{1}{6}+\frac{1}{6}-0=\frac{1}{3}$ 이 된다.

예제 3-3

52장의 카드에서 임의로 한 장을 뽑을 때 퀸이나 하트 카드가 나올 확률은 얼마인가?

퀸이 나올 사상을 E_1, 하트가 나올 사상을 E_2라 하고, 두 사상은 배반 사건이 아니므로 (식 3-3)을 적용하여 확률을 계산한다.

$$P(E_1)=\frac{4}{52,} \quad P(E_2)=\frac{13}{52} ,$$

$$P(E_1\cup E_2)=P(E_1)+P(E_2)-P(E_1\cap E_2)=\frac{4}{52}+\frac{13}{52}-\frac{1}{52}=\frac{16}{52}$$

예제 3-4

52장의 카드에서 임의로 한 장을 뽑을 때 다이아몬드나 하트 카드가 나올 확률은 얼마인가?

퀸이 나올 사상을 E_1, 하트가 나올 사상을 E_2라 하고, 두 사상은 배반 사건이다. 따라서, (식 3-4)를 적용하여 확률을 계산한다.

$$P(E_1)=P(E_2)=\frac{13}{52} ,$$

$$P(E_1\cup E_2)=P(E_1)+P(E_2)=\frac{13}{52}+\frac{13}{52}=\frac{1}{2}$$

3.2.2 조건부 확률

확률의 종류에는 조건부확률, 결합확률, 주변확률이 있다. 어떤 사상의 확률이 다른 사상의 발생에 영향을 받는 경우를 종속사상이라 하고, 이때, 다른 사상이 이미 발생했음을 알고 있다는 조건하에서 어떤 한 특정 사상의 발생 가능성을 측정하는 확률을 조건부확률(conditional probability)이라고 한다. 예를 들어, A업체는 B업체로부터 부품을 납품받아 품질검사를 실시하고 있다. 이때, 입고된 부품이 불량(E_2)임에도 불구하고 품질검사에서 합격 판정(E_1)을 받을 확률이 얼마나 될지를 알고 싶은 경우이다. 이럴 경우 사용하는 개념이 조건부 확률이며, $P(E_1|E_2)$로 표기한다. 두 개의 사상이 종속사상인 경우에 조건부 확률을 계산하는 방법은 (식 3-5)이다.

$$P(E_1|E_2) = \frac{P(E_1 \cap E_2)}{P(E_2)} \qquad \text{(식 3-5)}$$

| 예제 3-5 |

주사위를 던졌을 때, 주사위 눈이 3이상이라는 조건하에서 홀수일 확률을 구하시오.

주사위 눈이 홀수일 사상을 E_1, 3이상일 사상을 E_2라 하면,

$P(E_1)\frac{1}{2}$, $P(E_2)=\frac{2}{3}$, $P(E_1 \cap E_2)=\frac{1}{3}$ 이다.

사상 E_2의 발생은 E_1의 확률에 영향을 주므로, (식 3-5)를 이용하여 조건부 확률을 계산한다.

$$P(E_1|E_2) = \frac{P(E_1 \cap E_2)}{P(E_2)} = \frac{\frac{1}{3}}{\frac{2}{3}} = \frac{1}{2}$$

| 예제 3-6 |

어느 학교 A, B 두 학급 학생들의 통학수단을 나타낸 것이다. 두 학급 전체 50명의 학생 중에 임의로 뽑은 한 명이 버스로 통학하는 학생이었을 때, 그 학생이 B 학급 학생일 확률을 구하시오.

	A	B	합계
버스	9	6	15
기타	16	19	30
합계	25	25	50

$$P(B\text{학급}|\text{버스}) = \frac{P(B\text{학급} \cap \text{버스})}{P(\text{버스})} = \frac{\frac{6}{50}}{\frac{15}{50}} = \frac{2}{5}$$

두 개의 사상의 발생확률을 정리할 때 분할표를 이용할 수 있었다. 이때, 도수로 표를 정리하면 분할표이고, 상대도수로 정리하여 결합확률표(joint probability table)이다. 이로부터 주변확률과 조건부 확률을 계산할 수 있다. 결합확률은 행과 열의 사상이 동시에 발생할 확률, 즉 E_1과 E_2의 교사상의 확률 $P(E_1 \cap E_2)$을 말한다. 주변확률과 결합확률을 정리하면 [표 3-1]과 같다.

표 3-1 결합확률표

	E_1	$\overline{E_1}$	합계
E_2	$P(E_1 \cap E_2)$	$P(\overline{E_1} \cap E_2)$	$P(E_2)$
$\overline{E_2}$	$P(E_1 \cap \overline{E_2})$	$P(\overline{E_1} \cap \overline{E_2})$	$P(\overline{E_2})$
합계	$P(E_1)$	$P(\overline{E_1})$	1

주변확률은 $P(E_1)$, $P(\overline{E_1})$, $P(E_2)$, $P(\overline{E_2})$를, 결합확률은 $P(E_1 \cap E_2)$, $P(\overline{E_1} \cap E_2)$, $P(E_1 \cap \overline{E_2})$, $P(\overline{E_1} \cap \overline{E_2})$를 의미한다.

동전을 던진 후(E_1) 다시 동전을 던질 경우(E_2) 두 사상은 서로의 확률에 전혀 영향을 주지 않는다. 이럴 때 두 사상은 독립사상이라 하고, 두 사상은 상호배반적이라고 한다. 이 때, $P(E_1 \cap E_2) = 0$ 이다. 따라서 두 사상이 독립일 경우의 조건부 확률 계산식은 (식 3-6)이 된다.

$$P(E_1|E_2) = P(E_1),\ P(E_2|E_1) = P(E_2) \quad \text{(식 3-6)}$$

3.2.3 곱셈법칙

곱셈법칙은 두 사상의 교사상이 발생할 결합확률을 구하는 데 이용한다. 조건부 확률에서 보았듯이, 곱셈법칙은 두 사상이 종속적이냐 또는 독립적이냐에 따라 다른 규칙을 적용한다. 두 사상이 종속사상이면 (식 3-7), 독립사상이면 (식 3-8)이 사용된다.

$$P(E_1 \cap E_2) = P(E_1)P(E_2|E_1) = P(E_2)P(E_1|E_2) \quad \text{(식 3-7)}$$

$$P(E_1 \cap E_2) = P(E_1)P(E_2) \quad \text{(식 3-8)}$$

| 예제 3-7 |

주머니 안에 빨간공 다섯 개와 파란공 세 개가 들어있다. 구슬을 두 개 꺼낼 때, 첫 번째 구슬은 빨간색, 두 번째 구슬은 파란색일 확률을 구하라.
비복원과 복원추출 모두를 계산하라.

첫 번째 구슬이 빨간공일 사상을 E_1, 두 번째 구슬이 파란공일 사상을 E_2라 하자. 첫 번째 구슬은 빨간색, 두 번째 구슬은 파란색일 확률은 $P(E_1 \cap E_2)$ 을 구하면 된다.

1) 비복원 추출

$P(E_1) = \frac{5}{8}$ 이고, 첫 번째 구슬이 무슨 색이었냐에 따라 $P(E_2)$가 달라지는 종속사상이다.

따라서, (식 3-5)를 정리하여,

$$P(E_2|E_1) = \frac{P(E_1 \cap E_2)}{P(E_1)}$$

$$P(E_1 \cap E_2) = P(E_1) \cdot P(E_2|E_1) = \frac{5}{8} \cdot \frac{3}{7} = \frac{15}{56}$$

2) 복원추출

이 경우는 두 사상 E_1과 E_2는 독립사상이다.

따라서, 두 사상의 교사상의 확률을 구하면,

$$P(E_1 \cap E_2) = P(E_1) \cdot P(E_2) = \frac{5}{8} \cdot \frac{3}{8} = \frac{15}{64}$$

3.3 베이즈의 정리

[그림 3-1]과 같이 표본공간 사상 $S = \{E_1, E_2, ..., E_n\}$ 이고 $P(E_i) > 0, i = 1, 2, ..., n$ 라 할 때, 임의의 사상 A에 대한 확률을 (식 3-9)와 같이 나타낼 수 있다.

$$P(A) = P(A|E_1)P(E_1) + P(A|E_2)P(E_2) + ... + P(A|E_n)P(E_n) \quad \text{(식 3-9)}$$

그림 3-1 표본공간의 분할 $E_1, E_2, \ldots, E_n$ 과 사상 A

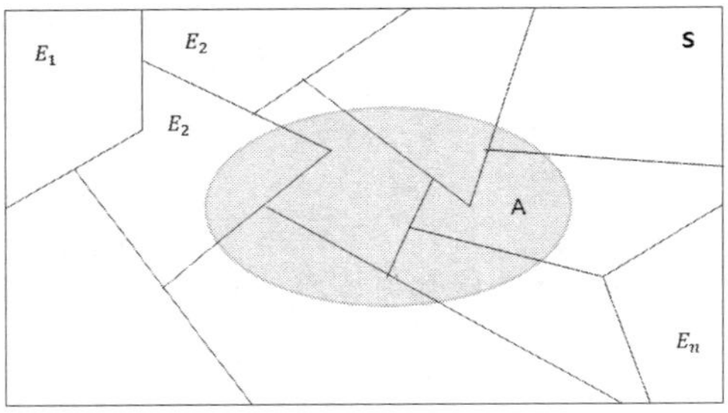

베이즈의 정리(Bayes' theorem)는 (식 3-10)인데, (식 3-9)의 관점을 바꿔 사상 A가 발생한 후, 특정 사상 E_i에 속할 확률을 구하는 방법이다. 여기서, $P(E_i)$를 사전확률(prior probability), $P(E_i|A)$을 사후확률(posterior probability)이라 한다.

$$P(E_i|A) = \frac{P(E_i \cap A)}{P(A)} = \frac{P(A|E_i)P(E_i)}{P(A|E_1)P(E_1) + P(A|E_2)P(E_2) + \ldots + P(A|E_n)P(E_n)}$$

(식 3-10)

예제 3-8

어느 회사에서 CEO 영입을 위해 전문가로부터 K, L, P씨를 추천받았다. 각자 CEO가 될 확률은 K씨 0.3, L씨 0.3, P씨 0.4이다. 또한 신규 사업의 성공확률은 K씨 0.5, L씨 0.7, P씨 0.4이다. 이 회사의 신규 사업이 성공할 확률과 신규 사업이 성공했을 때 P씨가 CEO에 임명되었을 확률을 구하여라.

E_1 : K씨가 임명될 사상, E_2 : L씨가 임명될 사상, E_3 : P씨가 임명될 사상,
A : 신규 사업이 성공할 사상

신규 사업이 성공할 확률은 (식 3-9)에 의해,

$$P(A) = P(E_1)P(A|E_1) + P(E_2)P(A|E_2) + P(E_3)P(A|E_3)$$
$$= 0.3 \cdot 0.5 + 0.3 \cdot 0.7 + 0.4 \cdot 0.4 = 0.52$$

신규 사업이 성공했을 때 P씨가 CEO에 임명되었을 확률은 (식 3-10)에 의해,

$$P(E_3|A) = \frac{P(A|E_3)P(E_3)}{P(A|E_1)P(E_1) + P(A|E_2)P(E_2) + P(A|E_3)P(E3)}$$
$$= \frac{0.4 \cdot 0.4}{0.5 \cdot 0.3 + 0.7 \cdot 0.3 + 0.4 \cdot 0.4} = 0.3077$$

한걸음 더... 사후확률 계산 방법

[예제 3-8]의 계산을 위해 베이즈의 공식이 아닌 도식적인 방법을 사용할 수 있다.

나무그림(tree diagram) 이용

그림 3-2 나무 그림

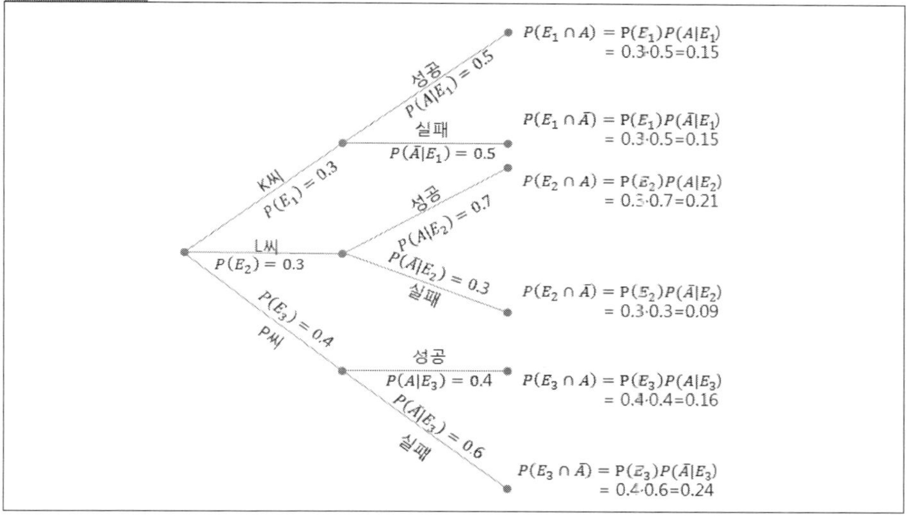

주어진 자료를 사용하여 작성한 나무그림이다. 신규 사업이 성공할 확률과 신규 사업이 성공했을 때 P씨가 CEO에 임명되었을 확률은 각각

$$P(A) = P(E_1 \cap A) + P(E_2 \cap A) + P(E_3 \cap A) = 0.15 + 0.21 + 0.16 = 0.52$$

$$P(E_3|A) = \frac{P(E_3 \cap A)}{P(A)} = \frac{0.16}{0.52} = 0.3077 \text{ 이다.}$$

표 이용

표를 이용해서도 쉽게 계산할 수 있다. [표 3-3]은 사후 확률 계산을 위한 과정을 나타낸다.

표 3-2 사후확률의 계산

사상	사전확률	조건확률 $P(A\|E_i)$	결합확률 $P(A \cap E_i)$	사후확률 $P(E_i\|A)$
E_1	0.3	0.5	0.15	0.15/0.52=0.2884
E_2	0.3	0.7	0.21	0.21/0.52=0.4038
E_3	0.4	0.4	0.16	0.16/0.52=0.3077
합계	1		$P(A)=0.52$	1

3.4 엑셀 활용

① [예제 3-8]의 계산을 위해 다음과 같이 입력한다.

	A	B	C	D	E
1	사전확률/사후확률의 계산				
2					
3	사상	사전확률	조건확률	결합확률	사후확률
4	E1	0.3	0.5	=B4*C4	=D4/$D$7
5	E2	0.3	0.7	=B5*C5	=D5/$D$7
6	E3	0.4	0.4	=B6*C6	=D6/$D$7
7	합계	=SUM(B4:B6)		=SUM(D4:D6)	=SUM(E4:E6)
8					

② 위와 같이 수식을 입력하면, 다음과 같은 결과를 얻는다.

	A	B	C	D	E	F
1	사전확률/사후확률의 계산					
2						
3	사상	사전확률	조건확률	결합확률	사후확률	
4	E1	0.3	0.5	0.15	0.288462	
5	E2	0.3	0.7	0.21	0.403846	
6	E3	0.4	0.4	0.16	0.307692	
7	합계	1		0.52	1	
8						

연/습/문/제

1. 어떤 부부는 아이를 세 명 낳기로 했다.

1) 이 실험에서 사상은 무엇인가?
2) 이 실험의 표본공간을 나타내어라.
3) 이 실험의 표본공간을 벤 다이어그램으로 나타내어라.
4) 이 실험의 결과를 나무그림으로 나타내어라.

2. 다음과 같은 분할표가 주어졌을 때 각 확률을 구하라.

	B	$\overline{B}$
A	10	30
$\overline{A}$	25	35

1) 사상 A
2) 사상 B
3) 사상 $\overline{A}$
4) 사상 A와 B
5) 사상 A 혹은 B
6) A|B
7) $\overline{A}|\overline{B}$

3. 종로(주)의 종업원은 모두 150명이다. 그 가운데 30명은 감독자이다. 종업원 가운데 80명은 결혼하였으며 결혼한 종업원들의 25%는 감독자이다. 종업원 한 명을 무작위로 뽑았을 때 그가 결혼한 감독자일 확률은 얼마인가?

4. 경제학자들은 경제의 고성장기(H)에는 원화가치가 70%의 확률로 오르고, 중성장기(M)일때는 50%의 확률로 오르고, 저성장기(L)에는 20%의 확률로 오른다고 한다. 그런데 역사적으로 보면 고성장일 확률은 32%, 중성장일 확률은 50%, 저성장일 확률은 18%라고 한다. 원화가치가 오르고 있다고 가정하자. 경제가 고성장기에 진입했을 확률은 얼마인가?

1) 나무그림을 이용하라.
2) 표를 이용하라.

5. 1개의 동전을 3번 던질 때, 앞면의 수가 뒷면의 수보다 적게 나타날 확률을 구하여라.

6. 한 전자제품 회사는 같은 제품을 양산과 울산 두 공장에서 각각 전체 제품의 40%, 60%를 생산하고 있다. 두 공장의 불량률은 각각 2@, 4%라고 하자, 한 제품이 불량품이었을 때, 이 제품이 울산공장에서 생산되었을 확률을 구하라.

7. 강남에 있는 맥도날드 햄버거 집에서 조사한 바에 의하면 모든 고객 1,000명 가운데 770명은 겨자를 사용하고 820명은 케첩을 사용하며 700명은 두 가지를 함께 사용한다는 것이다.
   ① 분할표를 만들어라.
   ② 백분율을 이용한 분할표를 만들어라.
   ③ 케찹 사용자 한 사람을 뽑을 때 그가 겨자도 사용할 확률은 얼마인가?
   ④ 고객이 두 가지 가운데 적어도 하나를 사용할 확률은 얼마인가?

8. 어떤 대학의 1학년 학생 가운데 40%는 재수 경험이 없고 나머지 60%는 재수 경험이 있다고 한다. 재수 경험이 없는 학생의 20%, 재수 경험이 있는 학생의 30%가 통계학에서 A를 받았다고 하자. 랜덤으로 뽑은 한 학생의 성적이 A 이었다고 할 때, 이 학생이 재수 경험이 있을 확률을 구하여라.

9. 주머니 속에 500원 짜리 동전 2개, 100원짜리 동전 3개, 50원짜리 동전 5개, 10원짜리 동전 5개가 들어있다. 주머니 속에서 3개의 동전을 하나씩 비복원으로 랜덤 추출한다고 할 때, 첫 번째 동전이 10원짜리, 두 번째 동전이 100원짜리, 세 번째 동전이 500원짜리일 확률을 구하여라.

10. 주머니 속에 500원 짜리 동전 2개, 100원짜리 동전 3개, 50원짜리 동전 5개, 10원짜리 동전 5개가 들어있다. 주머니속에서 2개의 동전을 복원으로 랜덤 추출한다고 할 때, 10원짜리와 100원짜리가 나올 확률을 구하여라.

11. 어떤 대학의 1학년 학생 가운데 40%는 재수 경험이 없고 나머지 60%는 재수 경험이 있다고 한다. 재수 경험이 없는 학생의 20%, 재수 경험이 있는 학생의 30%가 통계학에서 A를 받았다고 하자. 랜덤으로 뽑은 한 학생의 성적이 A 이었다고 할 때, 이 학생이 재수 경험이 있을 확률을 구하여라.

12. 신입생들을 대상으로 우리 학교에 지원하게 된 이유를 조사한 결과이다.

입학신분 \ 이유	명성	취직률	기타	합계
풀타임	521	493	176	1,190
파트타임	500	393	146	1,039
합계	1,021	886	322	2,229

① 확률을 이용한 분할표를 만들어라.

② 학생이 풀타임 학생일 사상과 학생이 명성을 학교 지원의 첫째 이유일 확률은 얼마인가?

③ 학생이 파트타임 학생일 때 학생이 명성을 학교 지원의 첫째 이유일 확률은 얼마인가?

④ 학생들이 지원이유로 명성을 선택했을 때, 풀 타임 학생일 확률은 얼마인가?

13. 다음과 같이 어느 나라 전체 인구 가운데 혈액형 분포가 주어졌을 때 물음에 답하라.

	O	A	B	AB
Rh+	38%	34%	9%	4%
Rh-	6%	6%	2%	1%

① 한 사람이 A형을 가질 확률을 구하라.

② Rh-를 가진 사람이 B형을 가질 확률을 구하라.

③ 한 사람이 Rh+를 가질 확률을 구하라.

④ O형을 가진 사람이 Rh-를 가질 확률을 구하라.

⑤ 한 사람이 AB형을 가질 확률을 구하라.

⑥ B형을 가진 사람이 Rh+를 가질 확률을 구하라.

확률변수와 확률분포 04

학습목표

이번 장에서는 확률실험의 결과로 나타나는 모든 사상의 확률을 기술하는 문제를 다루기 위해 확률변수와 확률분포에 대해 학습한다.
실험의 결과가 수치로 나타날 때, 가능한 모든 결과와 각 결과에 대응하는 확률은 확률 변수를 사용하여 표현할 수 있다.
확률변수 외에 확률함수와 확률분포에 대해서도 설명할 것이다.

4.1 확률변수

확률변수(random variable)란 가능한 모든 실험 결과에 대해 수치를 부여하는 함수 혹은 규칙을 의미한다. 확률변수는 주로 대문자 X, Y로 표시하며, 확률변수가 취할 수 있는 값은 소문자로 표시한다. 예를 들어, 동전 두 개를 던져 나오는 앞면의 수를 X라는 확률변수로 나타내었을 때, [표 4-1]은 확률변수 X가 갖는 확률과 정리한 확률분포이다.

표 4-1 확률변수와 확률

표본공간	(H, H)	(H, T)	(T, H)	(T, T)
X	2	1	1	0
$P(X)$	$P(x=2)=\frac{1}{4}$	$P(x=1)=\frac{1}{2}$		$P(x=0)=\frac{1}{4}$

확률변수에는 이산확률변수와 연속확률변수가 있다. 이산확률변수(discrete random variable)는 확률변수가 취하는 값이 한정되어 있고, 하나하나 나열이 가능한 확률변수를 말한다. [표 4-1]의 확률변수 X가 취할 수 있는 값이 0, 1, 2로 한정되어 있고 나열이 가능하므로 X는 이산확률변수이다. 이에 반해, 연속확률변수(continuous random variable)는 확률변수가 취할 수 있는 값이 한정되어 있지 않은 실수의 값을 갖는 확률

변수를 말한다. 예를 들면, 가족의 연간소득, 증권 수익률, 석유 연간 수입량, 체중, 키, 온도 등이다.

| 예제 4-1 |

다음의 확률변수가 이산확률변수인지 연속확률변수인지 구분하여라.

1) 52장의 카드에서 5장을 뽑을 때, 킹 카드의 수
2) 신생아의 몸무게
3) 전구의 수명
4) 학교까지 등교하는 데 걸리는 시간
5) 하루동안 걸려오는 전화통화 수

➜정수로 변수의 값을 한정할 수 있는 1), 5)는 이산확률변수, 2), 3), 4)는 변수의 값을 한정할 수 없어 연속확률변수

4.2 확률분포

확률분포(probability distribution)란 확률실험의 가능한 모든 결과를 수치로 나타내고 각 결과에 대응하는 확률을 나열한 도수분포표, 그래프 혹은 함수를 말한다. 다시 말해, 확률분포란 확률변수가 취할 수 있는 모든 값들과 이에 대응하는 확률을 나열한 분포를 말하는 것이다.

예를 들어, 주사위를 던지는 실험에서 눈금의 수를 확률변수 X라 하면, 확률변수 X가 취할 수 있는 값은 1, 2, 3, 4, 5, 6 중의 하나이고, 각 값이 발생할 확률은 $\frac{1}{6}$이다. 이를 표와 그래프로 정리한 것이 각각 [표 4-2]와 [그림 4-1]이다.

표 4-2 확률분포표

X	1	2	3	4	5	6
$P(X)$	$\frac{1}{6}$	$\frac{1}{6}$	$\frac{1}{6}$	$\frac{1}{6}$	$\frac{1}{6}$	$\frac{1}{6}$

그림 4-1 확률분포 그래프

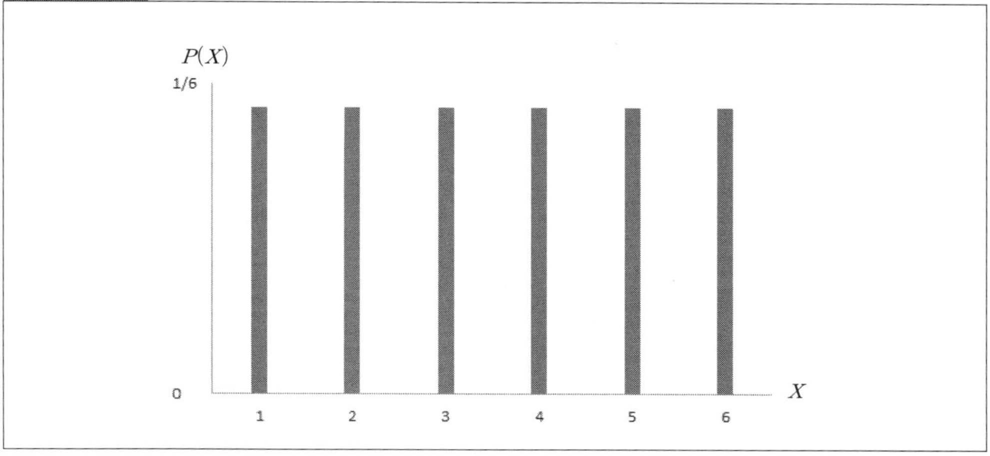

확률분포는 관심의 대상이 되는 변수가 이산확률변수 혹은 연속확률변수인지에 따라 이산확률분포와 연속확률분포로 구분된다. 이산확률변수 X가 가질 수 있는 하나의 값 x를 취할 수 있는 확률은 $P(X=x)$ 혹은 $P(x)$로 표현한다.

이산확률변수 확률분포의 성질을 요약하면 다음과 같다.

$$0 \leq P(x) \leq 1$$

$$\sum_{i=1}^{n} P(x_i) = 1, \quad (i = 1, 2, 3, ..., n)$$

$$P(a \leq x \leq b) = \sum_{i=a}^{b} P(x_i)$$

연속확률변수는 취할 수 있는 값이 무한히 많고 어떤 유한한 구간에 대해서도 변수가 특정 값을 가질 확률은 $\frac{1}{\infty} = 0$ 이다. 따라서, 연속확률변수에 대한 확률의 계산은 이산확률변수와는 다르다. 연속확률변수의 경우, 특정값에 대해서는 확률을 계산할 수 없기 때문에, 특정 범위를 사용하여 구한다. 즉, a와 b 사이의 값을 가질 확률을 취하게 되고 이는 $P(a \leq x \leq b)$로 표현한다. 또한 표 형태의 확률분포표를 만들 수도 없다.

예제 4-2

확률변수 X의 확률분포가 다음과 같을 때, 양수 a의 값을 구하라.

X	-1	0	1	2
$P(X)$	a^2	$\frac{1}{8}$	$\frac{3}{8}$	$\frac{a}{2}$

X는 이산확률변수이고, $\sum_{i=1}^{n} P(x_i)=1$ 이므로,

$$a^2+\frac{1}{8}+\frac{3}{8}+\frac{a}{2}=1,$$
$$a^2+\frac{a}{2}-\frac{1}{2}=0,$$
$$2a^2+a-1=0,$$
$$(2a-1)(a+1)=0$$
$$a=\frac{1}{2},-1$$

4.3 확률함수

확률분포를 표현하는 방법으로 표나, 그래프를 이용하는 방법 외에 확률함수를 이용하는 방법이 있다. 확률함수(probability function)란 확률분포에서 확률변수 X가 어떤 특정한 값 x를 취할 확률을 일일이 나열하지 않고 x의 함수로 나타내는 것을 말한다. [표 4-2]의 확률분포표를 확률함수로 나타내면 다음과 같다.

$$P(x)=\begin{cases}\frac{1}{6} & x=1,2,3,4,5,6\\ 0 & o.w\end{cases}$$

확률함수의 사용은 확률변수가 취할 수 있는 값의 종류가 많아 표나 그래프로 나타내기가 어려울 경우에 유용한 방법이다. 확률함수는 확률변수가 이산확률변수인지 연속확률변수인지 여부에 따라 각각 확률질량함수와 확률밀도함수로 나뉜다.

4.3.1 확률질량함수

확률질량함수(probability mass function : p.m.f)는 이산확률변수 X가 가질 수 있는 각 실수값 x에 확률을 대응시키는 함수를 말한다. 질량함수라는 이름은 이산확률변수의 값과 관련이 있는 모든 결과가 그래프 위에서 수직선의 높이로 그 값의 확률을 나타내

기 때문이다.

| 예제 4-3 |

다음의 함수는 확률함수인가? 해당 함수를 그래프로 나타내어라.

$$P(x) = \frac{x^2}{10} \qquad (x = -2, -1, 1, 2)$$

$$P(-2) = \frac{(-2)^2}{10} = \frac{4}{10},\ P(-1) = \frac{(-1)^2}{10} = \frac{1}{10},$$

$$P(1) = \frac{(1)^2}{10} = \frac{1}{10},\ P(-1) = \frac{(2)^2}{10} = \frac{4}{10}$$

네 개의 확률이 모두 양수이고, 합이 1이므로 확률질량함수이다.
이를 그래프로 나타내면 다음과 같다.

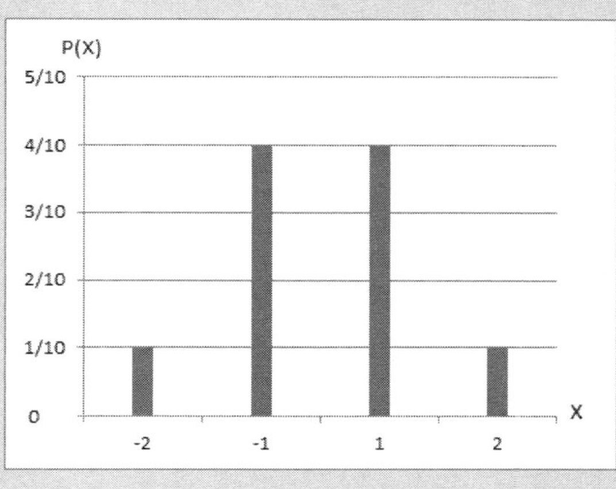

4.3.2 확률밀도함수

확률밀도함수(probability density function : p.d.f)는 연속확률변수 X가 취할 수 있는 어떤 구간내의 실수값 x에 확률을 대응시키는 함수를 말한다. 확률밀도함수는 보통 $f(X)$로 표현한다.

확률밀도함수라는 용어를 사용하는 이유는 연속 혹은 무한의 특수한 연속확률변수만의 성질 때문이다. 확률변수가 연속형일 경우, 아주 작은 구간을 떼어놓고 생각해도 그 구간을 무한히 작게 쪼갤 수가 있다. 이것은 '무한'과 '연속'이 갖는 특징 때문인데, 따라서 특정한 확률변수 하나에 특정한 확률값에 대응된다면, 어떤 확률변수가 특정한 구간 안에 포함될 확률이 무한한 값이 되어버린다. 그렇다고 특정한 확률변수의 값(x)에 대한 확률값을 0이라고도 할 수 없다. 이렇게 되면 특정 구간 안에 확률변수가 포함될 확률은 "어느 구간에서든" 0이 되어버리기 때문이다. 따라서 전자는 모순된 확률값이 되고, 후자는 무의미한 확률값이 되기 때문에, 이런 식의 확률값 정의는 불가능하다.

연속확률분포에서의 확률은 확률밀도함수 $f(X)$와 x축 사이에 있는 구간의 넓이로 구한다. [그림 4-2]에서와 같이 X가 임의의 두 실수 a와 b 사이의 구간에 속할 확률, 즉 $P(a \le x \le b)$는 색칠한 부분의 면적과 같고 이 면적은 밀도함수를 적분함으로써 얻어진다. (식 4-1)은 확률밀도함수의 확률을 계산하는 식이다.

$$P(a \le x \le b) = \int_a^b f(X)dX \qquad \text{(식 4-1)}$$

그림 4-2 확률밀도함수

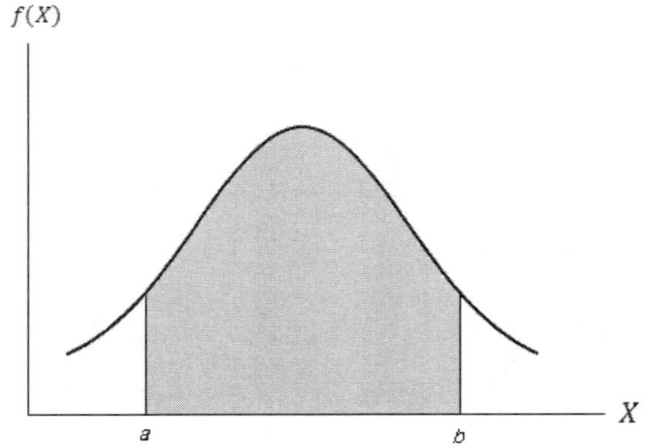

확률밀도함수의 성질을 요약하면 다음과 같다.

$P(x) = 0$,

모든 x에 대하여 $f(X) \ge 0$,

$\int_{-\infty}^{\infty} f(X)dx = 1$

예제 4-4

다음의 함수는 확률밀도함수인가?

$$f(X)=\begin{cases}\frac{x^2}{3} & (-1 \le x \le 2) \\ 0 & o.w\end{cases}$$

$$f(-1)=\frac{1}{3},\ f(2)=\frac{4}{3},$$

$$\int_{-1}^{2} f(X)dX=\int_{-1}^{2}\frac{x^2}{3}dX=\left[\frac{x^3}{9}\right]_{-1}^{2}=\frac{8}{9}+\frac{1}{9}=1$$

따라서, 확률밀도함수이다.

4.3.3 누적분포함수

확률을 계속적으로 더하면 누적된 확률을 구할 수 있으며, 이렇게 계산된 확률함수를 누적분포함수(cumulative distribution function)라고 부른다. 일반적으로 $X=x$까지의 누적분포함수를 $F(x)$라고 표기하며 이산형 확률변수의 누적분포함수는 (식 4-2), 연속형 확률변수의 누적분포함수는 (식 4-3)과 같이 정의한다.

$$F(x)=P(X \le x)=\sum_{x_i \le x} f(x_i), \quad -\infty \le x_i \le \infty \qquad \text{(식 4-2)}$$

$$F(x)=P(X \le x)=\int_{-\infty}^{x} f(x)dx, \quad -\infty \le x \le \infty \qquad \text{(식 4-3)}$$

예제 4-5

동전을 두 번 던져 나오는 앞면의 수를 X라 하고, 확률변수 X의 누적분포함수를 구하라.

$$F(X)=\begin{cases}0, & x<0 \\ \frac{1}{4}, & 0 \le x < 1 \\ \frac{3}{4}, & 1 \le x < 2 \\ 1, & x \ge 2\end{cases}$$

예제 4-6

어느 확률변수 X의 확률밀도함수이다.

$$f(x)=\begin{cases}\frac{3}{8}x^2 & 0\le x\le 2\\ 0 & o.w\end{cases}$$

1) $P(1\le X\le 2)$를 구하라.

$$P(1\le X\le 2)=\int_1^2\frac{3}{8}x^2dx$$
$$=[\frac{3}{24}x^3]_1^2=\frac{3\times 8}{24}-\frac{3}{24}=\frac{21}{24}=\frac{7}{8}$$

2) 확률변수 X의 누적분포함수를 구하라.

$$F(x)=P(X\le x)=\int_{-\infty}^{\infty}\frac{3}{8}x^2dx$$
$$=\int_0^x\frac{3}{8}x^2dx=\begin{cases}0, & x<0\\ \frac{1}{3}x^3, & 0\le x<2\\ 1, & x\ge 2\end{cases}$$

4.4 확률변수의 기대값과 분산

3장에서 표본의 중심을 나타내는 대표값으로 표본평균을, 산포의 정도를 나타내는 수치로 표본표준편차에 대해 정리하였다. 이 절에서는 확률변수의 대표값인 기대값과 분산을 구하는 방법을 공부한다.

4.4.1 기대값

확률변수가 취할 수 있는 모든 값들의 평균을 기대값이라 한다. 기대값은 확률분포에서 분포의 무게중심을 말하며 확률변수가 취할 수 있는 값에 대응하는 확률을 가중치로 하는 확률변수의 가능한 모든 값들의 가중평균이라고 할 수 있다. 기대값은 $E(X)$로 나타내고 구하는 방법은 이산확률변수, 연속확률변수 여부에 따라 각각 (식 4-4)와 (식 4-5)를 사용한다.

$$E(X)=\mu=\sum X\cdot P(X) \qquad \text{(식 4-4)}$$

$$E(X)=\mu=\int Xf(X)dX \qquad \text{(식 4-5)}$$

예제 4-7

동전 3개를 던져 앞면이 나오는 개수를 확률변수 X라 할 때, X의 기대값을 구하라.
X의 확률분포표는 다음과 같다.

X	0	1	2	3
$P(x)$	$\frac{1}{8}$	$\frac{3}{8}$	$\frac{3}{8}$	$\frac{1}{8}$

X는 이산확률변수이므로, (식 4-2)에 의해 기대값을 구하면,

$$
\begin{aligned}
E(X) &= \mu = \sum X \cdot P(X) \\
&= 0\times\frac{1}{8}+1\times\frac{3}{8}+2\times\frac{3}{8}+3\times\frac{1}{8} \\
&= \frac{3}{2}
\end{aligned}
$$

예제 4-8

확률변수 X의 확률밀도함수가 $f(x)=3x^2$, $(0\le x\le 1)$ 일 때, X의 기대값을 구하라.
X는 연속확률변수이므로, (식 4-3)에 의해 기대값을 구하면,

$$
\begin{aligned}
E(X) &= \mu = \int xf(x)dx \\
&= \int_0^1 x\cdot 3x^2dx = \left[\frac{3}{4}x^4\right]_0^1 = \frac{3}{4}
\end{aligned}
$$

기대값은 몇 가지 특성을 갖는 데 이를 요약하면 다음과 같다.

$$E(a)=a$$
$$E(bX)=bE(X)$$
$$E(a+bX)=a+bE(X)$$
$$E(X+Y)=E(X)+E(Y)$$
$$E(aX+bY)=aE(X)+bE(Y)$$

4.4.2 분산

확률변수의 분산 또는 표준편차는 확률변수의 값들이 기대값을 중심으로 얼마나 흩어져 있는가는 나타내는 측정치이다. 확률변수의 분포를 분석하기 위해서는 기대값과 함께 분산을 계산해야 한다. [그림 4-3]은 기대값은 같지만 분산이 다른 두 개의 확률분포를 보여 주고 있다. 분산이나 표준편차가 크면 확률변수의 값들이 기대값에서 많이 흩어져 있음을 의미한다. 이산확률변수와 연속확률변수의 분산을 구하는 방법은 각각 (식 4-6)과 (식 4-7)이다. 표준편차는 분산의 제곱근으로 구한다.

$$V(X) = \sigma^2 = \sum [X - E(X)]^2 P(X) = E(X^2) - [E(X)]^2 \qquad \text{(식 4-6)}$$

$$V(X) = \sigma^2 = \int (X - \mu)^2 f(X) dX = \int X^2 f(X) dX - \mu^2 \qquad \text{(식 4-7)}$$

그림 4-3 분산과 분포의 모양

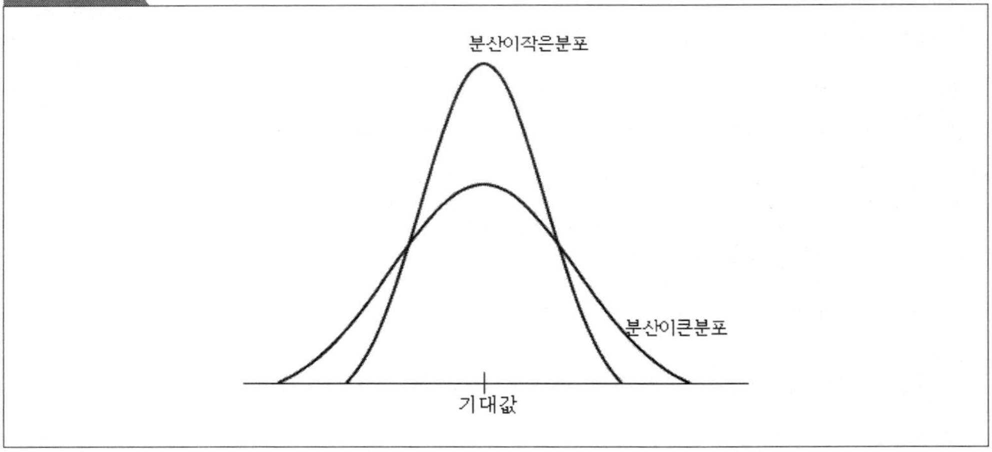

예제 4-9

[예제 4-7]에 대해 분산과 표준편차를 구하라.

X	$P(x)$	$X-E(X)$	$[X-E(X)]^2$	$[X-E(X)]^2P(X)$
0	$\frac{1}{8}$	$-\frac{3}{2}$	$\frac{9}{4}$	$\frac{9}{32}$
1	$\frac{3}{8}$	$-\frac{1}{2}$	$\frac{1}{4}$	$\frac{3}{32}$
2	$\frac{3}{8}$	$\frac{1}{2}$	$\frac{1}{4}$	$\frac{3}{32}$
3	$\frac{1}{8}$	$\frac{3}{2}$	$\frac{9}{4}$	$\frac{9}{32}$

(식 4-6)에 의해 분산과 표준편차를 계산하면,

$$V(X) = \sigma^2 = \sum [X-E(X)]^2 P(X) = \frac{3}{4}$$ 이고,

$$\sigma(X) = \sqrt{V(X)} = \sqrt{\frac{3}{4}} = \frac{\sqrt{3}}{2}$$

예제 4-10

[예제 4-8]에 대해 분산과 표준편차를 구하라.

(식 4-7)에 의해 분산과 표준편차를 계산하면,

$$V(X) = \sigma^2 = \int (X-\mu)^2 f(X)dX = \int X^2 f(X)dX - \mu^2$$
$$= \int_0^1 x^2 3x^2 dx - (\frac{3}{4})^2 = \left[\frac{3}{5}x5\right]_0^1 - (\frac{3}{4})^2$$
$$= \frac{3}{5} - \frac{9}{16} = \frac{3}{80}$$
$$\sigma(X) = \sqrt{V(X)} = \sqrt{\frac{3}{80}}$$

두 확률변수 X와 Y가 독립적인 경우, 분산은 몇 가지 특성을 갖는 데 이를 요약하면 다음과 같다.

$$V(a) = 0$$
$$V(X+a) = V(X)$$
$$V(bX) = b^2 V(X)$$
$$V(aX+bY) = a^2 V(X) + b^2 V(Y)$$

4.5 결합확률분포

지금까지는 하나의 확률변수만 있는 경우를 다루었다. 그러나 많은 경우 두 개 이상의 확률변수의 값을 동시에 관측한다. 예를 들어, 키와 몸무게를 동시에 측정한다거나, 매출액과 광고료를 동시에 조사하는 경우 등을 생각해 볼 수 있다. 여기서는 두 개의 확률변수를 동시에 고려할 때 두 변수 사이의 확률관계를 나타내는 결합확률분포(joint probability distribution)의 분석을 다룬다. 결합확률분포란 둘 이상의 확률변수가 서로 연관된 확률분포를 의미하고 확률변수 X와 Y의 모든 쌍에 대해 결합확률을 나열한 표로 나타낸다. 결합확률분포를 분할표라고도 한다.

결합확률분포가 작성되면 주변확률분포를 구할 수 있다. 주변확률은 각 개별 변수 X와 Y의 확률이다. 확률변수 X의 주변확률함수를 $P_1(X)$, 확률변수 Y의 주변확률함수를 $P_2(Y)$로 표시한다. 이산확률변수 X와 Y의 주변확률은 (식 4-8)과 같이 구한다.

$$P_1(X) = \sum_{\text{모든 } y} P(X, Y) \qquad \text{(식 4-8)}$$
$$P_2(Y) = \sum_{\text{모든 } x} P(X, Y)$$

3장에서 두 사상이 독립인 경우의 조건확률은 다음과 같다.

$$P(x|y) = P(x),$$
$$P(y|x) = P(y)$$

두 변수간의 독립성(independence)도 유사한 개념이다. 한 변수가 어떤 값을 취하든 이는 다른 변수가 어떤 특정한 값을 취할 확률에 전혀 영향을 미치지 않는다면 두 변수는 독립적이다.

예제 4-11

성별에 따른 명품 선호도를 조사한 결과 다음과 같이 관측되었다. 결합확률분포와 주변확률분포를 구하라.

성별 \ 선호도	전혀 그렇지 않다	그렇지 않다	보통이다	그렇다	매우 그렇다
남자	10	22	53	51	10
여자	5	24	77	111	38

결합확률분포는 두 개 이상의 확률변수가 동시에 취할 수 있는 값에 확률을 대응시킨 것으로 [표 4-3]과 같다. 성별이 남자이면서, 명품선호도가 '보통이다'인 결합확률은 $\frac{53}{401(\text{전체인원수})}$ 로 계산된다.

표 4-3 결합확률분포

성별 \ 선호도	전혀 그렇지 않다	그렇지 않다	보통이다	그렇다	매우 그렇다
남자	0.0249	0.0549	0.1322	0.1272	0.0249
여자	0.0125	0.0599	0.1920	0.2768	0.0948

주변확률분포는 두 확률변수의 결합분포로부터 얻은 한 변수의 확률변수의 분포로 [표 4-4]와 같다. $P_{\text{성별}}(\text{여자}) = 0.6359$ 이다.

표 4-4 주변확률분포

성별 \ 선호도	전혀 그렇지 않다	그렇지 않다	보통이다	그렇다	매우 그렇다	P(성별)
남자	0.0249	0.0549	0.1322	0.1272	0.0249	0.3641
여자	0.0125	0.0599	0.1920	0.2768	0.0948	0.6359
P(선호도)	0.0374	0.1147	0.3242	0.4040	0.1197	1

[예제 4-11]에서

$$P(X = \text{남자} | Y = \text{매우 그렇다}) = \frac{0.0249}{0.1197} = 0.2080$$

$$P(X = \text{남자}) = 0.3641$$

로 $P(x|y) \neq P(x)$ 이므로 두 변수 X와 Y는 서로의 확률에 영향을 주는 종속관계가 있음을 알 수 있다.

4.6 공분산과 상관계수

두 확률변수 사이의 관계를 나타내는 기본적인 측도로 공분산(covariance)과 상관계수(correlation coefficient)가 있다. 공분산과 상관계수는 두 확률변수가 어떻게 결합되어 있는 지를 측정하기 위한 것이다.

4.6.1 공분산

통계적으로 종속적인 확률변수 X와 Y 사이의 연관 관계의 강도를 측정할 때 사용하는 측도가 공분산이다. 매출액과 지출 광고비는 밀접한 비례의 관계가 있음을 추측할 수 있다. 공분산은 $\sigma(X, Y)$ 혹은 $Cov(X, Y)$로 나타내며, 공분산을 계산하는 방법은 (식 4-9)와 같고, 간편하게 계산할 때 (식 4-10)을 이용한다.

$$\begin{aligned}\sigma(X, Y) &= Cov(X, Y) = E[(X-E(X)(Y-E(Y)] \\ &= \sum_i \sum_j (x_i - \mu_X)(y_j - \mu_Y) P(X = x_i,\ Y = y_j)\end{aligned} \qquad \text{(식 4-9)}$$

$$\begin{aligned}\sigma(X, Y) &= Cov(X, Y) = E[(X-E(X)(Y-E(Y)] \\ &= E[XY] - E(X)E(Y)\end{aligned} \qquad \text{(식 4-10)}$$

공분산은 분산과는 달리 음수의 값을 가질 수 있다. 만약, 공분산의 값이 양수이면 두 확률변수가 비례관계임을, 음수이면 두 확률변수가 반비례 관계임을 나타낸다. 하지만, 공분산의 두 확률변수의 관련 강도를 나타내지는 못한다. 왜냐하면, 공분산을 구하는 방법이 측정 단위에 의존하기 때문이다.

예제 4-12

[예제 4-11]에서 구한 결합확률분포를 이용하여 공분산을 계산하고, 그 의미를 설명하라.

X: 성별, Y: 선호도 라 정하고, 변수값은 다음과 같이 표시하자.
x=1 : 남자, x=2 : 여자,
y=1 : 전혀 그렇지 않다 , y=2 : 그렇지 않다, y=3 : 보통이다,
y=4 : 그렇다 , y=5 : 매우 그렇다
결합확률분포의 확률에 따라, (식 4-8)에 의해 공분산을 구하면

X	Y	$P(X,Y)$	XY	$P(X,Y) \cdot XY$	$X \cdot P(X,Y)$	$Y \cdot P(X,Y)$
1	1	0.0249	1	0.0249	0.0249	0.0249
1	2	0.0549	2	0.1098	0.0549	0.1098
1	3	0.1322	3	0.3966	0.1322	0.3966
1	4	0.1272	4	0.5088	0.1272	0.5088
1	5	0.0249	5	0.1245	0.0249	0.1245
2	1	0.0125	2	0.0250	0.0250	0.0125
2	2	0.0599	4	0.2396	0.1198	0.1198
2	3	0.1920	6	1.1520	0.3840	0.5760
2	4	0.2768	8	2.2144	0.5536	1.1072
2	5	0.0948	10	0.9480	0.1896	0.4740
				$E(XY)=5.7436$	$E(X)=1.6361$	$E(Y)=3.4541$

$$\sigma(X,Y) = Cov(X,Y) = E[(X-E(X)(Y-E(Y)]$$
$$= E[XY]-E(X)E(Y)$$
$$= 5.7436-1.6361\times 3.4541 = 0.0924$$

공분산의 값의 양수이므로, 성별과 명품선호도 변수는 비례 관계라고 해석할 수 있다.

4.6.2 상관계수

공분산은 두 확률변수의 선형관계 여부를 판단하는 데 사용되지만, 두 변수간의 관련 강도를 설명할 수는 없는 측도이다. 따라서 단위에 관계없이 두 변수 사이의 강도를 측정하기 위해 사용하는 측도가 상관계수이다. 상관계수는 ρ 또는 $Corr(X, Y)$로 표시하고, (식 4-11)을 사용하여 계산한다.

$$\rho = Corr(X, Y) = \frac{\sigma^2(X, Y)}{\sigma_X \sigma_Y} \quad (-1 \le \rho \le 1) \qquad \text{(식 4-11)}$$

식을 분석해보면, 두 확률변수 X, Y의 공분산을 X의 분산과 Y의 분산의 곱으로 나눈 것이다. 이렇게 해서 단위와 관계없는 두 확률변수간의 관계를 나타내는 수치를 구할 수 있다.

상관계수는 두 확률변수의 직선적인 관계를 나타내는 측도로서 -1부터 +1의 범위를 갖는다. 상관계수가 -1일 때는 두 확률변수가 완전히 반비례의 관계임을, 1의 값을 가지면 두 확률변수가 정비례 관계에 있음을 의미한다. 상관계수가 0이면 두 확률변수간에 서로 관련이 없음을 의미하고, 통계적으로 상관계수의 절대값이 0.6 이상이면 두 변수간에는 관련성이 높다고 분석한다.

예제 4-13

[예제 4-11]의 두 확률변수의 상관계수를 구하여라.

결합확률분포의 확률에 따라, (식 4-11)에 의해 상관계수를 구하면,

성별 \ 선호도	전혀 그렇지 않다	그렇지 않다	보통이다	그렇다	매우 그렇다	P(성별)
남자	0.0249	0.0549	0.1322	0.1272	0.0249	0.3641
여자	0.0125	0.0599	0.1920	0.2768	0.0948	0.6359
P(선호도)	0.0374	0.1147	0.3242	0.4040	0.1197	1

$\sigma(X, Y) = 0.0924$ 이고,

$$\sigma_X = \sqrt{(1-1.6361)^2(0.3641)+(2-1.6361)^2(0.6359)} = 0.4812 \quad ,$$

$$\sigma_Y = \sqrt{(1-3.4541)^2(0.0374)+(2-3.4541)^2(0.1147)+\ldots+(5-3.4541)^2(0.1197)} = 0.9701$$

$$\rho = \frac{0.0924}{(0.4812)(0.9701)} = 0.1979$$

4.6.3 두 확률변수의 독립

3장의 곱셈법칙에서 $P(A \cap B) = P(A) \cdot P(B)$를 만족하면 두 사상 A와 B는 독립 사상이라고 정의하였다. 이를 확률변수에 적용하여, 두 이산확률변수 X, Y가 각각 x와 y의 값을 갖는 사상이 서로 독립인 사상이라면 (식 4-12)가 성립한다.

$$P(x, y) = P(x)P(y) \qquad \text{(식 4-12)}$$

두 확률변수 X, Y의 모든 값이 (식 4-12)를 만족하면, 두 확률변수 X, Y는 독립이다.

예제 4-14

동전을 세 번 던질 때,

X는 처음 두 번 던져서 나온 앞면의 수,
Y는 세 번째에 나온 앞면의 수,
Z는 세 번 던져서 나온 앞면의 총 수라 할 때,
X와 Y, Y와 Z가 독립인가를 밝혀라.

X와 Y의 결합확률분포

X \ Y	0	1	계
0	0.125	0.125	0.250
1	0.250	0.250	0.500
2	0.125	0.125	0.250
계	0.500	0.500	1

두 확률변수 X, Y의 모든 (x, y)에 대해,
$P(x, y) = P(x)P(y)$ 가 성립함을 알 수 있다.
따라서, 두 확률변수 X, Y는 독립이다.

Y와 Z의 결합확률분포

Y \ Z	0	1	2	3	계
0	0.125	0.250	0.125	0.000	0.500
1	0.000	0.125	0.250	0.125	0.500
계	0.125	0.375	0.375	0.125	1

$P_{XY}(0,0) = 0.125 \neq P_X(0)P_Y(0) = 0.0625$ 임을 알 수 있다.
따라서, 두 확률변수 Y, Z는 독립이 아니다.

4.7 엑셀 활용

4.7.1 하나의 확률변수

① 확률변수의 기대값, 분산, 표준편차를 계산하기 위해, 다음과 같이 기본 자료를 입력한다.

	A	B	C	D	E	F
1	하나의 확률변수-기대값, 분산, 표준편차					
2						
3	판매량(x)	P(X)				
4	0	0.2				
5	1	0.3				
6	2	0.4				
7	3	0.4				
8	계					
9						

② 기대값의 계산은 다음과 같이 확률변수 X와 확률값 $P(X)$를 곱하여 합을 구하면 된다. 또한 분산은 간편 수식 적용을 적용하였고, 적용한 수식과 결과 화면은 다음과 같다. [C8]이 기대값, [F8]은 분산이다.

	A	B	C	D	E	F
1	하나의 확률변수-기대값, 분산, 표준편차					
2						
3	판매량(x)	P(X)	XP(X)	X-E(X)	[X-E(X)]^2	[X-E(X)]^2P(X)
4	0	0.2	=A4*B4	=A4-$C$8	=D4^2	=E4*B4
5	1	0.3	=A5*B5	=A5-$C$8	=D5^2	=E5*B5
6	2	0.4	=A6*B6	=A6-$C$8	=D6^2	=E6*B6
7	3	0.1	=A7*B7	=A7-$C$8	=D7^2	=E7*B7
8	계	=SUM(B4:B7)	=SUM(C4:C7)			=SUM(F4:F7)
9						

	A	B	C	D	E	F
1	하나의 확률변수-기대값, 분산, 표준편차					
2						
3	판매량(x)	P(X)	XP(X)	X-E(X)	[X-E(X)]^2	[X-E(X)]^2P(X)
4	0	0.2	0	-1.4	1.96	0.392
5	1	0.3	0.3	-0.4	0.16	0.048
6	2	0.4	0.8	0.6	0.36	0.144
7	3	0.1	0.3	1.6	2.56	0.256
8	계	1	1.4			0.84
9						

4.7.2 두 개의 확률변수

① 두 개의 확률변수의 기대값, 분산, 표준편차 및 공분산, 상관계수 등의 계산을 위해 다음과 같이 입력한다.

	A	B	C	D	E
1	두 개의 확률변수-기대값, 분산, 표준편차 등				
2					
3		판매원 수(Y)			
4	판매대수(X)	2	3		
5	0	0.08	0.12		
6	1	0.1	0.2		
7	2	0.17	0.33		
8					

② 수식내용과 결과화면은 다음과 같다. X의 기대값, 분산, 표준편차는 [E8], [F8], [F10]이고, Y의 기대값, 분산, 표준편차는 [D9], [D10], [E10]이다. 공분산 계산을 위한 $E(XY)$는 [D21]이고, 공분산과 상관계수는 각각 [F13]과 [F14]이다.

	A	B	C	D	E	F	G
1	두 개의 확률변수-기대값, 분산, 표준편차 등						
2							
3		판매원 수(Y)		P(X)	E(X)	V^2(X)	V(X)
4	판매대수(X)	2	3				
5	0	0.08	0.12	=SUM(B5:C5)	=A5*D5	=(A5-$E$8)^2*D5	=SQRT(F5)
6	1	0.1	0.2	=SUM(B6:C6)	=A6*D6	=(A6-$E$8)^2*D6	=SQRT(F6)
7	2	0.17	0.33	=SUM(B7:C7)	=A7*D7	=(A7-$E$8)^2*D7	=SQRT(F7)
8	P(Y)	=SUM(B5:B7)	=SUM(C5:C7)	=SUM(D5:D7)	=SUM(E5:E7)	=SUM(F5:F7)	=SQRT(F8)
9	E(Y)	=B4*B8	=C4*C8	=SUM(B9:C9)			
10	V^2(Y)	=(B4-$D$9)^2*B8	=(C4-$D$9)^2*C8	=SUM(B10:C10)			
11	V(Y)	=SQRT(B10)	=SQRT(C10)	=SQRT(D10)			
12							
13	XY	2	3		Cov(X,Y)	=D21-E8*D9	
14	0	=B$13*$A14	=C$13*$A14		Corr(X,Y)	=F13/(G8*D11)	
15	1	=B$13*$A15	=C$13*$A15				
16	2	=B$13*$A16	=C$13*$A16				
17							
18	E(XY)	2	3				
19	0	=B5*B14	=C5*C14				
20	1	=B6*B15	=C6*C15				
21	2	=B7*B16	=C7*C16	=SUM(B19:C21)			
22							

	A	B	C	D	E	F	G
1	두 개의 확률변수-기대값, 분산, 표준편차 등						
2							
3		판매원 수(Y)		P(X)	E(X)	V^2(x)	V(X)
4	판매대수(X)	2	3				
5	0	0.08	0.12	0.2	0	0.338	0.581378
6	1	0.1	0.2	0.3	0.3	0.027	0.164317
7	2	0.17	0.33	0.5	1	0.245	0.494975
8	P(Y)	0.35	0.65	1	1.3	0.61	0.781025
9	E(Y)	0.7	1.95	2.65			
10	V^2(Y)	0.147875	0.079625	0.2275			
11	V(Y)	0.384545	0.282179	0.47697			
12							
13	XY	2	3		Cov(X,Y)	0.015	
14	0	0	0		Corr(X,Y)	0.040266	
15	1	2	3				
16	2	4	6				
17							
18	E(XY)	2	3				
19	0	0	0				
20	1	0.2	0.6				
21	2	0.68	1.98	3.46			
22							

연/습/문/제

1. 확률변수 X가 취할 수 있는 값이 0, 1, 2, 3이고 그 확률이 다음과 같을 때 a+b의 값을 구하라.

X	0	1	2	3
$P(X)$	$\frac{1}{8}$	a	b	$\frac{1}{4}$

2. 확률변수 X에 대하여 $E(X) = 200,\ V(X) = 16$일 때, 다음 값을 구하라.

1) $E(-X+3)$

2) $V(-X+3)$

3) $\sigma(-X+3)$

3. 연속형 확률변수 X의 확률밀도함수 $f(x)$가 다음과 같이 주어졌을 때, 이 함수는 확률 밀도함수의 성질을 만족하는가?

$$f(x) = \begin{cases} \frac{1}{2}, & 0 \le x \le 2 \\ 0, & x > 2,\ x < 0 \end{cases}$$

4. 다음 함수에 대하여 물음에 답하라.

$$f(x) = \begin{cases} kx^2, & 0 < x < 3 \\ 0, & o.w \end{cases}$$

1) 확률밀도함수가 되도록 k의 값을 구하라.

2) 누적분포함수 $F(x)$를 구하라.

3) $P(1 < X < 2)$를 구하라.

5. 1에서 6까지의 제비를 뽑아 나오는 숫자의 3배를 상금으로 받는 게임에서, 상금을 X라 할 때 기대값과 분산을 구하라.

6. 확률변수 X에 대하여 $Y = \frac{1}{10}X - 15$ 라고 한다. $E(Y^2) = \frac{7}{10},\ E(Y) = \frac{1}{2}$일 때, $E(X),\ V(Y)$를 구하라.

7. 빨간 사탕 5개, 노란 사탕 3개가 들어있는 봉투에서 동시에 사탕 4개를 꺼냈다. 꺼낸 사탕 중 빨간 사탕의 수를 확률변수 X라 할 때 기대값과 표준편차를 구하라.

8. 확률밀도함수의 그래프가 다음과 같고 분산이 $\frac{1}{6}$일 때, 양수 a의 값을 구하라.

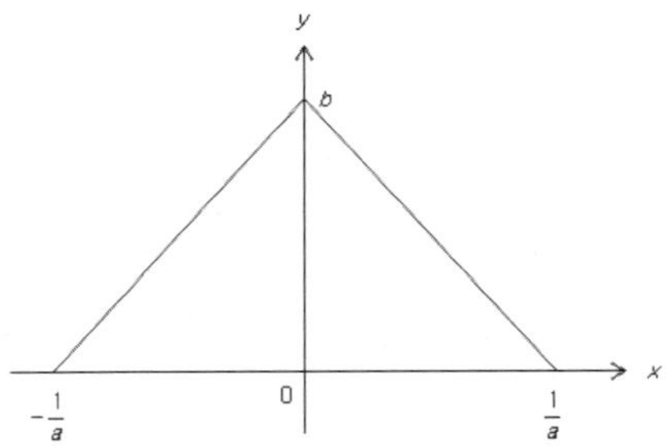

9. X와 Y의 결합확률분포가 다음과 같다.

Y \ X	1	2	3
1	1/12	1/6	1/12
2	1/6	0	1/6
3	0	1/3	0

1) X와 Y의 주변확률밀도함수를 각각 구하라.
2) $P(1 \le X < 3, 1 \le Y < 2)$를 구하라.
3) $P(X = 1, X + Y \le 4)$를 구하라.

10. 한 업체에서 임원을 대상으로 몸무게와 혈압에 따라 분류한 표이다.

	비만	정상	정상이하	계
고혈압	0.10	0.08	0.02	0.20
정상	0.15	0.45	0.20	0.80
계	0.25	0.53	0.22	1.00

1) 한명의 임원을 임의 추출하였을 때 그가 고혈압 증세를 갖고 있을 확률은 얼마인가?
2) 임의로 추출된 한 명의 임원이 비만이라고 할 때 그가 고혈압 증세를 갖고 있을 확률은 얼마인가?

11. 하나의 주사위를 던져서 나온 눈의 종류에 따라 상금이 걸린 게임이 있으며, 게임 방법은 여러 가지가 있다. A, B 두 사람이 각각 다음과 같은 게임을 택했다고 하자.

A : 1 또는 2가 나오면 100원,
3 또는 4가 나오면 200원,
5 또는 6이 나오면 300원
B : 짝수가 나오면 100원,
홀수가 나오면 (눈의 수 × 100원)

이 경우에 A와 B의 수입의 합에 대한 분포를 구하라.

12. X와 Y의 결합분포가 다음과 같다. X와 Y의 공분산과 상관계수를 구하라.

Y \ X	0	1	2	3	계
0	0.05	0.05	0.10	0	0.20
1	0.05	0.10	0.25	0.10	0.50
2	0	0.15	0.10	0.05	0.30
계	0.10	0.30	0.45	0.15	1

이산확률분포 05

학습목표

확류분포의 종류는 매우 다양하다. 이산확률분포에는 이항분포, 초기하분포, 기하분포 등이 있는 데, 이 장에서는 이항분포, 포아송분포에 대해 설명한다.

5.1 이항분포

5.1.1 베르누이 분포

베르누이 시행은 특정 실험을 반복하는 데 실험의 결과가 성공(S)과 실패(F)로 일컬어지는 두 가지의 결과 중 하나를 얻는 시행이다. 합격 또는 불합격의 판정, 동전을 던지는 시행에서 나오는 결과(앞면 또는 뒷면) 등이 베르누이 시행의 예이다. 각 시행에 대한 성공의 확률은 동일하며, 그 시행들은 각각 독립임을 가정한다. 성공확률을 p로 표시하고, 실패확률은 $q = 1 - p$ 이다.

주사위를 3회 던져서 1의 눈이 몇 회 나오는가를 조사하는 실험에서 1의 눈이 2회만 나올 사건에 대해 생각해 보자. 시행횟수는 일정하게 3회 (T_1, T_2, T_3)이며, 매회의 시행 결과는 1의 눈이 나오는 가, 나오지 않는 지 둘 중의 하나이다. 또 매회에 1의 눈이 나올 확률은 모두 일정하게 $\frac{1}{6}$이며, 매 시행은 독립적이다. 즉, 어떤 회차의 시행 결과가 다른 회차의 시행 결과에 전혀 영향을 주지 않는다. 따라서, 시행 T_1, T_2, T_3은 베르누이의 시행이다. 결과적으로 이 시행은 실패하는 경우를 0, 성공하는 경우를 1의 값을 취하는 하나의 확률변수라고 생각할 수 있다. 이러한 확률변수를 X라고 하면 X는 0과 1의 값을 가지게 되고, 그 확률은 각각 q와 p가 되는 베르누이분포(Bernoulli distribution)을 따른다고 한다. 베르누이분포의 확률질량함수는 (식 5-1)과 같다.

$$f(X) = \begin{cases} p^x q^{1-x}, & x = 0, 1 \\ 0, & o.w \end{cases} \qquad \text{(식 5-1)}$$

또한 확률변수 X가 모수가 p인 베르누이분포를 따른다면, 그 평균과 분산은 각각 (식 5-2), (식 5-3)과 같다.

$$E(X) = \sum_{x=0}^{1} xf(x) = 0 \times q + 1 \times p = p \qquad \text{(식 5-2)}$$

$$V(X) = E(X^2) - (E(X))^2 = pq \qquad \text{(식 5-3)}$$

5.1.2 이항분포

동일한 성공 확률을 가진 베르누이 시행을 반복할 때, 성공의 횟수를 이항확률변수(binomial random variable)라 하며, 이항확률변수의 분포를 이항분포(binomial distribution)이라 한다. 베르누이 시행을 여러 번 실시한다고 하자. 사건 E가 일어나는 확률을 p라 하고 이 시행을 n회 되풀이할 때 E가 일어나는 횟수를 X라 하면 X는 확률변수이고 $X = k$ 가 되는 확률은 $P_k = P(X = k)$, $q = 1 - p$ 라 하면 (식 5-4)가 성립한다.

$$P_k = \binom{n}{k} p^k (1-p)^{n-k}, \quad k = 0, 1, ..., n \qquad \text{(식 5-4)}$$

이러한 확률분포를 이항분포라고 하며 $B(n, p)$로 표시한다.

| 예제 5-1 |

동전 던지기를 3번 반복해서 시행할 때, 앞면이 나타나는 횟수를 이항확률변수 X로 하고, (식 5-4)에 의해 각각의 확률변수에 대응되는 확률을 구하여라.

$n = 3$, $p = \frac{1}{2}$ 이므로

$$P(0) = \binom{3}{0}\left(\frac{1}{2}\right)^0\left(\frac{1}{2}\right)^{3-0} = \frac{1}{8}$$
$$P(1) = \binom{3}{1}\left(\frac{1}{2}\right)^1\left(\frac{1}{2}\right)^{3-1} = \frac{3}{8}$$
$$P(2) = \binom{3}{2}\left(\frac{1}{2}\right)^2\left(\frac{1}{2}\right)^{3-2} = \frac{3}{8}$$
$$P(3) = \binom{3}{3}\left(\frac{1}{2}\right)^3\left(\frac{1}{2}\right)^{3-3} = \frac{1}{8}$$

이항분포를 따르는 확률변수의 어떤 가능한 값에 대응하는 확률을 구하는 방법에는

확률함수를 이용하는 방법 외에 확률분포표를 이용하는 방법이 있다. 특히, 이항분포 함수를 이용하여 확률을 계산할 때 n이 커질수록 계산이 복잡하여 실수할 가능성이 높다. 이런 경우 확률분포표를 이용하면 편리하다. [표 5-1]은 이항분포표의 일부이다. 보다 완전한 표는 부록을 참조하기 바란다.

표 5-1 이항분포표

		p										
n	x	.05	.10	.20	.30	.40	.50	.60	.70	.80	.90	.95
1	0	.9500	.9000	.8000	.7000	.6000	.5000	.4000	.3000	.2000	.1000	.0500
	1	.0500	.1000	.2000	.3000	.4000	.5000	.6000	.7000	.8000	.9000	.9500
2	0	.9025	.8100	.6400	.4900	.3600	.2500	.1600	.0900	.0400	.0100	.0025
	1	.0950	.1800	.3200	.4200	.4800	.5000	.4800	.4200	.3200	.1800	.0950
	2	.0025	.0100	.0400	.0900	.1600	.2500	.3600	.4900	.6400	.8100	.9025
3	0	.8574	.7290	.5120	.3430	.2160	.1250	.0640	.0270	.0080	.0010	.0001
	1	.1354	.2430	.3840	.4410	.4320	.3750	.2880	.1890	.0960	.0270	.0071
	2	.0071	.0270	.0960	.1890	.2880	.3750	.4320	.4410	.3840	.2430	.1354
	3	.0001	.0010	.0080	.0270	.0640	.1250	.2160	.3430	.5120	.7290	.8574

n이 3이고 성공확률이 0.5인 이항분포에서 성공 횟수 $x=2$일 확률은 0.3750이다. 누적확률 역시 이항분포표를 이용하여 계산할 수 있다. 즉, 특정 횟수 이상 혹은 이하 등의 확률의 구할 수 있다.

예를 들어, $n=3, p=0.3$일 때

$$P(X \leq 2) = P(0) + P(1) + P(2) = 0.1250 + 0.3750 + 0.3750 = 0.875$$

$$P(X \geq 2) = P(2) + P(3) = 0.3750 + 0.1250 = 0.5000 \quad \text{이다.}$$

또한, 누적확률분포를 이용하여 여러 가지 확률을 구할 수도 있다. 예를 들어, a와 b가 양의 정수일 때, 다음의 성질을 만족하므로 이를 이용하여 확률을 계산해도 된다.

$$P(a \leq X \leq b) = P(b) - P(a)$$

$$P(X = a) = P(X \leq a) - P(X \leq a-1)$$

$$P(X \geq a) = 1 - P(X \leq a-1)$$

예제 5-2

다음 문제의 확률을 구하라.

1) 타율이 3할인 타자가 다섯 번 타석에 나와서 네 번 안타를 칠 확률
2) 주사위를 5번 던질 때, 2이하의 주사위 눈금이 2회 나올 확률
3) 제품 불량률이 5%일 때, 20개를 검사해서 불량품의 개수가 2개 이상 5개 미만일 확률

1) $n=5, p=0.3$ 이고, $P(X \geq 4) = P(4)+P(5) = 0.0284+0.0024 = 0.0308$

2) $n=5$ 이고, 2이하의 눈금이 나올 사상을 성공으로 본다면 $p=\frac{1}{3}$ 이다.

따라서, $P(X=2) = \binom{5}{2}\left(\frac{1}{3}\right)^2\left(\frac{2}{3}\right)^3 = 10\times\frac{1}{9}\times\frac{8}{27}=\frac{80}{243}$

3) $n=20, p=0.05$ 이고,

$$P(2 \leq X < 5) = P(2)+P(3)+P(4) = P(X<5)-P(X\leq 1)$$
$$= 0.997-0.736=0.261$$

5.1.3 이항분포 형태

[그림 5-1]은 n과 p에 따른 이항분포를 그림으로 표현한 것이다. 그림을 통해 몇 가지 사실을 알 수 있다.

- $p=0.5$일 때, n의 크기에 상관없이 대칭을 이룬다.
- n이 작고, $p=0.9$(보통 $p>0.5$) 일 때, 이항분포는 왼쪽 꼬리분포 모양을 나타낸다.
- n이 작고, $p=0.1$(보통 $p<0.5$) 일 때, 이항분포는 오른쪽 꼬리분포 모양을 나타낸다.
- p의 값에 관계없이 n이 커질수록 이항분포는 종모양의 정규분포곡선에 근사해간다.

그림 5-1 이항분포의 형태

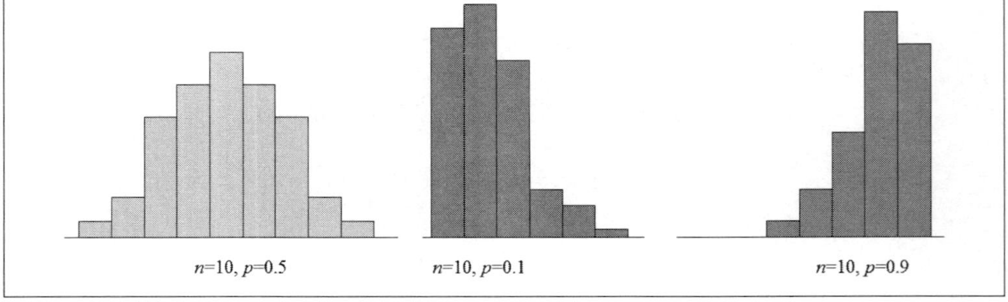

5.1.4 이항분포의 기댓값과 분산

확률분포의 기댓값과 분산을 구하는 공식은 다음과 같다고 배웠다.

$$E(X) = \sum XP(X)$$
$$V(X) = \sum (X-\mu)^2 P(X)$$

이항분포의 기댓값과 분산을 구하기 위해, 이 공식에 이항분포의 확률을 대입하면 된다. 하지만, 이항분포에서는 앞의 공식이 아닌 간편 공식을 이용할 수 있다. 간편식은 (식 5-5)와 (식 5-6), (식 5-7) 이다.

$$E(X) = \mu = np \quad \text{(식 5-5)}$$

$$V(X) = \sigma^2 = np(1-p) = npq \quad \text{(식 5-6)}$$

$$\sigma = \sqrt{(npq)} \quad \text{(식 5-7)}$$

예제 5-3

동전을 세 번 던지는 실험에서 앞면이 나오는 횟수를 확률변수 X라 할 때, 기댓값과 분산을 1) 간편식을 사용하지 않는 방법과 2) 간편식을 사용한 방법 모두를 이용하여 구하여라.

1)

X	$P(X)$	$XP(X)$	$X-\mu$	$(X-\mu)^2$	$(X-\mu)^2P(X)$
0	1/8	0	-1.5	2.25	0.281
1	3/8	3/8	-0.5	0.25	0.094
2	3/8	6/8	0.5	0.25	0.094
3	1/8	3/8	1.5	2.25	0.281
		$\mu = 1.5$			$\sigma^2 = 0.750$

2) $n=3$ 이고, $p=0.5$ 이다.

따라서, $E(X) = \mu = np = 3 \times 0.5 = 1.5$

$V(X) = \sigma^2 = np(1-p) = npq = 3 \times 0.5 \times 0.5 = 0.75$

5.2 포아송분포

많은 사건 중에서 특정한 사건이 발생할 가능성이 매우 적은 확률변수가 갖는 분포가 포아송분포(Poisson distribution)이다. 성공과 실패라는 두 상호배반사건으로 구성되어 있다는 점에서 이항분포와 같지만, 연속적인 시간간격이나 공간에서 발생하는 사상의 수에 대한 확률을 계산하는 데 적용된다는 점에서 어떤 사상이 실험의 결과로 발생하는 이항분포와는 차이가 있다. 수리적으로 포아송분포는 실험을 n회 시행할 때 특정한 사건이 x회 발생할 확률분포 중에서 실험을 시행한 수인 n이 무한대인 경우에 해당한다. 이를 수식으로 표현하면 이항분포에서 사건시행의 수인 n을 무한대로 수렴한 경우로서 (식 5-8)과 같이 정의된다.

$$P(X=x) = \lim_{n \to \infty} \begin{bmatrix} n \\ x \end{bmatrix} p^x (1-p)^{n-x} = \frac{e^{-\mu}\mu^x}{x!} \qquad \text{(식 5-8)}$$

여기서 x는 특정한 사건이 발생한 수이며, n은 전체 사건 수이다. μ는 확률변수 x의 평균값이다. 포아송분포는 흔히 n이 크고, 사건이 발생할 확률 p는 작은 경우에 이항분포를 대체하여 사용하는 분포라고 할 수 있다. 어느 학교에서 낙제나 퇴학당하는 학생의 수가 포아송 확률변수의 예이다. 또는 특정지역에서 일정기간에 교통사고가 발생하는 빈도도 이에 해당한다.

포아송분포를 따르는 확률변수의 어떤 가능한 값에 대응하는 확률을 구하는 방법에는 확률함수를 이용하는 방법과 확률분포표를 이용하는 방법이 있다. 특히, 포아송분포의 경우 계산과정이 복잡하므로 미리 계산하여 놓은 포아송분포표를 이용하는 것이 더 편리하다. 표를 이용하기 위해서는 x와 μ의 값만 알면 된다. [표 5-2]는 포아송분포표의 일부이다. 보다 완전한 표는 부록을 참조하기 바란다. 예를 들어, 한시간당 4회 발생하는 포아송과정에서 어떤 한 시간에 1회 발생할 확률을 찾기 위해서는 $\mu=4$, $x=1$이 서로 교차하는 점에서의 확률을 읽으면 된다. 해당 확률을 찾아보면, 0.0733이다.

포아송분포의 기댓값, 분산, 표준편차를 (식 5-9), (식 5-10), (식 5-11)을 이용하여 구한다.

$$E(X) = \mu \qquad \text{(식 5-9)}$$

$$V(X) = \sigma^2 = \mu \qquad \text{(식 5-10)}$$

$$\sigma = \sqrt{\mu} \qquad \text{(식 5-11)}$$

표 5-2 포아송분포표

x	μ 3.5	3.6	3.7	3.8	3.9	4	4.1	4.2	4.3	4.4	4.5
0	.0302	.0273	.0247	.0224	.0202	.0183	.0166	.0150	.0136	.0123	.0111
1	.1057	.0984	.0915	.0850	.0789	.0733	.0679	.0630	.0583	.0540	.0500
2	.1850	.1771	.1692	.1615	.1539	.1465	.1393	.1323	.1254	.1188	.1125
3	.2158	.2125	.2087	.2046	.2001	.1954	.1904	.1852	.1798	.1743	.1687
4	.1888	.1912	.1931	.1944	.1951	.1954	.1951	.1944	.1933	.1917	.1898
5	.1322	.1377	.1429	.1477	.1522	.1563	.1600	.1633	.1662	.1687	.1708
6	.0771	.0826	.0881	.0936	.0989	.1042	.1093	.1143	.1191	.1237	.1281
7	.0385	.0425	.0466	.0508	.0551	.0595	.0640	.0686	.0732	.0778	.0824
8	.0169	.0191	.0215	.0241	.0269	.0298	.0328	.0360	.0393	.0428	.0463
9	.0066	.0076	.0089	.0102	.0116	.0132	.0150	.0168	.0188	.0209	.0232
10	.0023	.0028	.0033	.0039	.0045	.0053	.0061	.0071	.0081	.0092	.0104
11	.0007	.0009	.0011	.0013	.0016	.0019	.0023	.0027	.0032	.0037	.0043
12	.0002	.0003	.0003	.0004	.0005	.0006	.0008	.0009	.0011	.0013	.0016
13	.0001	.0001	.0001	.0001	.0002	.0002	.0002	.0003	.0004	.0005	.0006
14						.0001	.0001	.0001	.0001	.0001	.0002
15											.0001

예제 5-4

A 홈쇼핑회사에는 시간당평균 48회의 반품관련전화가 걸려온다고 한다.

1) 15분 동안 10회의 전화가 걸려올 확률을 확률분포함수를 이용하여 계산하라.

2) 5분 동안 3회의 전화가 걸려올 확률을 포아송 확률분포표를 이용하여 계산하라.

1) $\mu = np = 15 \times \dfrac{48}{60} = 12$

$$P(x=10) = \frac{e^{-12}12^{10}}{10!} = 0.1048$$

2) $\mu = np = 5 \times \dfrac{48}{60} = 4$

포아송분포표에서 $\mu = 4$, $x = 3$이 서로 교차하는 점에서의 확률을 읽으면 0.1954 이다.

5.3 이항분포와 포아송분포

베르누이 시행횟수가 n, 성공확률이 p인 이항분포에서 n이 어느 정도 이상 커지면 확률의 계산이 너무 복잡하고 어려워진다. 예를 들어, 어느 사람이 1시간에 1통의 전화를 받는다고 하자. 이때, 이 사람이 1시간에 2통 이상의 전화를 받을 확률을 구해보자. 1분 단위로 전화가 오면 성공, 전화가 오지 않으면 실패라고 정의하고 매분 전화가 오는 시행이 서로 독립이라면 60회의 베르누이 시행이 되고, 평균은 $np = 60 \times p = 1$이므로 성공률 $p = \frac{1}{60}$인 이항분포이다. 따라서 이항분포의 확률함수를 적용하여 확률을 계산하면 다음과 같다.

$$
\begin{aligned}
P(X \geq 2) &= 1 - P(X \leq 1) \\
&= 1 - (\frac{1}{60})(\frac{1}{60})^0(\frac{59}{60})^{60} - (\frac{60}{1})(\frac{1}{60})^1(\frac{59}{60})^{59} \\
&= 1 - (0.364792 + 0.370975) = 0.264233
\end{aligned}
$$

컴퓨터나 계산기의 도움을 받으면 계산을 할 수는 있지만, 이 확률계산은 매우 복잡하고, 1분 동안 2통 이상의 전화는 오지 않는다는 가정을 한 상태의 계산으로 실제와는 거리가 있는 가정이다. 또한 시행횟수의 설정 역시 1분을 기준으로 하였지만, 30초 혹은 10초로 했을 때 시행횟수는 아주 많아지며, 성공률은 $\frac{1}{120}$ 혹은 $\frac{1}{360}$로 매우 작아지기 때문에 확률계산은 더욱 복잡하고 어려워진다.

포아송 분포는 앞에서 보았듯이 매순간 사건이 일어날 수 있어서 시행횟수가 아주 크고 사건이 일어날 확률은 매우 작은 경우의 분포를 나타내는 이산확률분포이다. 따라서, 앞에서 본 예제와 같이 시행횟수가 많고 성공률은 낮은 이항분포의 경우 복잡한 계산을 직접 하는 방법보다는 포아송분포를 이항분포의 근사분포로 사용하는 것이 편리한 방법이다.

예제 5-5

앞의 전화가 걸려올 확률을 포아송분포를 이용하여 구하고 이항분포를 이용하여 구한 확률과 비교하여 설명하여라.

$\mu = np = 1$

$p = \frac{1}{60}$

x가 2 이상일 확률을 포아송분포표를 찾아 계산하면,

$P(x \geq 2) = 0.264241$

이항분포를 이용하여 계산한 확률은 0.264233으로, 포아송분포를 이용하여 계산한 값과 유사함을 알 수 있어, 포아송분포를 이항분포의 근사분포로 사용 가능하다고 볼 수 있다.

5.4 엑셀 활용

5.4.1 엑셀 함수

이 장에서 사용할 엑셀 함수는 [표 5-3]과 같다.

표 5-3 5장에서 사용할 엑셀 함수

함수 구문	기능
BINOMDIST(x, n, p, T/F)	시행횟수가 n이고 성공률이 p인 실험에서 x번 성공할 이항분포의 확률 반환, 마지막 인자가 TRUE이면 누적확률을 반환
POISSON(x, μ, T/F)	평균이 μ인 실험에서 x번 성공할 포아송 분포의 확률을 반환, 마지막 인자가 TRUE이면 누적확률을 반환

5.4.2 이항분포의 확률 계산

① 다음과 같이 자료를 입력한다.

	A	B	C	D	E	F	G	H	I	J	K	L	M	N	O	P	Q	R	S	T	U	V	W	X	Y	Z
1	이항분포의확률계산																									
2																										
3	p(성공률)	0.02		X(성공횟수)	0	1	2	3	4	5	6	7	8	9	10	11	12	13	14	15	16	17	18	19	20	계
4	n(시행횟수)	20		P(X)																						
5																										

② [E4]에 '=BINOMDIST(E3,$B$4,$B$3,FALSE)'를 입력한 후, [Y4]까지 복사하면 다음과 같은 결과를 얻는다.

	A	B	C	D	E	F	G	H	I	J	K	L	M	N	O	P	Q	R	S	T	U	V	W	X	Y	Z
1												이항분포의확률계산														
2																										
3	p(성공률)	0.02		X(성공횟수)	0	1	2	3	4	5	6	7	8	9	10	11	12	13	14	15	16	17	18	19	20	계
4	n(시행횟수)	20		P(X)	0.67	0.27	0.05	0.01	0	0	0	0	0	0	0	0	0	0	0	0	0	0	0	0	0	
5																										

③ [Z4]에 '=SUM(E4:Y4)'를 입력하면 다음과 같은 결과를 얻는다.

	A	B	C	D	E	F	G	H	I	J	K	L	M	N	O	P	Q	R	S	T	U	V	W	X	Y	Z
1												이항분포의확률계산														
2																										
3	p(성공률)	0.02		X(성공횟수)	0	1	2	3	4	5	6	7	8	9	10	11	12	13	14	15	16	17	18	19	20	계
4	n(시행횟수)	20		P(X)	0.67	0.27	0.05	0.01	0	0	0	0	0	0	0	0	0	0	0	0	0	0	0	0	0	1
5																										

④ 계산된 확률값들을 이용하여 막대그래프를 작성하면 다음과 같다.

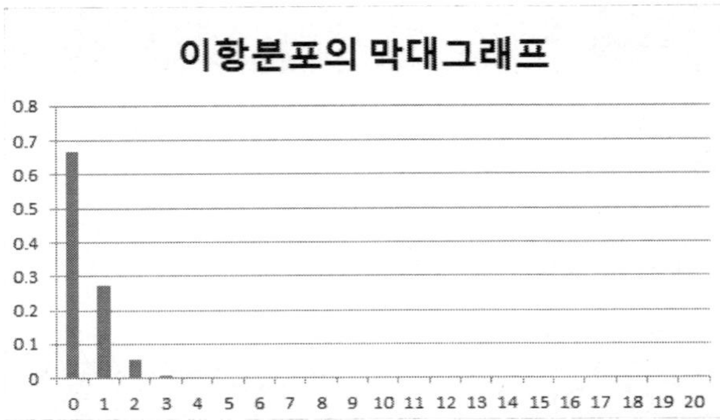

막대그래프를 보면, 해당 예제의 경우 성공률이 낮아, 오른쪽 꼬리 분포를 나타내는 것을 확인할 수 있다.

5.4.3 포아송분포의 확률 계산

① 다음과 같이 자료를 입력한다.

	A	B	C	D	E	F	G	H	I	J	K	L	M	N	O	P	Q	R	S	T
1										포아송분포의확률계산										
2																				
3	μ	12		X(발생횟수)	0	1	2	3	4	5	6	7	8	9	10	11	12	13	14	15
4				P(X)																
5																				

② [E4]에 '=POISSON(E3,$B$3,FALSE)'를 입력한 후, [T4]까지 복사하면 다음과 같은 결과를 얻는다.

	A	B	C	D	E	F	G	H	I	J	K	L	M	N	O	P	Q	R	S	T
1										포아송분포의확률계산										
2																				
3	μ	12		X(발생횟수)	0	1	2	3	4	5	6	7	8	9	10	11	12	13	14	15
4				P(X)	0	0	0	0	0.01	0.01	0.03	0.04	0.07	0.09	0.1	0.11	0.11	0.11	0.09	0.07
5																				

③ 계산된 확률값들을 이용하여 막대그래프를 작성하면 다음과 같다. 막대그래프를 보면, 평균 μ에서 가장 높은 확률을 나타내고 있음을 알 수 있다.

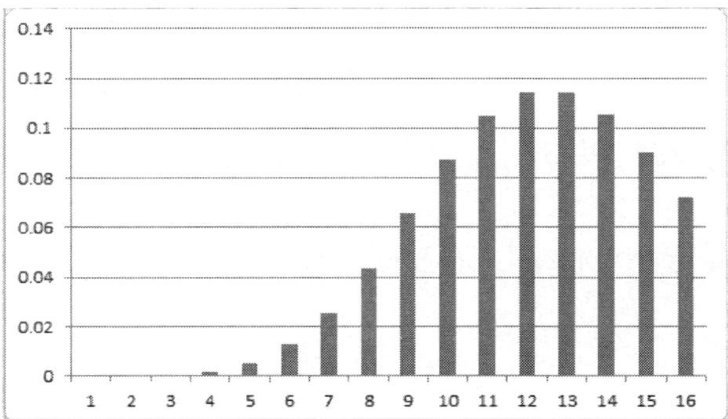

연/습/문/제

1. 동전 1개를 6회 던졌다. 다음 확률을 구하라.

1) 앞면이 2회 나타날 확률
2) 적어도 4번 앞면이 나올 확률
3) 앞면이 한 번도 나오지 않을 확률

2. 주사위 1개를 180회 던졌다. 6의 눈이 나타나는 횟수는 X라 할 때, X의 평균과 분산을 구하라.

3. 주사위를 세 번 던졌을 때, 1의 눈이 2번 나타날 확률은?

4. 5명의 위원이 3명의 여자와 5명의 남자에서 임의로 선출되었다. 여자 위원의 수에 관한 확률분포를 구하라.

5. 희귀한 질병을 앓고 있는 환자가 회복될 확률은 0.4이다. 만일 환자 15명이 이 질변에 걸린 것을 알고 있다면 다음 경우의 확률은 얼마인가?

1) 최소한 10명이 생존할 확률
2) 3명에서 8명이 생존할 확률
3) 5명 생존 확률

6. 어느 학교가 겨울에 눈으로 인해 휴교한 날이 4일이다. 이 학교가 겨울동안 휴교한 날짜가 6일이 될 확률은 얼마인가?

7. 어느 지역에서 일어난 범죄 중 75%가 절도사건이라고 한다. 이 지역에서 4건의 범죄 중 절도사건이 2건일 확률은 얼마인가?

8. 어느 사람이 하루 평균 5회의 전화를 받는다고 하자. 다음의 확률을 구하라.

1) 5회 이상의 전화를 받을 확률
2) 5회의 전화를 받을 확률

9. 20개의 시험문제는 5지선다형이다. 이 시험에서 임의토 답을 써넣은 경우 다음 경

우의 확률을 구하여라.

1) 정답이 하나도 없을 확률
2) 8개 이상 정답일 확률
3) 4개에서 6개가 정답일 확률

10. 어느 공장의 기계 15%가 고장이 발생하였다. 기계 8대를 임의로 선택했을 때, 고장난 기계의 수를 X라 하고, 다음 물음에 답하여라.

1) X의 분포를 구하여라.
2) 3대 이상 고장일 확률
3) 1대만 고장일 확률
4) 4대 미만이 고장일 확률

연속확률분포 06

학습목표

연속확률변수의 분포 역시 다양하다. 정규분포, 지수분포, t분포, F분포 등 많은 확률분포 중에서 이번 장에서는 대표적인 균등분포, 정규분포에 대해 학습한다. 또한 정규분포를 일반화한 표준정규분포와 이항분포의 정규 근사 등의 개념을 학습한다.

6.1 균등분포

연속균등분포(continuous uniform distribution)은 연속확률분포로, 확률변수의 분포가 특정 범위 내에서 균등하게 나타나 있을 경우를 가리키며 일양분포라고도 부른 다. 이 분포는 두 개의 매개변수 a, b를 받으며, 이때 $[a, b]$ 범위에서 균등한 확률을 가진다. 보통 기호로 $U(a,b)$로 나타낸다. $U(0, 1)$인 경우를 표준연속균등분포로 부른다. 연속균등분포의 확률밀도함수는 (식 6-1)과 같고 기댓값과 분산은 (식 6-2)와 같다.

$$f(x) = \begin{cases} \dfrac{1}{b-a}, & a \le X \le b \\ 0 \ , & o.w \end{cases} \qquad \text{(식 6-1)}$$

$$E(X) = \mu = \frac{a+b}{2}, \quad V(X) = \sigma^2 = \frac{(b-a)^2}{12} \qquad \text{(식 6-2)}$$

| 예제 6-1 |

제주도 여행을 가기 위해 비행기를 타는 데, 인천공항에서 제주공항까지 60분에서 70분이 걸린다고 한다. 이때 비행기가 64분에서 67분 사이에 도착할 확률을 구하여라.

60분에서 70분 사이에 무조건 도착하고, 도착 확률은 동일하므로, 균등분포이다. 또한 연속확률분포의 확률 계산식 $P(a \le x \le b) = \int_a^b f(X)dX$ 에 의해 계산한다.

$$P(64 \le X \le 67) = \int_{64}^{67} \frac{1}{70-60} dX$$

$$= \left[\frac{x}{10}\right]_{64}^{67} = \frac{67-64}{10} = 0.3$$

| 예제 6-2 |

전국 쌀 생산량은 400만톤에서 490만톤 사이이며, 균등분포를 따른다. 쌀 생산량의 평균과 분산, 표준편차를 구하여라.

(식 6-2)에 의해,

$$E(X) = \mu = \frac{a+b}{2} = \frac{400+490}{2} = 445(\text{만톤}),$$

$$V(X) = \sigma^2 = \frac{(b-a)^2}{12} = \frac{(490-400)^2}{12} = 675(\text{만톤})$$

$$\sigma = \sqrt{675} = 25.98(\text{만톤})$$

6.2 정규분포

6.2.1 정규분포

정규분포(normal distribution)는 연속확률분포의 일종으로 통계학에서 가장 많이 사용되며 가장 중요한 확률분포이다. 실제로, 세상의 수많은 현상들은 대부분 정규분포를 따른다고 한다. 정규분포가 중요한 이유는 다음과 같다.

- 사회 현상 또는 자연 현상의 수많은 연속변수는 정규분포에 근사한 분포를 따른다.
- 정규분포는 이항분포 같은 이산확률분포를 근사하는 데 이용된다.
- 정규분포는 표본을 통해 통계적 추론의 근거를 제공한다.

정규분포는 프랑스의 수학자 드므아브르(De Moivre : 1667 ~ 1754)에 의해 발전되었으며, 그 후 라플라스(Laplace : 1749 ~ 1827)에 의해 천문학 등에 이용되었다. 특히 가우스(Gauss : 1777 ~ 1855)는 정규분포의 함수식을 측정치의 오차에 대한 확률분포로서 수리적으로 유도하였으며 물리학과 천문학에 폭넓게 이용하였다. 이런 이유로, 정규분포를 가우스 분포(Gaussian distribution)라고도 한다.

확률변수 X의 평균이 μ이고, 표준편차가 σ인 정규분포는 $X \sim N(\mu, \sigma^2)$이라 표기하고, 해당 변수의 확률밀도함수는 (식 6-3)과 같다.

$$f(x) = \frac{1}{\sqrt{2\pi}\,\sigma} e^{-\frac{(x-\mu)^2}{2\sigma^2}}, \quad -\infty < x < \infty \qquad \text{(식 6-3)}$$

정규분포의 확률밀도곡선, 즉 정규곡선은 직선 $x = \mu$에 대칭형이고, $\mu - \sigma < x < \mu + \sigma$에서 아래로 오목하고, $\mu - \sigma > x$ 및 $x > \mu + \sigma$의 구간에서는 아래로 볼록하다. 또한 정규분포의 모양은 평균과 분산의 값에 따라 달라지며, 그 모양의 변화 형태는 [그림 6-1]과 같다. [그림 6-1 (a)]는 평균이 10으로 모두 같지만 분산이 다른 세 개의 정규분포를 비교한 것이다. 분산이 크면 분포가 넓게 퍼져있는 형태이며 작으면 평균을 중심으로 뾰족한 형태를 보인다. 즉, 분산의 값이 작을수록 평균 근처에 많은 자료가 집중되어 있음을 알 수 있다. [그림 6-1 (b)]는 분산은 같으나 평균에 따라 중심위치가 변화함을 보여준다.

그림 6-1 정규분포곡선의 형태

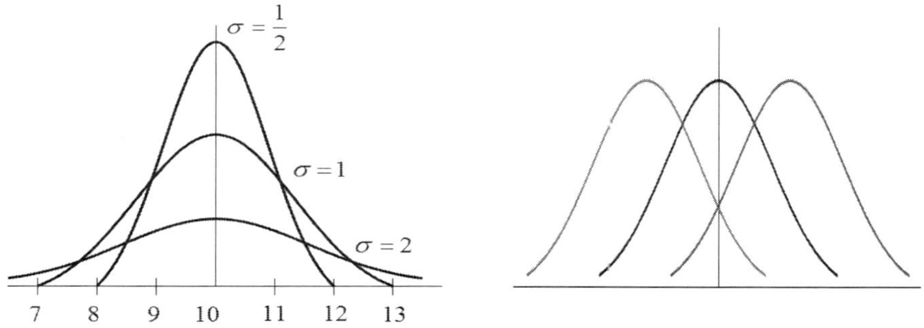

(a) $\mu = 10$ 이고, 분산이 다른 경우 (b) 분산이 같고 평균이 다른 경우

정규분포곡선의 특징은 다음과 같다.

- 정규분포곡선은 종모양이다.

- 정규분포곡선은 평균을 중심으로 대칭을 이루기 때문에, 산술평균, 중앙값, 최빈값이 모두 동일하다.
- 정규분포곡선은 X축에 닿지 않는다. 따라서 확률변수 X의 범위는 $-\infty < X < \infty$이다.
- 정규분포곡선의 모양과 위치는 평균과 표준편차에 의해서 결정된다.
- 정규분포곡선 아래의 총면적은 1이다.
- 정규분포곡선 아래의 두 점 사이의 면적은 정규확률변수가 이들 두 점 사이의 임의의 값을 취할 확률이다.

일반적으로 X가 평균이 μ이고, 표준편차가 σ인 정규분포를 따를 때, X가 평균 μ로부터 $\pm\sigma, \pm 2\sigma, \pm 3\sigma$사이에 있을 확률은 [그림 6-2]와 같다.

그림 6-2 표준편차 단위의 구간확률

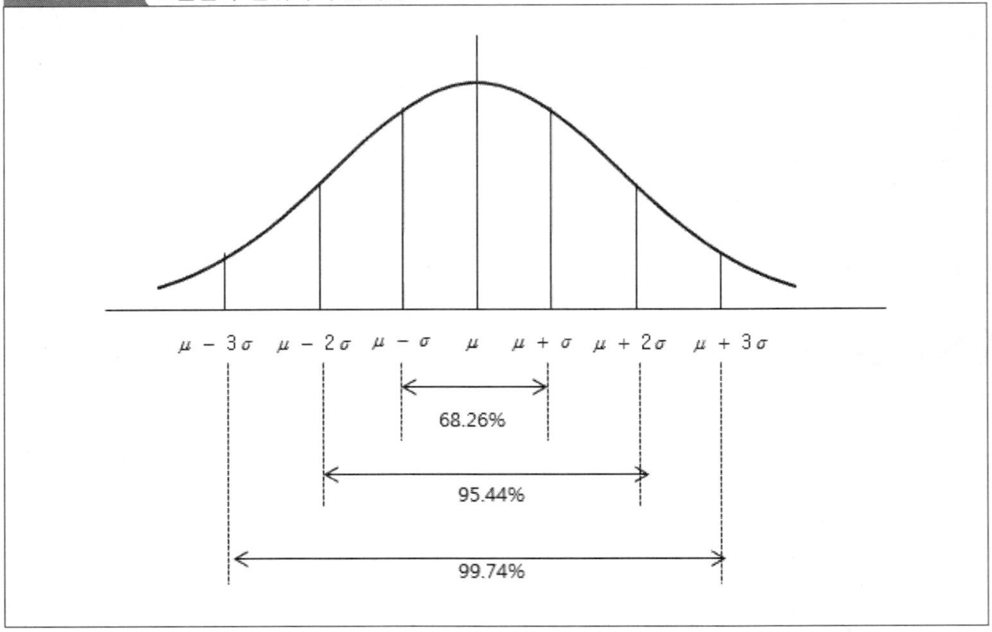

6.3 표준정규분포

정규분포의 모양은 정규확률변수의 평균과 표준편차에 의해 결정된다고 배웠다. 그렇다면, 정규분포의 확률 계산은 어떻게 할까? 정규확률변수가 특정한 범위의 값을 취할 확률을 계산하기 위하여 매번 확률밀도함수 그래프에서 해당 부분의 면적을 계산하는 것은 매우 번거롭고 어려운 일이다. 확률계산을 위한 가장 편리한 방법은 이항분포와 같이 확률분포표를 만들어 놓는 것이다. 정규분포의 경우라면, 평균과 분산의 모든 값에 대한 확률분포표를 만드는 것은 불가능하다. 왜냐하면 모든 경우의 확률분포표를 만들려면 백과사전 수십권 분량으로도 전체 확률을 제공할 수 없기 때문이다. 이러한 문제 해결을 위해, 2장에서 다룬 통계량 z값을 적용하면, 정규분포는 항상 평균이 0이고 표준편차가 1인 정규분포로 변환된다. 즉, 확률변수 X가 평균이 μ이고, 표준편차가 σ인 정규분포를 따를 때, $Z=\dfrac{X-\mu}{\sigma}$는 항상 평균이 0이고 표준편차가 1인 정규분포를 따른다. 이 확률변수 Z를 표준정규확률변수라 하고, Z의 분포, 즉 평균이 0이고, 표준편차가 1인 정규분포를 표준정규분포(standard normal distribution)라 한다. 이와 같이 정규분포를 표준정규분포로 변환하는 과정을 표준화(standardization)라고 한다. [그림 6-3]은 정규분포를 표준정규분포로 변환시킨 그림이다.

그림 6-3 정규분포와 표준정규분포

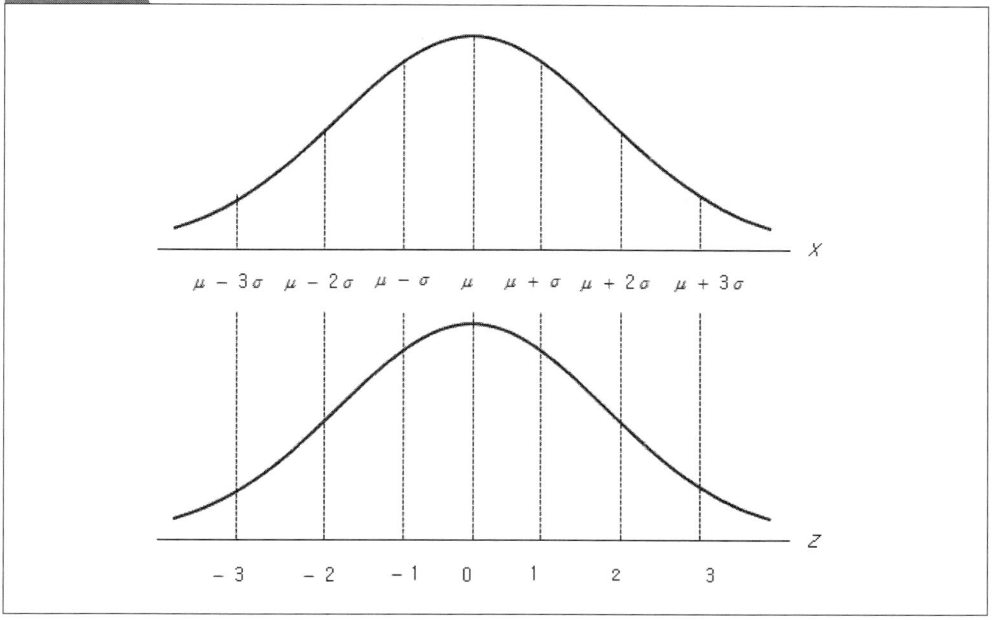

정규분포를 표준정규분포로 변환하는 이유는 각 확률변수 간의 비교는 물론 정규분포에서 특정 구간의 확률을 계산할 때 편리하기 때문이다. 평균과 표준편차가 다른 어떠한 정규분포라도 확률을 계산하기 위해서는 표준정규분포로 변환하여 Z값에 해당하는 넓이(확률)을 표준정규분포표를 사용하여 계산할 수 있다. [표 6-1]은 표준정규분포의 확률분포표의 일부이다. 전체 확률분포는 부록을 참고하면 된다.

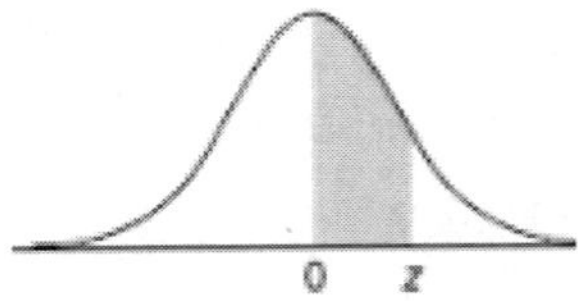

표 6-1 표준정규분포표

z	.00	.01	.02	.03	.04	.05	.06	.07	.08	.09
0.0	.0000	.0040	.0080	.0120	.0160	.0199	.0239	.0279	.0319	.0359
0.1	.0398	.0438	.0478	.0517	.0557	.0596	.0636	.0675	.0714	.0753
0.2	.0793	.0832	.0871	.0910	.0948	.0987	.1026	.1064	.1103	.1141
0.3	.1179	.1217	.1255	.1293	.1331	.1368	.1406	.1443	.1480	.1517
0.4	.1554	.1591	.1628	.1664	.1700	.1736	.1772	.1808	.1844	.1879
0.5	.1915	.1950	.1985	.2019	.2054	.2088	.2123	.2157	.2190	.2224
0.6	.2257	.2291	.2324	.2357	.2389	.2422	.2454	.2486	.2517	.2549
0.7	.2580	.2611	.2642	.2673	.2704	.2734	.2764	.2794	.2823	.2852
0.8	.2881	.2910	.2939	.2967	.2995	.3023	.3051	.3078	.3106	.3133
0.9	.3159	.3186	.3212	.3238	.3264	.3289	.3315	.3340	.3365	.3389
1.0	.3413	.3438	.3461	.3485	.3508	.3531	.3554	.3577	.3599	.3621
1.1	.3643	.3665	.3686	.3708	.3729	.3749	.3770	.3790	.3810	.3830
1.2	.3849	.3869	.3888	.3907	.3925	.3944	.3962	.3980	.3997	.4015
1.3	.4032	.4049	.4066	.4082	.4099	.4115	.4131	.4147	.4162	.4177
1.4	.4192	.4207	.4222	.4236	.4251	.4265	.4279	.4292	.4306	.4319
1.5	.4332	.4345	.4357	.4370	.4382	.4394	.4406	.4418	.4429	.4441
1.6	.4452	.4463	.4474	.4484	.4495	.4505	.4515	.4525	.4535	.4545
1.7	.4554	.4564	.4573	.4582	.4591	.4599	.4608	.4616	.4625	.4633
1.8	.4641	.4649	.4656	.4664	.4671	.4678	.4686	.4693	.4699	.4706
1.9	.4713	.4719	.4726	.4732	.4738	.4744	.4750	.4756	.4761	.4767
2.0	.4772	.4778	.4783	.4788	.4793	.4798	.4803	.4808	.4812	.4817

표준정규분포는 평균을 중심으로 대칭을 이루기 때문에 $0 \sim +Z$ 사이의 면적은 $-Z \sim 0$ 사이의 면적과 동일하다. 따라서 [표 6-1]의 표준정규분포표는 $Z=0$에서 오른쪽으로 어떤 특정한 Z값 까지의 면적을 나타내고 있다. 이런 특징을 알고 확률을 계산해야 한다.

예제 6-3

[표 6-1]을 보고 다음의 확률을 구하여라.

1) $P(Z \le -0.2)$

2) $P(Z \ge -0.7)$

3) $P(-0.5 \le Z \le 0.7)$

1) $P(Z \le -0.2) = 0.5 - P(Z \ge 0.2) = 0.5 - 0.0793 = 0.4207$

2) $P(Z \ge -0.7) = 0.5 + P(Z \le 0.7) = 0.5 + 0.2580 = 0.7580$

3) $P(-0.5 \le Z \le 0.7) = P(Z \le 0.5) + P(Z \le 0.7)$
$= 0.1915 + 0.2580 = 0.4495$

예제 6-4

A라는 전구회사에서 생산하는 전구의 수명은 평균 800일이고 표준편차는 40일인 정규분포를 따른다고 한다. 이때 전구의 수명이 750일 이하일 확률을 구하여라.

$$P(X \le 750) = P(Z \le \frac{750-800}{40})$$
$$= P(Z \le -1.25)$$
$$= 0.5 - P(Z \le 1.25)$$
$$= 0.5 - 0.3944 = 0.1056$$

예제 6-5

어느 고등학교의 수학성적은 평균이 70이고 표준편차가 8 정규분포를 따른다고 한다. 이때 점수가 80점 이상, 90점 이하인 학생의 비율을 구하여라.

$$P(80 \le X \le 90) = P(\frac{80-70}{8} \le Z \le \frac{90-70}{8})$$
$$= P(1.25 \le Z \le 2.5) = 0.09944$$

예제 6-6

통계학 시험 성적의 평균은 70점, 표준편차는 10점인 정규분포이다.

1) 상위 12.1%의 학생에게 A학점을 주려고 한다. 몇 점 이상이어야 하는가?
2) 하위 5%의 학생에게 F학점을 주려고 한다. 몇 점 이하이면 F학점을 받는가?

1) $P(Z \geq Z_0) = 0.121$

$P(Z \leq Z_0) = 0.379$

$Z_0 = 1.17$

$\dfrac{x-\mu}{\sigma} = 1.17$

$\dfrac{x-70}{10} = 1.17$

$x = 81.7$

적어도 82점을 받아야 A학점을 받을 수 있다.

2) $P(Z \leq Z_0) = 0.05$

$Z_0 = -1.645$

$\dfrac{x-\mu}{\sigma} = -1.645$

$\dfrac{x-70}{10} = -1.645$

$x = 53.55$

53점 이하를 받으면 F학점이다.

6.4 이항분포의 정규근사

이항분포에서 시행횟수 n이 큰 경우(통상적으로 > 30)는 이항분포의 확률을 계산하는 것이 매우 어렵다. 이러한 복잡한 확률 계산을 쉽게 하기 위하여 5장에서는 이항분포에서 시행횟수 n이 크고 성공률 p가 매우 작은 경우에 이항분포는 평균이 np인 포아송분포에 근사한다는 것을 이용하였다. 그러면, 이항분포에서 시행횟수 n이 크고 성공률 p가 매우 작지 않은 경우에는 이항분포에서의 확률계산은 어떻게 할까? 이러한 경우에는 이항분포가 정규분포에 가까워진다는 것이 이항분포의 정규근사 개념이다.

이항분포의 정규근사는 수학적으로 증명할 수 있으나, 본 교재에서는 [그림 6-4]를 통해 간단히 확인해 보기로 한다. [그림 6-4]는 성공률 p가 0.4이고 n=5, 12, 25일 때의 이항분포의 확률을 히스토그램으로 표시한 것이다. 이 그림에서 보듯이 n이 증가함에 따라 분포의 형태가 점차 대칭에 가까워지면서 종모양의 형태가 되는 것을 알 수 있다.

그림 6-4 이항분포의 정규근사

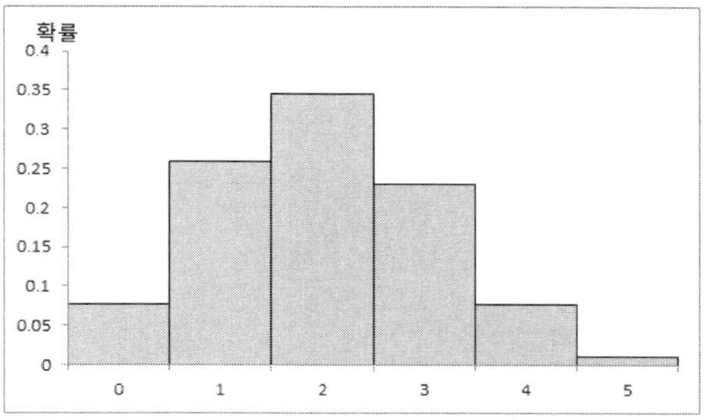

(a) $n=5, p=0.4$

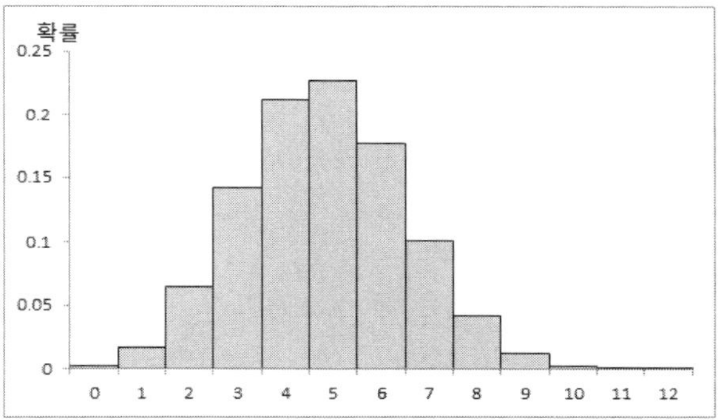

(b) $n=12, p=0.4$

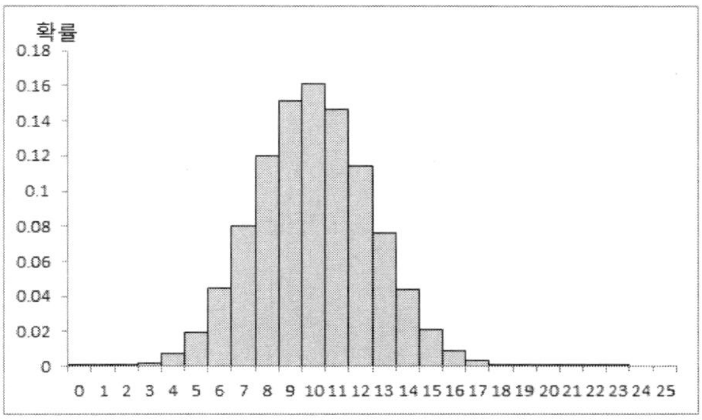

(c) $n=25, p=0.4$

이항분포의 정규근사를 다시 정리하면 $np \geq 5, np(1-p) \geq 5$인 경우에는 이항분포를 근사시키기 위해 정규곡선을 사용할 수 있다. 이때, $\mu = np$이고 $\sigma = \sqrt{np(1-p)}$를 가지는 정규분포를 사용한다.

이항분포를 근사시키기 위하여 정규분포를 사용할 때는 연속성을 위한 조정이 필요하다. 연속확률분포에서 확률은 확률밀도함수 아래의 면적으로 구하고, 확률변수가 취하는 어떤 특정 값의 확률을 0이라고 본다. 따라서 이산확률분포를 근사시키기 위하여 연속확률분포를 사용할 때는 확률변수 X에 ± 0.5를 조정해야 한다. 확률변수 X가 얼마 이상일 확률을 구할 때는 X에서 -0.5를, 얼마 이하인 확률을 구할 때는 X에 $+0.5$의 조정을 한 후 확률을 계산하는 것을 연속성을 위한 조정이라고 한다.

예제 6-7

확률변수 X가 $n=20, p=0.5$ 인 이항분포를 따를 때 다음 물음에 답하여라.

1) X가 12보다 크거나 같고 14보다 작거나 같을 확률을 이항분포를 이용하여 계산하여라.
2) 1)을 정규분포를 이용하되 연속성을 위한 조정없이 확률을 구하여라.
3) 1)을 정규분포를 이용하되 연속성을 위한 조정을 수행한 후 확률을 구하고 결과를 확인하여라.

1) $P(12 \le X \le 14) = P(X \le 14) - P(X \le 11)$

$$= 0.9793 - 0.7483 = 0.2310$$

2) $\mu = np = 10, \sigma = \sqrt{npq} = \sqrt{5}$

$$P(12 \le X \le 14) = P\left(\frac{12-10}{\sqrt{5}} \le Z \le \frac{14-10}{\sqrt{5}}\right)$$

$$= P(0.8944 \le Z \le 1.7888)$$

$$= 0.1487$$

3) $P(11.5 \le X \le 14.5) = P\left(\frac{11.5-10}{\sqrt{5}} \le Z \le \frac{14.5-10}{\sqrt{5}}\right)$

$$= P(0.6708 \le Z \le 2.0124)$$

$$= 0.2291$$

[예제 6-7]에서 보듯이 정규분포를 이용하되 연속성을 위한 조정을 한 경우가 훨씬 이항분포를 이용하여 구한 확률에 가까움을 알 수 있다.

6.5 엑셀 활용

6.5.1 엑셀 함수

이 장에서 사용할 엑셀 함수는 [표 6-2]와 같다.

표 6-2 6장에서 사용할 엑셀 함수

함수 구문	기능
STANDARDIZE(x, μ, σ)	확률변수 X를 표준화한 값을 반환
NORMDIST(x, μ, σ, T/F)	평균이 μ이고 표준편차가 σ인 정규분포에서 확률변수 X가 x의 값을 가질 확률을 반환, 마지막 인자가 TRUE이면 누적확률을 반환
NORMSDIST(Z)	평균이 0이고 표준편차가 1인 표준정규분포에서 Z값까지의 누적확률을 반환
NORMINV(probability, μ, σ)	지정한 평균 μ와 표준편차 σ에 의거한 정규누적분포의 역함수 값을 반환
NORMSINV(probability)	평균이 0이고 표준편차가 1인 표준정규분포에서 누적분포함수의 역함수 값을 반환

6.5.2 정규분포의 확률 계산

① 다음과 같이 자료를 입력한다.

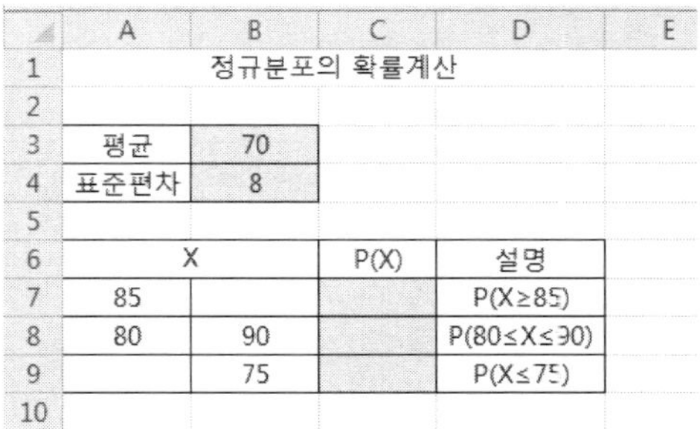

	A	B	C	D	E
1	정규분포의 확률계산				
2					
3	평균	70			
4	표준편차	8			
5					
6	X		P(X)	설명	
7	85			P(X≥85)	
8	80	90		P(80≤X≤90)	
9		75		P(X≤75)	
10					

② 다음과 같이 수식을 입력하면 정규분포의 확률 계산 결과를 얻는다.

	A	B	C	D
1			정규분포의 확률계산	
2				
3	평균	70		
4	표준편차	8		
5				
6	X		P(X)	설명
7	85		=1-NORMDIST(A7,B3,B4,TRUE)	P(X≥85)
8	80	90	=NORMDIST(B8,B3,B4,TRUE)-NORMDIST(A8,B3,B4,TRUE)	P(80≤X≤90)
9		75	=NORMDIST(B9,B3,B4,TRUE)	P(X≤75)
10				

	A	B	C	D	E
1	정규분포의 확률계산				
2					
3	평균	70			
4	표준편차	8			
5					
6	X		P(X)	설명	
7	85		0.030396	P(X≥85)	
8	80	90	0.09944	P(80≤X≤90)	
9		75	0.734014	P(X≤75)	
10					

6.5.3 표준정규분포의 확률 계산

① 다음과 같이 자료를 입력한다.

	A	B	C	D	E	F	G
1	표준정규분포의 확률계산						
2							
3	평균	70					
4	표준편차	8					
5							
6	X		Z		P(X)	설명	
7	85					P(X≥85)	
8	80	90				P(80≤X≤90)	
9		75				P(X≤75)	
10							

② 다음과 같이 표준화와 표준정규분포 확률 계산을 위한 수식을 입력하고 결과를 확인할 수 있다.

	A	B	C	D	E	F
1				표준정규분포의 확률계산		
2						
3	평균	70				
4	표준편차	8				
5						
6	X		Z		P(X)	설명
7	85		=STANDARDIZE(A7,$B$3,$B$4)		=1-NORMSDIST(C7)	P(X≥85)
8	80	90	=STANDARDIZE(A8,$B$3,$B$4)	=STANDARDIZE(B8,$B$3,$B$4)	=NORMSDIST(D8)-NORMSDIST(C8)	P(80≤X≤90)
9		75		=STANDARDIZE(B9,$B$3,$B$4)	=NORMSDIST(D9)	P(X≤75)
10						

	A	B	C	D	E	F
1	표준정규분포의 확률계산					
2						
3	평균	70				
4	표준편차	8				
5						
6	X		Z		P(X)	설명
7	85		1.875		0.030396362	P(X≥85)
8	80	90	1.25	2.5	0.099440108	P(80≤X≤90)
9		75		0.625	0.734014471	P(X≤75)
10						

6.5.4 역함수의 사용

① 다음과 같이 자료를 입력한다.

	A	B	C	D	E	F	G
1	엑셀 활용 (예제 6-6)						
2							
3	평균	70					
4	표준편차	10					
5							
6	P(X≥X0)	X0		P(Z≥Z0)	Z0	X0	
7	0.121			0.121			
8							
9	P(X≤X0)	X0		P(Z≤Z0)	Z0	X0	
10	0.05			0.05			
11							

② 정규분포의 역함수를 적용하여 확률을 준 후, 해당 확률에 해당하는 확률변수 X의 값과 Z값을 구할 수 있다.

	A	B	C	D	E	F
1	엑셀 활용 (예제 6-6)					
2						
3	평균	70				
4	표준편차	10				
5						
6	P(X≥X0)	X0		P(Z≥Z0)	Z0	X0
7	0.121	=NORMINV(1-A7,$B$3,$B$4)		0.121	=NORMSINV(1-D7)	=E7*$B$4+$B$3
8						
9	P(X≤X0)	X0		P(Z≤Z0)	Z0	X0
10	0.05	=NORMINV(A10,$B$3,$B$4)		0.05	=NORMSINV(D10)	=E10*$B$4+$B$3
11						

	A	B	C	D	E	F	G
1	엑셀 활용 (예제 6-6)						
2							
3	평균	70					
4	표준편차	10					
5							
6	P(X≥X0)	X0		P(Z≥Z0)	Z0	X0	
7	0.121	81.70002		0.121	1.170002	81.70002	
8							
9	P(X≤X0)	X0		P(Z≤Z0)	Z0	X0	
10	0.05	53.55146		0.05	-1.64485	53.55146	
11							

연/습/문/제

1. 한 시멘트 회사의 주간 시멘트 생산량은 100톤에서 170톤 사이라고 한다. 이 회사가 다음 주에 시멘트를 155톤 이상 생산할 확률을 구하여라.

2. 한 직장인의 출근 시간은 30분에서 40분 정도 걸리고, 균등분포를 따른다고 한다. 이 때 출근시간의 평균과 분산을 구하여라.

3. X를 μ=20, σ=5인 정규분포의 확률변수라고 할 때 다음을 구하여라.

1) $P(X \le 12)$
2) $P(15 \le X \le 25)$
3) $P(X \ge 18)$

4. 확률변수 X가 정규분포 $N(15, 9)$을 따를 때 다음 각 X값에 대한 Z값을 구하라.

1) $X = 18$
2) $X = 9$

5. 확률변수 Z가 표준정규분포 $N(0, 1)$을 따를 때 다음 확률을 구하여라.

1) $P(Z \ge 0.57)$
2) $P(Z \le 1.57)$
3) $P(-0.57 \le Z \le 0.57)$

6. 어떤 사람이 집에서 직장까지 출근하는 데 걸리는 시간은 평균 30분, 표준편차 6분인 정규분포를 따른다고 하자.

1) 집에서 오전 8시 25분에 출발할 때, 오전 9시까지 직장에 도착할 확률을 구하라.
2) 오전 9시까지 직장에 도착할 가능성이 적어도 95이상 되려면, 늦어도 몇 시에 집에서 출발해야 하는가?

7. 어느 직장에서 소방 대피 훈련 시 완전 대피에 소요되는 시간은 평균 5분 30초, 표준편차 30초인 정규분포를 따른다고 하자. 이 회사에서 최근에 해고된 직원이 설치한 폭탄이 4분 후에 폭발한다고 할 때, 폭탄이 폭발하기 전에 완전 대피할 확률은 얼마인가?

8. 어떤 협동조합의 창고 속에 보관되어 있는 포도 한송이의 무게는 평균 250g, 표준편차 10g이다. 포도의 무게가 정규분포를 따른다고 할 때, 230g과 260g 사이의 무게를 가지는 포도는 전체의 몇 %가 되는가?

9. D 은행의 영업부는 창구가 네 개 있다. 고객이 기다리는 시간을 조사한 결과 평균은 5분이고 표준편차는 2분으로 정규분포를 따르는 것으로 밝혀졌다. 과거의 경험에 의하면 고객이 7분 이상을 기다리게 되면 짜증을 내기 시작하였다.

1) 현행 시스템에서 고객의 몇 %가 짜증을 내게 되는가?
2) 창구 하나를 늘리면 표준편차는 불편이지만 평균 기다리는 시간은 4분으로 줄어든다고 한다. 고객의 몇 %가 짜증을 내게 되는가?
3) 비용을 들여 수표발행 기계 등을 도입하면 평균은 4분으로, 표준편차는 1.2분으로 급감한다고 하자. 이 경우 고객의 몇 %가 짜증을 내게 되는가?

10. 부산 시민의 20%는 사랑일보를 구독한다고 한다. 한 설명회에 모인 부산시민 100명중

1) 사랑일보를 구독하는 사람이 15명 이상일 확률을 구하라.
2) 사랑일보를 구독하는 사람이 10명 이하일 확률을 구하라.

11. 자동차를 구매하는 사람들 중에서 80%는 인터넷을 통하여 가격정보를 알아보는 것으로 밝혀졌다. 자동차를 구매하는 사람들 중에서 75명을 무작위로 선정할 때,

1) 인터넷을 통하여 가격정보를 알아보는 사람은 평균 몇 명이겠는가?
2) 65명 이상이 가격정보를 알아볼 확률은 얼마인가?
3) 65명이 가격정보를 알아볼 확률은 얼마인가?

12. 종이컵에 커피를 채운다. 과거의 자료에 의하면 채우는 커피의 무게는 평균 20온스, 표준편차 0.5온스로 정규분포를 따르는 것으로 밝혀졌다.

1) 종이컵들의 2%만이 20온스 미만을 채우도록 하면 종이컵의 평균 무게는?
2) 종이컵을 가득 채우면 22온스라고 한다. 종이컵이 넘칠 확률을 구하라.

13. D 대학교 학생들의 체중은 정규분포 $N(66, 16)$을 따른다고 한다. 이 학생들 중에서 25명을 랜덤으로 추출할 때, 그 학생들의 평균 체중이 66kg 이상 67kg 이하일 확률을 구하여라.

14. 어느 회사에서 종업원들의 근무기간을 조사하였더니, 평균은 11년이고 분산이 16년인 정규분포를 따른다고 한다. 20년 이상 근무한 종업원의 비율을 구하여라.

15. 어느 자동차 회사의 불량률은 0.3이다. 이 회사 제품 400개를 조사하였을 때, 다음 확률을 구하여라.

1) 불량품이 10개 이상일 확률
2) 불량품이 8개일 확률
3) 불량품이 8개 미만일 확률

16. 카드 사용자 중에서 카드대금을 연체하는 확률이 8%라고 한다. 2천명의 카드 사용자를 대상으로 할 때 다음 확률을 구하여라.

1) 120명 미만의 카드 사용자가 연체할 확률
2) 200명 이상의 카드 사용자가 연체할 확률

17. 확률변수 X가 $n = 25$이고 $p = 0.6$인 이항분포를 따르는 확률변수이다. 이항분포표를 이용하여 다음 확률을 구하여라.

1) $X = 15$
2) $11 \le X \le 18$
3) $11 < X < 18$
4) 이항분포의 정규근사를 이용하여 1), 2), 3)의 확률의 근사값을 구하여라.

18. 어느 항공회사의 항공편을 예약한 사람 중 20%가 예정시간에 공항에 나오지 않거나 예약을 변경한다. 이 항공회사가 빈 좌석 발생에 따른 손실을 감소하기 위하여 500좌석이 있는 어느 항공편에 600건을 예약을 접수받았다. 예약을 하고 탑승하기 위하여 공항에 나온 사람들 모두가 탑승할 수 있는 확률을 구하여라.

19. 다음 내용이 참인지 거짓인지를 밝혀라.

1) 모든 정규 분포는 평균, 중앙값, 최빈값이 같다. (　　　　)
2) 정규분포에서 평균은 백분위수로 50%이다. (　　　　)
3) 표준정규분포에서 Z의 값이 1.2보다 클 확률은 0.115이다. (　　　　)
4) 시행횟수 n이 큰 경우, 정규분포는 이항분포를 근사한다. (　　　　)
5) Z값은 평균보다 위 또는 아래에 있는 표준 편차를 의미한다. (　　　　)

20. 제조 공장에서 생산된 감자칩의 무게는 평균 12.8온스, 표준편차는 0.6온스인 정규분포를 따른다고 한다. 만약, 제조자가 평균은 유지하되, 표준편차를 1%의 제품만 12온스의 무게가 되도록 표준편차를 조정하기를 원한다면 표준편차의 값이 얼마야야 하는 지 계산하여라.

표본분포 07

학습목표

표본분포는 추리통계학의 가장 기본적인 개념이면서도 경험적인 것보다는 표본을 통한 이론적인 접근방법을 사용하기 때문에 어려운 개념이다. 이번 장에서는 표본의 추출부터, 표본결과를 이용해서 모집단의 특성을 추론하는 데 기초가 되는 원리에 관하여 설명한다.

7.1 표본분포란?

추측통계학은 표본으로부터 모집단의 특성을 나타내는 모수를 추정하는 것이라고 하였다. 이와 같이 표본평균 $\overline{X}$는 모평균 μ를, 표본표준편차 S는 모표준편차 σ를, 표본비율 $\hat{P}$은 모비율 P를 추정하는 데 이용된다.

임의로 21 ~ 35세의 여자 10명을 선택하여 키의 평균을 계산한다고 하자. 당연히 표본의 평균의 전체 여성의 키의 평균과 일치하지는 않을 것이다. 또 다른 표본을 추출하여 동일한 작업을 하더라도, 두 표본의 평균 역시 일치하지는 않을 것이다. 동일 모집단으로부터 같은 크기 n의 표본을 수없이 반복하여 추출할 때 각 표본에 포함되는 구성요소가 달라지기 때문에 표본통계량은 표본마다 다르고 모수의 참 값과도 차이가 있는 것이다. 따라서 하나의 표본평균으로부터 모평균을 추정하는 것은 위험이 따른다. 이때 필요한 개념이 표본분포이다.

단순무작위 추출에 의한 실험결과의 수치인 표본평균 $\overline{X}$는 확률표본 속에 포함되어 있는 요소들의 값들에 의존하기 때문에 표본추출시마다 달라지는 확률변수이다. 표본크기 n의 표본을 수없이 반복 추출하여 얻은 표본평균 $\overline{X}$들은 평균(기대값), 분산, 확률분포 등을 가질 수 있다. 표본평균 $\overline{X}$들의 확률분포를 평균 $\overline{X}$의 표본분포라고 한다. 표분분포(sampling distribution)란 특정한 모집단에서 추출한 같은 크기 n의 가능한 모든 표본들에서 얻은 표본통계량의 확률분포라고 정의할 수 있다.

7.2 표본평균의 분포

추측통계학에서 가장 기본적인 내용은 모평균 μ에 대한 추정이다. 모평균 μ에 대한추정은 표본평균 $\overline{X}$를 기초로 하고, $\overline{X}$는 (식 7-1)과 같이 표현한다.

$$\overline{X}= \frac{1}{n}(X_1 + X_2 + \dots + X_n) \qquad \text{(식 7-1)}$$

표본평균은 모평균과 일치하지는 않지만 예제를 통해 모평균과 표본평균의 관계를 알아보자.

| 예제 7-1 |

주머니 안에 1, 2, 3이라 쓰여진 카드 3장이 있다. 이때, 이들 중에서 2장의 카드를 뽑아 평균을 구한다. X는 뽑힌 카드의 수를 나타내고, $\overline{X}$는 표본의 평균을 나타낸다고 할 때, 모집단의 평균과 분산, 표본평균의 평균과 분산을 구하여라.

확률변수 X의 확률분포

X	1	2	3
$P(X)$	$\frac{1}{3}$	$\frac{1}{3}$	$\frac{1}{3}$

확률변수 X의 평균(기대값)은 $E(X) = \mu = \sum xP(x)$

$$= 1\times\frac{1}{3}+2\times\frac{1}{3}+3\times\frac{1}{3}$$

$$= 2,$$

분산은 $V(X) = \sigma^2 = E(X^2) - E(X)^2 = \frac{2}{3}$

확률변수 $\overline{X}$의 확률분포

표본	(1,1)	(1,2)	(1,3)	(2,1)	(2,2)	(2,3)	(3,1)	(3,2)	(3,3)
$\overline{X}$	1	1.5	2	1.5	2	2.5	2	2.5	3
$P(\overline{X})$	$\frac{1}{9}$	$\frac{1}{9}$	$\frac{1}{9}$	$\frac{1}{9}$	$\frac{1}{9}$	$\frac{1}{9}$	$\frac{1}{9}$	$\frac{1}{9}$	$\frac{1}{9}$

확률변수 $\overline{X}$의 평균(기대값)은 $E(\overline{X}) = \mu_{\overline{X}} = \sum \overline{X}P(\overline{X})$

$$= 1\times\frac{1}{9}+1.5\times\frac{2}{9}+2\times\frac{1}{3}+2.5\times\frac{2}{9}+3\times\frac{1}{9}$$

$$= 2,$$

분산은 $V(\overline{X}) = \sigma^2 = E(\overline{X^2}) - E(\overline{X})^2$

$$= \frac{13}{3} - 4 = \frac{1}{3}$$

[예제 7-1]에서 모집단의 평균 $\mu = 2$ 이다. 표본평균 $\overline{X}$는 어떤 표본이 뽑히느냐에 따라 평균이 달라지지만 이 평균값들의 평균을 구하면 모집단의 평균 $\mu = 2$와 같게 된다는 것을 알 수 있다. 이와 같은 성질은 랜덤표본이 뽑히는 모집단의 종류와 표본의 크기와 관계없이 항상 성립한다는 것이 알려져 있다. 즉, 모평균이 μ인 임의의 모집단에서 크기 n인 표본을 추출하여 구한 표본평균 $\overline{X}$에 대하여 (식 7-2)가 항상 성립한다.

$$E(\overline{X}) = \mu \qquad \text{(식 7-2)}$$

모집단의 분산과 표본평균의 분산의 관계에 대해서도 정리하자. [예제 7-1]에서 보듯이, 모분산이 $\sigma^2 = \dfrac{2}{3}$이고 표본평균분산 $\sigma^2_{\overline{X}} = \dfrac{1}{3}$으로 표본평균의 분산이 더 작다는 것을 알 수 있다. 모집단의 분산과 표본평균의 분산의 관계는 일반적으로 모분산이 σ^2인 임의의 모집단에서 추출한 크기 n인 표본을 뽑을 때, 표본평균 $\overline{X}$에 대하여 (식 7-3)이 성립한다고 알려져 있다. 즉, 표본평균의 분산은 모집단의 분산 뿐만 아니라 표본의 크기에도 영향을 받음과 동시에 반비례의 관계를 나타내어, 표본의 크기가 클수록 표본평균의 분포가 μ를 중심으로 더욱 집중된다는 것을 알 수 있다. 표본표준편차는 제곱근을 구하면 되고, 이를 표준오차로 줄여서 표현하기도 한다.

$$V(\overline{X}) = \frac{\sigma^2}{n} \qquad \text{(식 7-3)}$$

7.3 중심극한정리

중심극한정리(central limit theorem)는 표본에 기초하여 모집단에 관한 추정을 할 때 방법론적 기초를 부여하는 것으로 매우 중요하다. 이론적으로는 다음과 같다.

> 모집단에서 랜덤으로 추출된 확률변수 X가 독립적으로 동일한 분포에 따라 $E(X) = \mu$, $V(X) = \sigma^2$인 경우 표본의 크기가 커짐에 따라 표본평균은 근사적으로 평균 μ, 분산 $\dfrac{\sigma^2}{N}$의 정규 분포를 따른다.

여기에서 중심극한정리가 모집단의 변수의 분포형태에 좌우되지 않는다는 것이 중요하다. 즉, 확률변수 X의 분포가 정규분포일 때는 물론이고 정규분포가 아닌 경우에도 표본평균의 분포는 정규분포를 따른다는 것이다. 구체적으로는 확률변수 X가 정규분포가 아닌 다른 분포인 경우에도 확률변수 X의 표본평균 $\overline{X}$의 표본분포는 정규분포를 따른다. 예를 들면 소득은 일반적으로 분포의 아래쪽이 우측으로 크게 확대되어 정규분포에서 상당히 벗어나 있다. 그러나 한국인 소득의 평균을 추정하기 위해 3,000명의 표본을 취하였다고 하자. 여기에서 1회만 표본을 취한 경우 '3,000명의 소득'의 분포를 관찰할 수는 있지만 '하나 밖에 없는 소득의 평균' 분포를 관찰할 수는 없다. 그러나 4,000만 명의 한국인 중에서 3,000명의 표본을 여러 번 취하는 것은 가능하다. 따라서 3,000명의 표본을 1,000회 취하였다고 하자. 그 때 중심극한 정리에 의하면 1,000개의 표본평균의 히스토그램을 그리면 그것은 정규분포에 가까운 형태가 된다.

예제 7-2

모집단의 확률분포가 다음과 같은 이산형 확률변수 X가 있다. 표본의 크기가 2인 확률표본 X_1, X_2를 추출할 때, 표본평균 $\overline{X}$의 분포를 구하고, 결과를 설명하여라.

확률변수 X의 확률분포

X	2	3	4
$P(X)$	$\frac{1}{3}$	$\frac{1}{3}$	$\frac{1}{3}$

확률변수 $\overline{X}$의 확률분포

$\overline{X}$	2	2.5	3	3.5	4
$P(\overline{X})$	$\frac{1}{9}$	$\frac{2}{9}$	$\frac{3}{9}$	$\frac{2}{9}$	$\frac{1}{9}$

확률변수 X와 $\overline{X}$의 분포를 확률그래프로 표현하면,

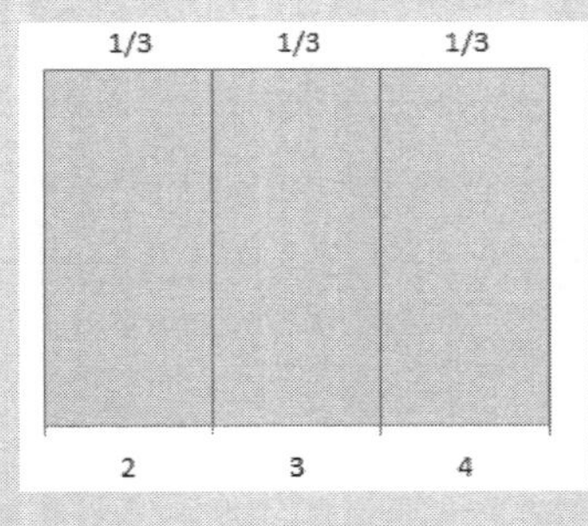

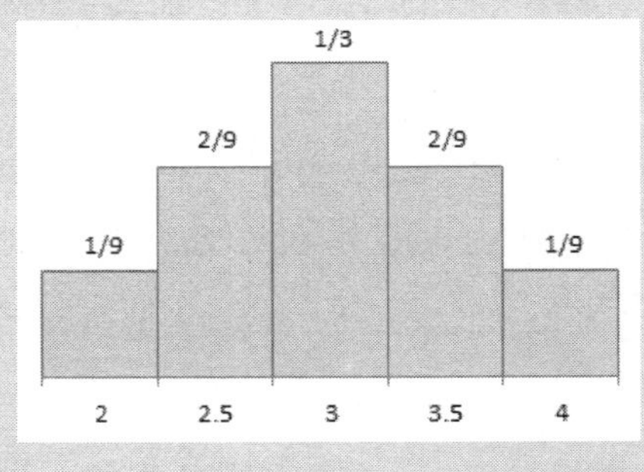

보는 바와 같이 주어진 모집단의 확률변수 X는 균등분포를 하지만, 표본평균 $\overline{X}$는 표본의 크기가 $n=2$ 임에도 불구하고 거의 정규분포의 모양으로 근사함을 볼 수 있다.

통계적 추론 과정에서 모집단 분포가 어떤 분포를 따르더라도 모집단을 특성을 추정하는 데 정규분포를 이용할 수 있다는 점에서 중심극한정리는 중요한 위치를 차지한다. 평균의 표본분포의 모양에 영향을 미치는 요인은 표본의 크기와 관계가 있음을 앞에서 살펴보았다. 여기에 모집단의 분포 역시 영향을 준다. 중심극한정리의 경우 모집단이 정규분포인 경우는 표본의 크기와 상관없이 성립하고, 모집단이 정규분포가 아닌 경우는 표본의 크기가 $n \geq 30$일 때, 모집단의 분포와 상관없이 중심극한정리가 성립한다.

예제 7-3

남학생들의 몸무게는 평균 70kg, 표준편차는 5kg이라 한다. 100명의 남학생을 랜덤으로 추출하여, 표본평균 $\overline{X}$가 평균을 중심으로 ± 1kg 이내에 있을 확률을 구하여라.

확률변수 X가 정규분포가 아니어도 표본의 크기가 100이므로 표본평균의 분포는 중심극한정리에 의해 $N(\mu, \frac{\sigma^2}{n}) = N(70, 0.5^2)$ 인 정규분포를 한다.

$$P(69 \leq \overline{X} \leq 71) = P(\frac{69-70}{0.5} \leq Z \leq \frac{71-70}{0.5})$$
$$= P(-2 \leq Z \leq 2)$$
$$= 0.9546$$

7.4 t-분포

모집단이 정규분포를 따른다는 사실은 안다 하더라도, 모집단의 평균과 분산은 모르는 경우가 일반적이다. 또한 표본의 크기가 30을 넘지 않는 경우도 많다. 이럴 경우 모집단의 특성을 추측하기 위해 사용하는 것이 t 통계량이다.

영국 통계학자 고셋(Gosset)은 맥주회사에 근무하고 있었다. 그는 맥주 맛을 결정하는 맥아의 효모 수를 추정해야 했는데, 모분산은 알려져 있지 않았고, 실험을 통해 얻을 수 있는 표본의 수 역시 적어서 문제 해결이 어려운 상황이었다. 맥아 안에 있는 효모의 평균 수량을 추정하기 위해 고셋이 처음 생각했던 것은 정규분포를 따르는 확률변수였을 것이다. 그런데, 모분산이 실제 알려져 있지 않았기 때문에 표본으로부터 표본분산을 이용해 효모 수를 추정했다. 하지만 추정치가 잘 맞지 않았다. 표본분산이라는 확률변수가 포함되었기 때문에 발생하는 오차를 고려히야 했고, 이것이 포함된 새로운 분포를 개발하게 만들었다. 이 분포가 $t-$분포이고 Student $t-$분포라고도 부른다. 고셋의

사례처럼 모분산을 모를 때 가장 자연스럽게 생각할 수 있는 t－통계량은 (식 7-4)과 같다. 즉, 모분산 σ^2을 모르고 표본의 크기 n이 작은 경우에는 확률변수 Z에서 σ 대신 표본표준편차 S를 사용하여 생긴 확률변수 t가 자유도가 $n-1$인 t 분포를 따른다는 것이다.

$$t = \frac{\overline{X} - \mu_X}{\frac{S}{\sqrt{n}}} \qquad \text{(식 7-4)}$$

t 분포는 [그림 7-1]과 같이 표준정규분포와 모양이 유사하다. 즉, 두 분포는 평균은 0이고 확률밀도함수는 종모양의 좌우 대칭을 이루는 분포이다. 단, t 분포의 분산이 표준정규분포보다 크기 때문에 t 분포의 모양이 표준정규분포보다 약간 퍼져있는 형태를 보인다는 차이가 있다. t 분포의 분산이 큰 이유는 모집단의 표준편차가 아닌 표본의 표준편차를 사용하는 데서 오는 불확실성 때문이다.

그림 7-1 표준정규분포와 t분포

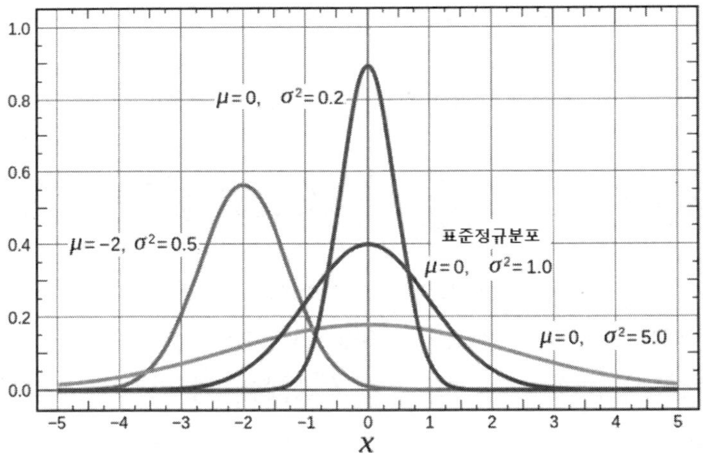

t 분포는 일반적으로 다음과 같은 특징을 가지고 있다.

- t 분포는 자유도 df에 의하여 그 분포의 모양이 결정된다.
- 자유도 $df > 1$일 때는 t 분포는 표준정규분포와 마찬가지로 평균을 중심으로 좌우 대칭이며, 분산은 $V(T) = \frac{n}{n-2}$, (단, $n > 2$) 이다.
- t 분포는 표준정규분포와 비슷하나 표준정규분포보다 양쪽 꼬리 부분이 두텁고 가

운데 부분의 높이는 낮다.

- t 분포는 자유도가 증가할수록 즉, 표본의 크기가 증가할수록 표준정규분포에 가까워지며, 대개 $n \geq 30$ 이면 표준정규분포와 거의 일치한다.

[그림 7-2]를 보면, 그래프 안쪽부터 순서대로 자유도가 1, 3, 5, 10, 30이며, 가장 바깥쪽 그래프는 표준정규분포 그래프이다. 표본의 수가 30 정도이면 t 분포와 표준정규분포가 거의 일치함을 알 수 있다.

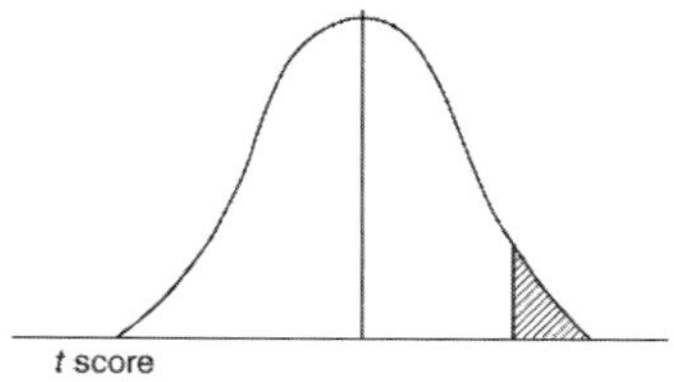

그림 7-2 자유도에 따른 t 분포

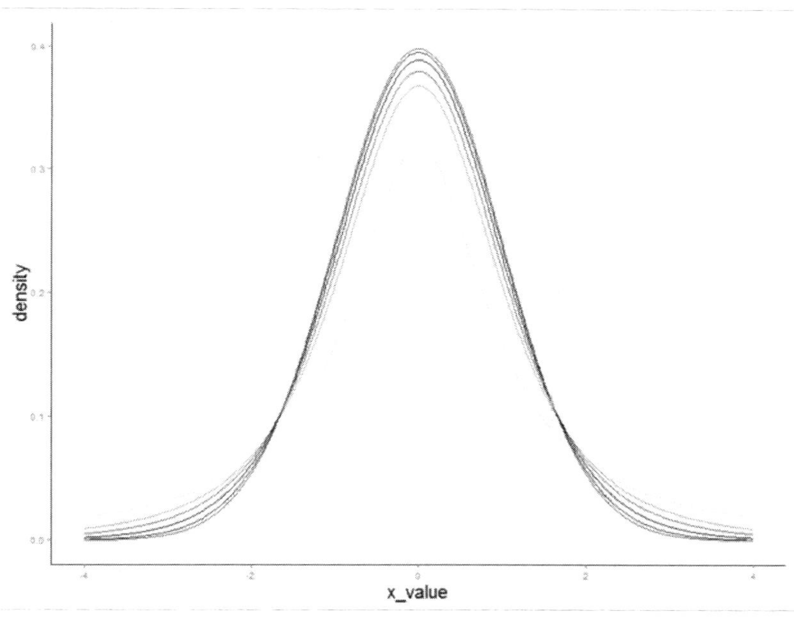

[표 7-1]은 t 확률분포표의 일부이다. 전체 확률분포는 부록을 참고하면 된다. 표시된 부분은 자유도가 3이고 우측꼬리부분의 확률이 1%인 경우의 t 통계량은 4.5407임을 나타낸다.

표 7-1 t 분포표

df \ α	.1	.05	.025	.01	.0005	.0025	.001	.0005
1	3.0777	6.3138	12.7062	31.8205	636.6192	127.3213	318.3088	636.6192
2	1.8856	2.9200	4.3027	6.9646	31.5991	14.0890	22.3271	31.5991
3	1.6377	2.3534	3.1824	4.5407	12.9240	7.4533	10.2145	12.9240
4	1.5332	2.1318	2.7764	3.7469	8.6103	5.5976	7.1732	8.6103
5	1.4759	2.0150	2.5706	3.3649	6.8688	4.7733	5.8934	6.8688
6	1.4398	1.9432	2.4469	3.1427	5.9588	4.3168	5.2076	5.9588
7	1.4149	1.8946	2.3646	2.9980	5.4079	4.0293	4.7853	5.4079
8	1.3968	1.8595	2.3060	2.8965	5.0413	3.8325	4.5008	5.0413
9	1.3830	1.8331	2.2622	2.8214	4.7809	3.6897	4.2968	4.7809
10	1.3722	1.8125	2.2281	2.7638	4.5869	3.5814	4.1437	4.5869
11	1.3634	1.7959	2.2010	2.7181	4.4370	3.4966	4.0247	4.4370
12	1.3562	1.7823	2.1788	2.6810	4.3178	3.4284	3.9296	4.3178
13	1.3502	1.7709	2.1604	2.6503	4.2208	3.3725	3.8520	4.2208
14	1.3450	1.7613	2.1448	2.6245	4.1405	3.3257	3.7874	4.1405
15	1.3406	1.7531	2.1314	2.6025	4.0728	3.2860	3.7328	4.0728

예제 7-4

여름철 생산되는 수박의 무게는 평균 $\mu = 7.5$ kg인 정규분포를 따른다고 한다. 생산된 수박 중에서 4개를 랜덤으로 추출하였을 때, 표본분산 $S^2 = 1.44$ kg이었다. 이 때 표본평균 $\overline{X}$가 평균보다 0.6kg 보다 클 확률을 구하여라.

모집단의 분포가 σ^2이 알려져 있지 않은 정규분포이므로, t 분포를 사용한다.

$$P(\overline{X} \geq 8.1) = P(t \geq \frac{8.1 - 7.5}{\frac{1.2}{2}})$$

$$= P(t \geq 1)$$

$$= 0.1955$$

7.5 표본비율의 분포

성공률이 p인 베르누이 분포를 하는 모집단으로부터 크기 n인 표본을 $X_1, X_2, , , , X_n$이라 할 때, 각 확률변수 X_i는 모두 실패(0) 아니면, 성공(1)의 값을 가지며, 이 때 n개 표본에서의 성공률을 표본비율이라고 하고 $\hat{p}$으로 표기하며, (식 7-5)와 같다.

$$\hat{p} = \frac{X}{n} = \frac{1}{n}\sum_{i=1}^{n} X_i \qquad \text{(식 7-5)}$$

(식 7-5)를 살펴보면 표본평균 $\overline{X}$와 동일한 형태로, 표본비율은 표본평균의 특수한 경우라고 할 수 있다. 따라서, 표본비율 $\hat{p}$에 대하여 표본평균과 관련된 중심극한정리가 그대로 성립한다. 표분비율의 평균과 분산은 (식 7-6), (식 7-7)과 같다.

$$E(\overline{p}) = p \qquad \text{(식 7-6)}$$

$$V(\overline{p}) = \frac{p(1-p)}{n} \qquad \text{(식 7-7)}$$

따라서 표본비율 $\hat{p}$의 분포는 n이 충분히 클 때($n \geq 30$) 중심극한정리에 의하여 평균이 p, 분산이 $\frac{p(1-p)}{n}$인 정규분포에 근사한다.

예제 7-5

어느 제조공장에서 생산된 부품 중 3%가 불량품이다. 이 공장으로부터 부품 300개를 랜덤으로 추출하여 불량품의 비율을 조사하고자 한다. 표본비율이 2%보다 클 확률을 구하여라.

n이 충분히 크므로, 표본비율은 중심극한정리에 의해 근사적으로 정규분포 $N(0.03, \frac{0.03 \times 0.97}{300})$ 를 따른다.

$$P(\hat{p} \geq 0.2) = P(Z \geq \frac{0.02 - 0.03}{0.00985})$$

$$= P(Z \geq -1.02)$$

$$= 0.8461$$

7.6 표본분산의 분포

모집단의 분산과 표본으로부터 얻어지는 분산간의 관계를 알 수 있다면, 모분산을 추정하고 검정하는 데 매우 유용하다. 여기서는 모분산 σ^2의 추정량인 표본분산 S^2이 어떤 형태의 확률분포를 따르는지에 관해 알아본다.

S^2의 분포를 이해하기 위해서는 χ^2 분포에 대한 사전 지식이 필요하다. χ^2 분포는 k개의 서로 독립적인 표준정규 확률변수를 각각 제곱한 다음 합해서 얻어지는 분포이다. 카이제곱분포의 정의는 다음과 같다.

> $X_1, X_2, , , , X_n$을 정규분포 $N(\mu, \sigma^2)$를 따르는 모집단으로부터의 크기 n인 표본이라 할 때, 이들 각 확률변수를 표준화하여 제곱한 후 모두 더한 새로운 확률변수 $V = \sum_{i=1}^{n} (\frac{X_i - \mu}{\sigma})^2$은 '자유도 n인 χ^2분포를 따른다'고 하면, 이 분포를 $\chi^2(n)$으로 표기한다.

확률변수 X가 자유도 n인 χ^2분포를 따를 때, 평균과 분산은 (식 7-8), (식 7-9)과 같다.

$$E(X) = n \tag{식 7-8}$$

$$V(X) = 2n \tag{식 7-9}$$

χ^2분포는 자유도에 따라 형태가 달라지는데, 이를 그래프로 나타내면 [그림 7-3]과 같다.

그림 7-3 자유도에 따른 χ^2분포

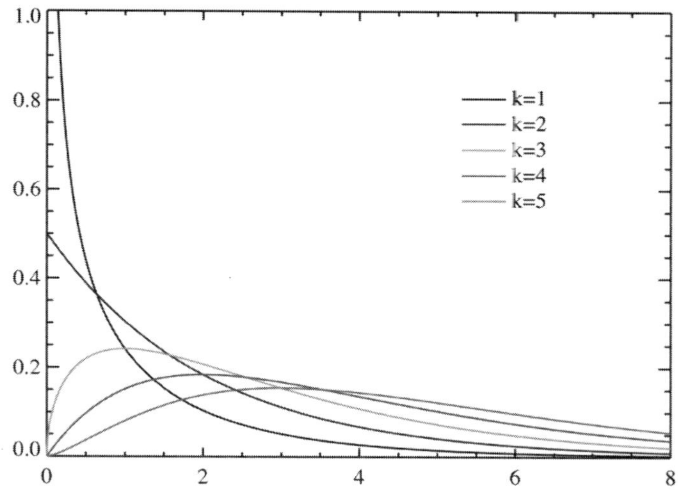

χ^2분포의 중요한 특징을 열거하면 다음과 같다.

- 표준정규분포 확률변수 Z의 Z^2은 자유도 $n=1$인 χ^2 분포를 따른다.
- 확률변수 χ_1^2, χ_2^2이 서로 독립이고 각각 자유도 n_1, n_2인 χ^2 분포를 따를 때, $\chi_1^2+\chi_2^2$은 자유도 n_1+n_2인 χ^2 분포를 따른다.
- $X_i(i=1,2,....,n)$ 가 서로 독립인 확률변수이고 $N(\mu,\sigma^2)$을 따를 때, 통계량 $\chi^2=\frac{(n-1)S^2}{\sigma^2}=\frac{1}{\sigma^2}\sum_{i=1}^{n}(X_i-\overline{X})^2$은 자유도 $n-1$인 χ^2 분포를 따른다.

$\frac{(n-1)S^2}{\sigma^2}$이 $\chi^2(n-1)$의 분포를 한다는 점을 이용하면 S^2의 평균과 분산을 쉽게 구할 수 있다. 자유도가 n인 χ^2 확률변수의 평균과 분산은 각각 n과 $2n$이므로, S^2의 평균과 분산은 (식 7-10)과 (식 7-11)을 이용하여 구한다.

$$E[\frac{(n-1)S^2}{\sigma^2}]=\frac{(n-1)}{\sigma^2}E(S^2)=n-1 \quad \text{(식 7-10)}$$

$$V[\frac{(n-1)S^2}{\sigma^2}]=\frac{(n-1)^2}{\sigma^4}V(S^2)=2(n-1) \quad \text{(식 7-11)}$$

(식 7-10)과 (식 7-11)을 정리하면 (식 7-12)와 (식 7-13)을 얻을 수 있다.

$$E(S^2) = \sigma^2 \quad \text{(식 7-12)}$$

$$V(S^2) = \frac{2\sigma^4}{n-1} \quad \text{(식 7-13)}$$

[표 7-2]는 χ^2 확률분포표의 일부이다. 전체 확률분포는 부록을 참고하면 된다. 표시된 부분은 자유도가 3이고 우측꼬리부분의 확률이 1%인 경우의 χ^2 통계량은 6.2514임을 나타낸다.

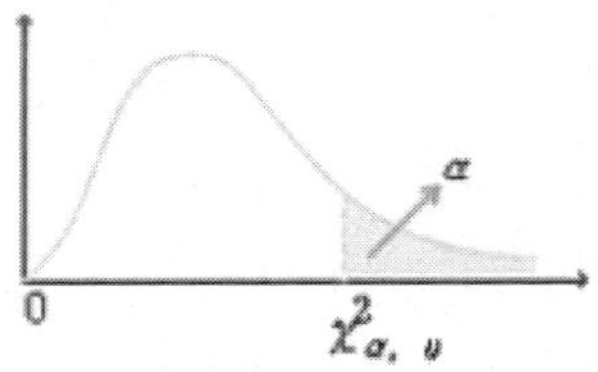

표 7-2 χ^2 확률분포표

df \ α	.995	.990	.975	.950	.900	.100	.050	.025	.010	.005
1	0.0000393	0.0001571	0.0009821	0.0039321	0.015791	2.705543	3.841459	5.023886	6.634897	7.879439
2	0.0100251	0.0201007	0.0506356	0.1025866	0.210721	4.605170	5.991465	7.377759	9.210340	10.596635
3	0.0717218	0.1148318	0.2157953	0.3518463	0.584374	6.251389	7.814728	9.348404	11.344867	12.838156
4	0.2069891	0.2971095	0.4844186	0.7107230	1.063623	7.779440	9.487729	11.143287	13.276704	14.860259
5	0.4117419	0.5542981	0.8312116	1.1454762	1.610308	9.236357	11.070498	12.832502	15.086272	16.749602
6	0.6757268	0.8720903	1.2373442	1.6353829	2.204131	10.644641	12.591587	14.449375	16.811894	18.547584
7	0.9892557	1.2390423	1.6898692	2.1673499	2.833107	12.017037	14.067140	16.012764	18.475307	20.277740
8	1.3444131	1.6464974	2.1797307	2.7326368	3.489539	13.361566	15.507313	17.534546	20.090235	21.954955
9	1.7349329	2.0879007	2.7003895	3.3251128	4.168159	14.683657	16.918978	19.022768	21.665994	23.589351
10	2.1558565	2.5582122	3.2469728	3.9402991	4.865182	15.987179	18.307038	20.483177	23.209251	25.188180

| 예제 7-6 |

$X_1, X_2, \cdots, X_{10}$ 이 $N(3,1)$로부터의 확률표본일 때 $P(S^2>2)$ 을 구하여라.

$\frac{(n-1)S^2}{\sigma^2}$ 은 $\chi^2(n-1)$ 의 분포를 하므로, $\frac{9S^2}{1} = 9S^2$ 는 이 $\chi^2(9)$ 의 분포임

따라서,
$$\begin{aligned} P(S^2>2) &= P(9S^2>18) \\ &= P(\chi^2(9)>18) \\ &= 0.035 \end{aligned}$$

0.035는 확률은 엑셀을 이용하여 계산한 확률이고, [표 7-2]을 통해 확률을 추정해보면, 자유도가 9이면서, 통계량값이 18보다 크려면, 확률이 0.05~0.025 사이임을 알 수 있다.

7.7 엑셀 활용

7.7.1 엑셀 함수

이 장에서 사용할 엑셀 함수는 [표 7-3]과 같다.

표 7-3 7장에서 사용할 엑셀 함수

함수 구문	기능
SUMPRODUCT(array1, array2, ...)	배열내의 항목 수와 배치는 동일해야 하고, 각 배열의 대응되는 값들을 곱하여, 배열을 반환
T.DIST(x, df, T/F)	자유도가 df인 t 분포에서 t 통계량이 x의 값을 가질 확률을 반환, 마지막 인자가 TRUE이면 누적확률을 반환, 누적확률인 경우 좌측 분포 확률 반환
T.DIST.2T(x, df)	자유도가 df인 t분포에서 t 통계량이 x의 값을 가질 양측 확률을 반환
T.DIST.RT(x, df)	자유도가 df인 t 분포에서 t 통계량이 x의 값을 가질 우측 확률을 반환
T.INV(probability, df)	자유도가 df인 t 분포의 좌측 역함수값을 반환
T.INV.2T(probability, df)	자유도가 df인 t 분포의 양측 역함수값을 반환
CHISQ.DIST(x, df, T/F)	자유도가 df인 χ^2 분포에서 χ^2 통계량이 x의 값을 가질 확률을 반환, 마지막 인자가 TRUE이면 누적확률을 반환, 누적확률인 경우 좌측 분포 확률 반환

CHISQ.DIST.RT(x, df)	자유도가 df인 χ^2분포에서 χ^2 통계량이 x의 값을 가질 우측 확률을 반환
CHISQ.INV(probability, df)	자유도가 df인 χ^2분포의 역 좌측 검정확률을 반환
CHISQ.INV.2T(probability, df)	자유도가 df인 χ^2분포의 역 우측 검정확률을 반환

7.7.2 [예제 7-1]

① 다음과 같이 자료를 입력한다.

	A	B	C	D	E	F
1	모집단과 표본평균의 분포(예제 7-1)					
2						
3				모집단		
4	X	P(X)	X·P(X)	(X-μ)^2	(X-μ)^2·P(X)	
5	1	1/3				
6	2	1/3				
7	3	1/3				
8		모평균		모분산		
9				모표준편차		
10						
11				표본평균의 분포		
12	표본평균	확률	$\bar{X}\cdot P(\bar{X})$	$(\bar{X}-E(\bar{X}))^2$	$(\bar{X}-E(\bar{X}))^2\cdot P(\bar{X})$	
13	1	1/9				
14	1.5	2/9				
15	2	1/3				
16	2.5	2/9				
17	3	1/9				
18		기대값		표본평균의분산		
19				표본평균의표준편차		
20						

② 다음과 같이 수식을 입력하면 표본평균분포에 기대값과 분산 결과를 얻는다.

	A	B	C	D	E
1				모집단과 표본평균의 분포(예제 7-1)	
2					
3				모집단	
4	X	P(X)	X·P(X)	(X-μ)^2	(X-μ)^2·P(X)
5	1	0.333333	=A5*B5	=(A5-$C$8)^2	=(A5-$C$8)^2*B5
6	2	0.333333	=A6*B6	=(A6-$C$8)^2	=(A6-$C$8)^2*B6
7	3	0.333333	=A7*B7	=(A7-$C$8)^2	=(A7-$C$8)^2*B7
8		모평균	=SUM(C5:C7)	모분산	=SUMPRODUCT(B5:B7,D5:D7)
9				모표준편차	=SQRT(E8)
10					
11				표본평균의 분포	
12	표본평균	확률	$\bar{X}\cdot P(\bar{X})$	$(\bar{X}-E(\bar{X}))^2$	$(\bar{X}-E(\bar{X}))^2\cdot P(\bar{X})$
13	1	0.111111	=A13*B13	=(A13-$C$18)^2	=(A13-$C$8)^2*B13
14	1.5	0.222222	=A14*B14	=(A14-$C$18)^2	=(A14-$C$8)^2*B14
15	2	0.333333	=A15*B15	=(A15-$C$18)^2	=(A15-$C$8)^2*B15
16	2.5	0.222222	=A16*B16	=(A16-$C$18)^2	=(A16-$C$8)^2*B16
17	3	0.111111	=A17*B17	=(A17-$C$18)^2	=(A17-$C$8)^2*B17
18		기대값	=SUM(C13:C17)	표본평균의분산	=SUMPRODUCT(B13:B17,D13:D17)
19				표본평균의표준편차	=SQRT(E18)
20					

	A	B	C	D	E
1	모집단과 표본평균의 분포(예제 7-1)				
2					
3	모집단				
4	X	P(X)	X·P(X)	(X-μ)^2	(X-μ)^2·P(X)
5	1	1/3	1/3	1	1/3
6	2	1/3	2/3	0	0
7	3	1/3	1	1	1/3
8		모평균	2	모분산	0.6667
9				모표준편차	0.8165
10					
11	표본평균의 분포				
12	표본평균	확률	$\bar{X}\cdot P(\bar{X})$	$(\bar{X}-E(\bar{X}))^2$	$(\bar{X}-E(\bar{X}))^2\cdot P(\bar{X})$
13	1	1/9	1/9	1	1/9
14	1.5	2/9	1/3	1/4	0.06
15	2	1/3	2/3	0	0.00
16	2.5	2/9	5/9	1/4	0.06
17	3	1/9	1/3	1	1/9
18		기대값	2	표본평균의분산	0.3333
19				표본평균의표준편차	0.5774
20					

7.7.3 [예제 7-1]

① 다음과 같이 자료를 입력한다.

	A	B	C	D
1	t 분포의 활용(예제 7-1)			
2				
3	$X \sim N(7.5, \sigma^2)$	S^2=1.44	S=1.2	
4–5	$P(\bar{X} > 8.1)$	$P(t > \frac{8.1-7.5}{\frac{1.2}{\sqrt{4}}})$		
6				

② 다음과 같이 수식을 입력하면 모집단의 분산을 모르는 경우에 t 분포를 사용하여 표본평균에 대한 확률을 계산할 수 있다.

	A	B	C	D
1	t 분포의 활용(예제 7-1)			
2				
3	$X \sim N(7.5, \sigma^2)$	S^2=1.44	S=1.2	
4–5	$P(\bar{X} > 8.1)$	$P(t > \frac{8.1-7.5}{\frac{1.2}{\sqrt{4}}})$		=T.DIST.RT(1,3)
6				

	A	B	C	D
1	t 분포의 활용(예제 7-1)			
2				
3	$X \sim N(7.5, \sigma^2)$	S^2=1.44	S=1.2	
4–5	$P(\bar{X} > 8.1)$	$P(t > \frac{8.1-7.5}{\frac{1.2}{\sqrt{4}}})$		0.1955011
6				

7.7.4 [예제 7-6]

① 다음과 같이 자료를 입력한다.

	A	B	C	D	E
1	t 분포의 활용(예제 7-1)				
2					
3	X~$N(3,1)$				
4	$P(S^2 > 2)$	$P(9S^2 > 18) =$ $P(\chi^2(9) > 18)$			
5					
6					

② 다음과 같이 수식을 입력하면 표본분산에 대한 확률을 계산할 수 있다.

	A	B	D
1	t 분포의 활용(예제 7-1)		
2			
3	X~$N(3,1)$		
4	$P(S^2 > 2)$	$P(9S^2 > 18) =$ $P(\chi^2(9) > 18)$	
5			=CHISQ.DIST.RT(18,9)
6			

	A	B	C	D	E
1	t 분포의 활용(예제 7-1)				
2					
3	X~$N(3,1)$				
4	$P(S^2 > 2)$	$P(9S^2 > 18) =$ $P(\chi^2(9) > 18)$		0.0351735	
5					
6					

연/습/문/제

1. 어떤 조사보고서에 의하면 서울특별시 소재 한 가정에서 TV를 시청하는 평균시간은 하루에 6시간, 표준편차는 1.5시간이라고 한다. 36 가정의 표본을 무작위로 추출할 때

1) 표본 평균이 5.5 시간 이상일 확률은 얼마인가?
2) 표본 평균이 6.2 시간 이하일 확률은 얼마인가?
3) 모표준편차는 모른다고 가정하자. n=36인 모든 표본평균의 71%가 5.9시간 이상이고 모평균이 아직도 6시간이라고 할 때 모표준편차의 값은 얼마인가?

2. 지난 국회의원 선거에서 서울 종로구에서 출마한 K씨는 유표투표율 60%로 당선되었다. 1년 후 1,000명의 유권자를 무작위로 추출하여 다음 총선에서도 K씨에 투표할 것인가를 묻는 여론조사를 실시하였다. 그에 대한 지지율은 여전하였다. 표본의 58% 이상이 그에게 투표할 확률은 얼마인가?

3. 동명대학교 항만물류학부 2학년 학생들의 통계학 기말시험 점수는 평균 65점, 표준편차 5인 정규분포를 따른다고 한다. 랜덤으로 뽑은 학생의 점수가 60점에서 75점 사이가 될 확률을 구하여라.

4. 동명대학교 학생들의 체중은 정규분포 N(66, 16)을 따른다고 한다. 이 학생들 중에서 25명을 랜덤으로 추출할 때, 그 학생들의 평균 체중이 66kg 이상 67kg 이하일 확률을 구하여라.

5. 어떤 도시에서 가구의 60%가 저녁 뉴스시간에 M 방송을 시청한다고 하자. 만약, 그 도시에서 150가구를 랜덤으로 추출한다면, 그때 그 시간에 M 방송을 시청하는 표본비율이 0.52보다 클 확률은 얼마인가?

6. 어떤 공장에서 생산되는 강철빔의 장력은 분산이 100인 정규분포를 따른다고 하자. 이 모집단으로부터 11개의 강철빔들을 랜덤으로 추출할 때, 그 장력의 표본분산 S2이 205보다 클 확률을 구하여라.

7. 어떤 조사보고서에 의하면 우리나라 1인당 야채의 연평균 소비량은 88kg, 표준편차는 25kg이라고 한다. 49명을 무작위로 추출하여 1년 동안 야채의 소비량을 기록하도록 하였다. 표본평균이 80kg이하일 확률은 얼마인가?

8. 동명(주)의 종업원은 모두 140명이다. 회사는 종업원들의 치과보험료를 제공한다. 조사에 의하면 종업원당 연간 비용은 평균 128,000원, 표준편차 42,000원으로 정규분포를 따르는 것으로 밝혀졌다. 연간비용을 확률변수 X라고 할 때, $P(X \geq 180{,}000)$을 구하라.

9. 다음과 같이 오른쪽 꼬리면적(오차율)과 자유도가 주어졌을 때 t 분포표를 이용하여 t값을 구하라.

1) $\alpha = 0.05$, $df = 15$
2) $\alpha = 0.01$, $df = 1$

10. t값과 자유도 및 단측 또는 양측에 대한 조건을 다음과 같이 주어졌을 때, t 분포표를 이용하여 확률 α를 계산하라.

1) $t = 1.476$, $df = 5$, 단측
2) $t = 1.725$, $df = 20$, 단측
3) $t = 1.699$, $df = 29$, 양측
4) $t = 2.131$, $df = 15$, 양측

11. 다음 문제에 대한 확률을 구하라.

1) $P(\chi^2 > 44.3141)$, $df = 25$
2) $P(\chi^2 < 11.5240)$, $df = 25$
3) $P(11.5240 \leq \chi^2 \leq 44.3141)$, $df = 25$

12. $df = 10$일 때 다음 식이 성립하는 a와 b의 값을 구하여라.

1) $P(\chi^2 > a) = 0.05$
2) $P(a \leq \chi^2 \leq b) = 0.95$

13. 다음 문제에 대한 χ^2값을 구하라.

1) $\alpha = 0.05,\ df = 17$

2) $\alpha = 0.90,\ df = 17$

14. 공무원의 월소득은 평균 134만원, 표준평차 13만원인 정규분포를 이루고 있다고 가정하면 전체 공무원 가운데 임의로 뽑힐 9명의 월 평균 소득의 분포를 구하라. 또한, 그들이 평균 120만원 이하일 확률을 구하라.

15. 동명전자는 평균수명 800시간 표준편차 40시간을 갖는 정규분포를 따르는 건전지를 생산한다. 16개의 표본의 평균 수명이 775시간 보다 작게 될 확률을 구하라.

추정 08

학습목표

추정은 표본의 성격을 나타내는 통계량을 기초로 하여 모수를 추정하는 통계적 연구 방법을 말한다. 7장에서 설명한 표본분포는 모집단의 미지의 모수를 사전에 알고 있다는 것을 전제하지만, 추정은 표본분포의 분석결과로 얻은 통계량으로 모수를 추정하는 과정이다. 본 장에서는 한 모집단의 모수를 추정하는 방법을 설명한다.

8.1 점추정

대표적인 추정 방법으로는 점추정과 구간추정이 있는데, 그 중 점추정(point estimation)은 "미지의 분포에 대하여 가장 근사한 단일 값을 구하는 것"이다. 예를 들어, 모집단의 월 평균소득을 알기 위하여 모집단으로부터 일정한 크기의 표본을 추출하여 평균을 구한 결과, 평균 소득일 350만원이라고 할 때, 표본평균 $\overline{X}$는 모평균 μ의 점 추정량이고 350만원은 점추정치라고 할 수 있다. 하지만, 표본평균은 확률변수로서 표본마다 그 값이 달라지기 때문에 모평균과 근사한 것도 있지만 차이가 많은 것이 일반적이라고 할 수 있다. 이와 같이 점추정치는 모수와 일치한다는 보장이 없다. 이는 표본 오차 때문에 발생하는 데 추정에 있어서 불확실성의 정도를 측정할 방도는 없다.

모수를 추정하는 데 사용되는 점 추정량은 여러 가지가 있을 수 있다. 예를 들면, 모평균의 점 추정량으로는 표본의 산술평균 외에도 표본중앙값, 표본최빈값 등이 있을 수 있다. 그럼, 이중에서 가장 좋은 점추정량이 되기 위해서는 다음의 조건을 만족해야 한다.

8.1.1 불편성

추정할 모수를 θ, 점추정량을 $\hat{\theta}$이라 할 때, $E(\hat{\theta})=\theta$일 때 $\hat{\theta}$은 θ의 불편추정량이다. 즉, 추정량의 평균이 추정하려고 하는 모수와 같을 경우 이를 불편추정량(unbiased estimator)이라고 한다. 이를 그림으로 나타내면 [그림 8-1]과 같다.

그림 8-1 효율추정량

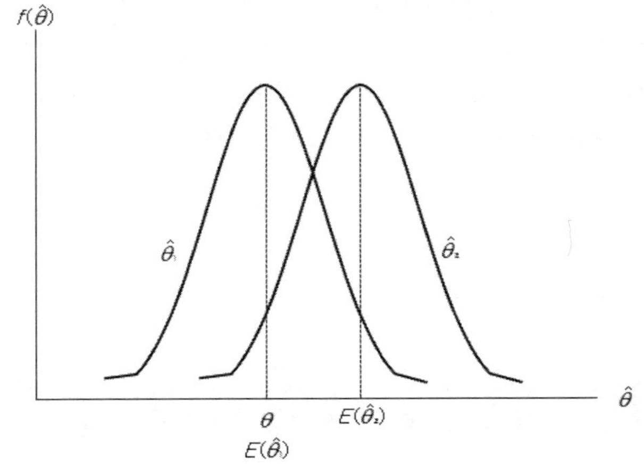

이미 7장에서 $E(\overline{X})=\mu, E(S^2)=\sigma^2$, $E(\hat{p})=p$ 임을 확인하였다. 따라서, 표본평균은 모평균의, 표본분산은 모분산의, 표본비율은 모비율의 불편추정량이라고 말할 수 있다.

8.1.2 효율성

어떤 모수는 두 개 이상의 불편추정량을 갖는 경우도 있다. 이 중에서 좋은 추정량은 분산이 작은 추정량이라 할 수 있다. 즉, 여러 개의 불편추정량 중 모수를 중심으로 추정치가 더 집중되어 있는 추정량을 효율추정량(efficient estimator)이라 한다. 이를 그림으로 나타내면 [그림 8-2]와 같다. $\widehat{\theta_1}$과 $\widehat{\theta_2}$ 모두 모수 θ의 불편추정량이지만, 표본분산이 $\widehat{\theta_1}$ 작아 더 좋은 추정량이다.

그림 8-2 효율추정량

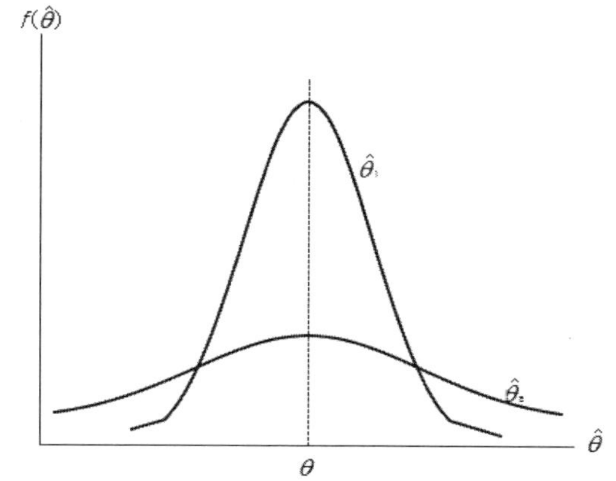

8.1.3 일치성

일치성은 표본크기가 클수록 $\hat{\theta}$이 모수 θ에 근접하는 추정량이어야 함을 말한다. 이러한 특성을 갖는 추정량을 일치추정량(consistent estimator)이라 한다. 이를 그림으로 나타내면 [그림 8-3]과 같다. 표본크기가 커질수록 추정량이 모수에 일치함을 보여주는 그림이다.

그림 8-3 일치추정량

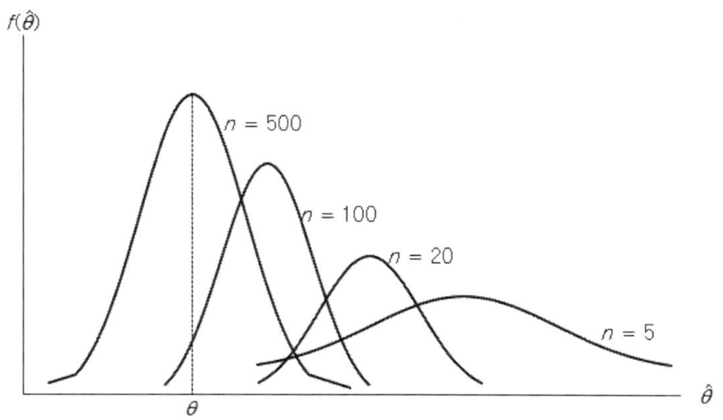

8.2 구간추정

구간추정(interval estimation)이란 표본을 통해 얻은 추정량으로 신뢰도 90%, 95%, 99%에 따라 모집단의 모수가 있을만한 구간을 추정하는 것을 말한다. 일반적으로 점 추정치와 모집단의 모수는 정확하게 일치하지 않으며, 크고 작은 오차를 수반한다. 그러므로 추정치가 갖는 이런 오차의 범위에 대한 어떤 정보도 없이 하나의 값만으로 모수를 추정하는 것은 의미가 없는 경우가 많다. 이러한 단점을 극복하기 위해 구간추정이 사용된다. 즉, 모수가 포함될 것 같은 구간(범위)을 원하는 만큼의 정확도를 가지고 제시함으로써, 추정치에 대한 불확실성을 표현하는 것이다.

구간추정을 하는 방법은 어떤 특정한 관측치에 의하여 계산된 하나의 구간을 기준으로 하는 것이 아니라 동일한 방법에 의해 반복적으로 구간들을 구할 때 그 구간들이 모수 θ를 포함하는 횟수가 미리 정해진 한계 이상이 되도록 하는 것이다. 모수 θ에 대한 $100(1-\alpha)\%$ 신뢰구간이란 주어진 확률 $1-\alpha$에 대하여 $P(L \le \theta \le U) \ge 1-\alpha$가 성립하도록 하는 구간 (L, U)를 말하는 것이다. 이 때, L과 U를 신뢰한계, $1-\alpha$를 신뢰수준이라 한다. 이를 그림으로 표현하면 [그림 8-4]와 같다. 그림의 보면 10개의 표본을 추출해, 신뢰구간을 추정하였는 데, 실제 모수 μ가 구간에 포함되지 않은 경우는 10번 중에 1번 있었다. 즉, 10번의 구간 추정 중에서 90%는 신뢰할 수 있다는 의미인 것이다.

그림 8-4 90% 신뢰구간의 의미

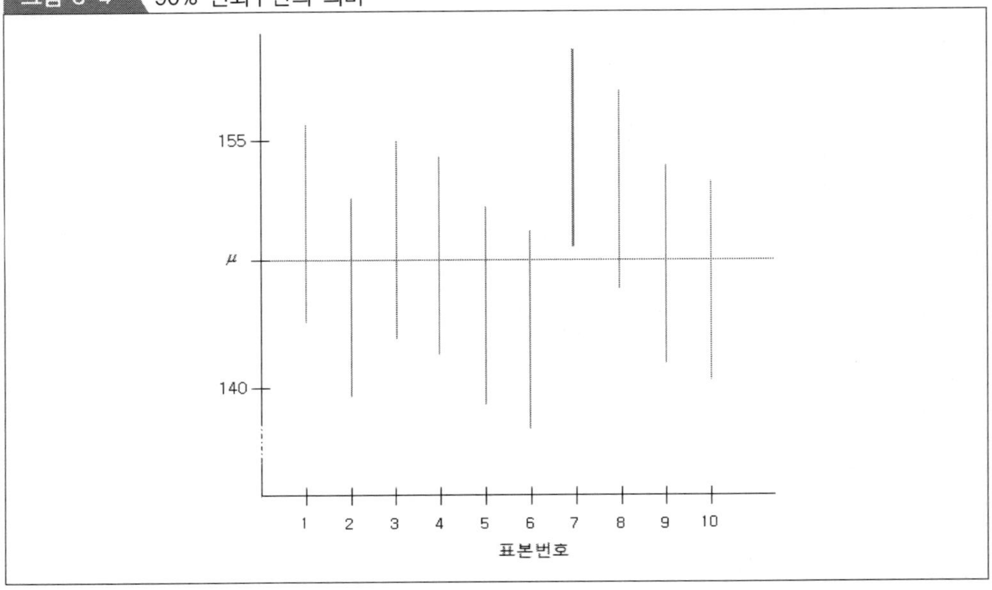

우리는 실제로는 하나의 표본을 추출하고 하나의 신뢰구간을 설정하기 때문에 이 구간이 실제로 모수를 포함할지는 전혀 알지 못한다. 다만, 모수를 포함할 것이라고 90% 신뢰한다고 말할 수 있을 뿐이다.

α는 허용오차수준으로서 신뢰수준 $(1-\alpha)$는 신뢰구간이 모수를 포함할 확률을 말하고, α는 신뢰구간이 모수를 포함하지 않을 확률을 말한다. α는 부정확도를 나타내므로 오차율(probability of error)이라고도 한다. α의 값은 주로 0.1(90% 신뢰구간), 0.05(95% 신뢰구간), 0.01(99% 신뢰구간)을 갖는다.

신뢰구간을 설정한다는 것은 오차한계를 얼마로 정할 것인가를 의미한다. 오차한계란 신뢰구간의 중심이 되는 점추정치로부터 신뢰한계의 폭을 말한다. 신뢰구간이 넓으면 모수가 포함될 확률이 높아지고, 신뢰구간이 좁으면 모수가 포함될 확률은 낮아진다. 하지만, 신뢰수준을 낮게 하더라고 오차범위를 줄여 신뢰구간을 짧게 하는 것이 더 중요하다.

8.3 모평균의 신뢰구간

표본평균 $\overline{X}$를 이용하여 모평균 μ의 신뢰구간을 설정하는 방법은 모집단이 정규모집단인지, 모표준편차의 인지 여부, 표본의 크기 등에 대한 정보에 따라 달라진다.

8.3.1 모분산이 알려져 있는 정규모집단

모수 μ를 모르는 상태에서 모분산 σ^2을 알고 있다는 것은 드문 일이지만 과거 경험에 의해 알고 있다고 가정할 수 있다. 모수 μ를 추정하는 데 사용하는 통계량의 $\overline{X}$이다. 평균 $\overline{X}$의 표본분포는 $\overline{X} \sim N(\mu, \frac{\sigma^2}{n})$인 정규분포를 따른다. 또한 표본통계량 $\frac{(\overline{X}-\mu)}{\frac{\sigma}{\sqrt{n}}}$는 $N(0,1)$인 정규분포를 따른다. 이 표본통계량을 Z통계량이라고 한다. 신뢰구간을 설정할 때는 모수가 신뢰구간의 상한과 하한을 벗어나는 것에 대한 오차한계를 우선 결정해야 한다. 일반적으로 $\frac{\alpha}{2}$를 상한과 하한의 오차한계로 사용한다. 구간으로 모수를 추정함에 있어 각 꼬리 부분에서 $\frac{\alpha}{2}$씩을 잘라낸 Z값을 찾아야 한다. 따라서 확률변수 Z가 $-z_{\frac{\alpha}{2}}$와 $z_{\frac{\alpha}{2}}$ 사이에 포함될 확률은 (식 8-1)과 같고, (식 8-1)을 모평균 μ에 대한 식으로 변환하면 (식 8-2)와 같다. 이를 기준으로 신뢰구간은 (식 8-3)과 같이 주어진다.

또한, 이를 그림으로 설명하면 [그림 8-5]와 같다.

$$P(-z_{\frac{\alpha}{2}} \le Z \le z_{\frac{\alpha}{2}}) = 1-\alpha \qquad \text{(식 8-1)}$$

$$P(\overline{X}-z_{\frac{\alpha}{2}}\frac{\sigma}{\sqrt{n}} \le \mu \le \overline{X}+z_{\frac{\alpha}{2}}\frac{\sigma}{\sqrt{n}}) = 1-\alpha \qquad \text{(식 8-2)}$$

$$[\overline{X}-z_{\frac{\alpha}{2}}\frac{\sigma}{\sqrt{n}}, \overline{X}+z_{\frac{\alpha}{2}}\frac{\sigma}{\sqrt{n}}] \qquad \text{(식 8-3)}$$

그림 8-5 $-z_{\frac{\alpha}{2}}$와 $z_{\frac{\alpha}{2}}$

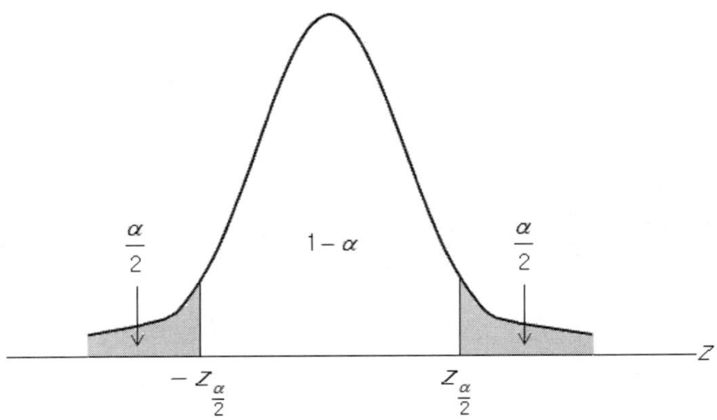

신뢰도 α가 0.1, 0.05, 0.01 일 때의 $\pm z_{\frac{\alpha}{2}}$의 값을 정리하면 [표 8-1]과 같다.

표 8-1 신뢰도에 따른 $\pm z_{\frac{\alpha}{2}}$

오차한계(α)	신뢰수준($1-\alpha$)	$\pm z_{\frac{\alpha}{2}}$
0.1	0.9	±1.645
0.05	0.95	±1.95
0.01	0.99	±2.575

| 예제 8-1 |

D 대학에 근무하는 교수들이 출근하는 데 걸리는 시간은 표준편차 20분인 정규분포를 따른다고 한다. 전체 교수의 평균 출근 소요시간 측정을 위해 16명의 교수를 임의추출하여 시간을 측정하였더니, 평균 44.75분이었다. 전체교수의 출근소요시간의 모평균에 대

한 90%, 95%, 99%의 신뢰구간을 구하여라.

(식 8-3)에 의해 구간추정을 하면

90% 신뢰구간 :

$$[44.75-1.645\frac{20}{\sqrt{16}}, 44.75+1.645\frac{20}{\sqrt{16}}]=[36.525, 52.975]$$

95% 신뢰구간 :

$$[44.75-1.96\frac{20}{\sqrt{16}}, 44.75+1.96\frac{20}{\sqrt{16}}]=[34.95, 54.55]$$

90% 신뢰구간 :

$$[44.75-2.576\frac{20}{\sqrt{16}}, 44.75+2.576\frac{20}{\sqrt{16}}]=[31.87, 57.63]$$

[예제 8-1]은 신뢰수준이 낮으면 신뢰구간은 좁아지는 것을 보여준다. 모평균 μ의 신뢰구간에 영향을 미치는 요소는 신뢰수준 외에도 모분산과 표본크기를 들 수 있다. 신뢰수준을 낮추면 신뢰구간을 좁힐 수 있고, 신뢰구간이 좁아지면 모평균 μ의 추정치로서의 표본평균 $\overline{X}$의 신뢰성이 높아짐을 의미한다. 따라서 신뢰구간을 좁히기 위해서는 모분산 σ^2을 줄이든지, 신뢰수준 $(1-\alpha)$을 낮추든지, 표본크기 n을 증가시켜야 한다.

8.3.2 모분산이 알려져 있지 않은 정규모집단

일반적으로, 모분산 σ^2은 알려져 있지 않은, 오히려 우리가 알기를 원하는 모수이다. 모분산 σ^2이 알려져 있지 않은 정규모집단에서 크기 n인 표본을 추출할 경우에는 σ 대신 표본표준편차 S를 이용한 t 통계량을 이용하여 구간추정을 하게 된다. $t=\dfrac{\overline{X}-\mu}{\frac{\sigma}{\sqrt{n}}}$ 은 확률변수로서 자유도 $n-1$인 t 분포를 따른다는 것을 이용하는 것이다. 따라서, (식 8-2)가 정규분포를 사용한 대신 모분산이 알려져 있지 않은 정규모집단의 평균값에 대한 신뢰구간 추정은 t 분포를 적용한 (식 8-4), (식 8-5)를 사용한다. 따라서, 모분산이 알려져 있지 않은 정규모집단의 모평균 μ에 대한 신뢰수준 $(1-\alpha)$ 신뢰구간은 (식 8-6)과 같다.

$$P[-t(n-1,\frac{S}{2}) \le \frac{\overline{X}-\mu}{\frac{\sigma}{\sqrt{n}}} \le t(n-1,\frac{S}{2})]=1-\alpha \qquad \text{(식 8-4)}$$

$$P(\overline{X}-t(n-1,\frac{\alpha}{2})\frac{S}{\sqrt{n}} \le \mu \le \overline{X}+t(n-1,\frac{\alpha}{2})\frac{S}{\sqrt{n}})=1-\alpha \quad \text{(식 8-5)}$$

$$[\overline{X}-t(n-1,\frac{\alpha}{2})\frac{S}{\sqrt{n}},\ \overline{X}+t(n-1,\frac{\alpha}{2})\frac{S}{\sqrt{n}}] \quad \text{(식 8-6)}$$

[그림 8-6]은 신뢰수준과 t 통계량의 관계를 설명해준다.

그림 8-6 $-t(n-1,\frac{\alpha}{2})$ 와 $t(n-1,\frac{\alpha}{2})$

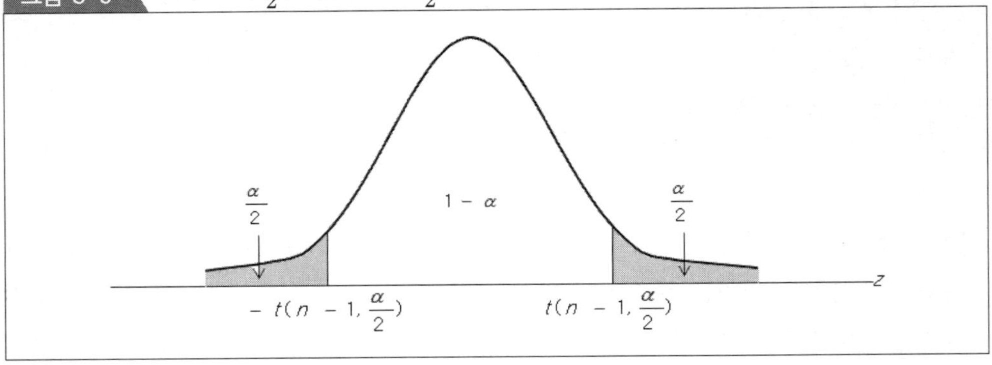

| 예제 8-2 |

고속도로 보수에 사용되는 시멘트가 건조되는 평균시간의 추정을 위해 10개 지역의 보수공사 기록으로부터 시멘트가 굳을 때까지 소요되는 시간의 평균과 표준편차는 각각 32분과 4분이었다. 이 결과를 이용하여 평균시간 μ에 대한 90% 신뢰구간을 구하여라.

(식 8-6)에 의해 구간추정을 하면

90% 신뢰구간 :

$$[32-t(9,0.05)\frac{4}{\sqrt{10}},32+t(9,0.05)\frac{4}{\sqrt{10}}]$$

$$=[32-1.833\frac{4}{\sqrt{10}},32+1.833\frac{4}{\sqrt{10}}]$$

$$=[29.68,35.16]$$

지금까지는 모집단의 분포가 정규분포라는 가정하에 모평균 μ에 대한 신뢰구간을 추정하였다. 그러나 실제 자료분석에서 모집단의 분포를 모르는 경우가 대부분이다. 따라서 다음에는 모집단의 분포를 모르는 경우에 대한 모평균 μ의 구간추정에 대해 알아보겠다.

8.3.3 모분산이 알려져 있는 비정규모집단

모집단의 분포가 정규분포가 아닐 경우, 표본의 크기 n이 작은 경우는 모집단의 분포에 대한 정보가 없어, 모수 추정에 어려움이 있다. 이런 경우에는 모수에 대한 특정값을 가설로 설정하지 않는 비모수통계학을 사용하며, 이는 본 교재 범위에 해당되지 않는다.

그렇다면, 표본의 크기 n이 큰 경우는 표본평균 $\overline{X}$의 분포는 중심극한정리에 의해 근사적으로 정규분포 $N(\mu, \frac{\sigma^2}{n})$을 따른다. 이를 이용하여 모평균에 대한 신뢰구간 설정이 가능하다. 따라서, 모분산이 알려져 있는 비정규모집단이라 하더라도 표본의 크기가 충분히 크다면, (식 8-3)과 같이 신뢰구간이 정해진다.

8.3.4 모분산이 알려져 있지 않은 비정규모집단

모분산 σ^2이 알려져 있지 않은 경우라도 표본의 크기 n이 충분히 크다면 표본분산 S^2이 모분산 σ^2과 근사할 것으로 생각할 수 있으므로, t 분포 대신 표준정규분포를 이용한 신뢰구간 설정이 가능하다. 따라서, 모분산이 알려져 있지 않은 비정규모집단이라 하더라도 표본의 크기가 충분히 크다면, (식 8-7)과 같이 신뢰구간이 정해진다.

$$[\overline{X}- z_{\frac{\alpha}{2}}\frac{S}{\sqrt{n}}, \overline{X}+ z_{\frac{\alpha}{2}}\frac{S}{\sqrt{n}}] \qquad \text{(식 8-7)}$$

예제 8-3

[예제 8-2]에서 모집단의 분포를 모른다는 가정 아래 랜덤하게 추출된 100개 지역의 보수공사 기록으로부터 시멘트가 굳을 때까지 소요되는 시간의 평균과 표준편차는 각각 35분과 5분이었다. 모평균 μ에 대한 90% 신뢰구간을 구하여라.

표본의 크기가 충분히 크므로, 모집단을 모른다하더라도 정규분포를 적용할 수 있다. 따라서 (식 8-7)에 의해 구간추정을 하면
90% 신뢰구간 :

$$[35-1.645\frac{5}{\sqrt{100}}, 32+1.645\frac{5}{\sqrt{100}}]$$

$$=[34.17, 35.82]$$

8.4 모비율의 신뢰구간

모비율 p인 베르누이분포 $B(1,p)$로부터 크기가 n인 표분을 추출할 때, 표본비율 $\hat{p}$은 n이 충분히 큰 경우, 중심극한정리에 의해 근사적으로 $N(p, \frac{p(1-p)}{n})$를 따른다고 배웠다. 따라서 표준화된 확률변수 $Z=\frac{\hat{p}-p}{\sqrt{\frac{p(1-p)}{n}}}$는 근사적으로 $N(0,1)$을 따르게 된다. 또한, 모비율 p를 모르더라도 표본의 크기가 충분히 크다면, 모비율 p와 표본비율 $\hat{p}$은 매우 가까울 것이기 때문에 확률변수 $Z=\frac{\hat{p}-p}{\sqrt{\frac{\hat{p}(1-\hat{p})}{n}}}$ 역시 근사적으로 $N(0,1)$을 따른다고 할 수 있다. 그러므로 모비율 p에 대한 신뢰구간은 (식 8-8)와 같이 정할 수 있다.

$$[\hat{p}-z_{\frac{\alpha}{2}}\sqrt{\frac{\hat{p}(1-\hat{p})}{n}}, \hat{p}+z_{\frac{\alpha}{2}}\sqrt{\frac{\hat{p}(1-\hat{p})}{n}}] \qquad \text{(식 8-8)}$$

| 예제 8-4 |

어떤 여론조사기관에서 ○○정당의 지지도를 조사하기 위하여
36명의 유권자를 대상으로 조사한 결과 20명이 지지하는 것으로 조사되었다. 전국 유권자의 ○○정당 지지도에 대한 95% 신뢰구간을 구하여라.

$n=36, \hat{p}=0.556$
표본의 크기가 충분히 크므로, (식 8-8)에 의해 구간추정을 하면
95% 신뢰구간 :

$$[0.556-1.96\sqrt{\frac{0.556\times(1-0.556)}{36}}, 0.556+1.96\sqrt{\frac{0.556\times(1-0.556)}{36}}]$$

$$=[0.394, 0.718]$$

8.5 모분산의 신뢰구간

평균이 μ, 분산이 σ^2인 정규분포를 따르는 모집단으로부터 크기 n인 표본을 임의로 추출하였을 때, 통계량 $\frac{(n-1)S^2}{\sigma^2}$은 자유도가 $n-1$인 χ^2 분포를 따르는다고 배웠다. 따라서, S^2 외에 표본 크기 등이 결정되면 정규분포를 하는 모집단의 분산 σ^2에 대한 신뢰구간은 (식 8-9)를 이용하여 구할 수 있다. 이를 그림으로 나타낸 것이 [그림 8-7]이다.

$$\left[\frac{(n-1)S^2}{\chi^2_{n-1,\frac{\alpha}{2}}}, \frac{(n-1)S^2}{\chi^2_{n-1,1-\frac{\alpha}{2}}}\right] \qquad (식\ 8\text{-}9)$$

χ^2 분포는 정규분포 혹은 t 분포와 달리 좌우대칭이 아니며, 오른쪽으로 긴 꼬리의 분포 형태를 갖는다. 또한 χ^2 통계량은 0 이상의 값을 가지며, 자유도에 따라 서로 다른 모양을 취하는 데, 표본크기가 클수록 정규본포에 근접하는 특징을 갖는다. 이런 이유로, 모평균이나 모비율의 신뢰구간 설정과는 달리 상한과 하한에 적용하는 χ^2 통계량의 절대값이 같지 않기 때문에 신뢰구간 계산시 유의해야 한다.

그림 8-7 χ^2 분포의 신뢰구간

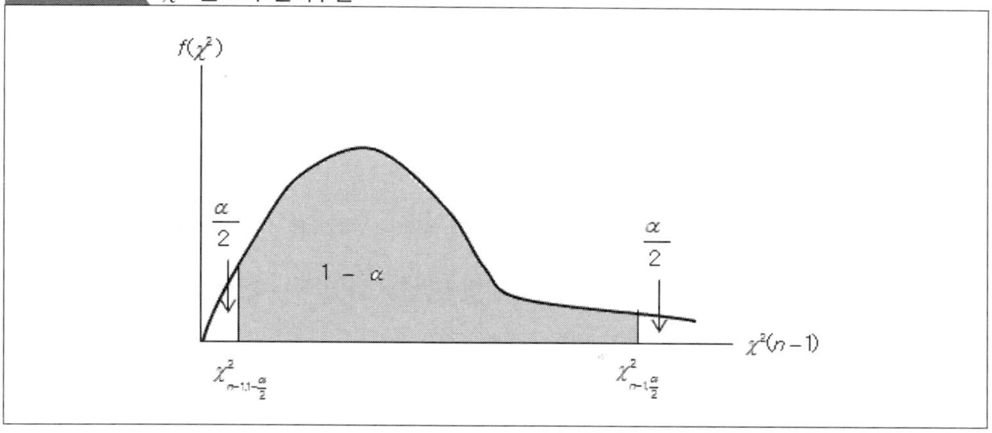

예제 8-5

정규분포를 따르는 모집단으로부터 10개의 표본을 추출하여 조사한 결과 $\overline{X} = 0.7$, $S^2 = 0.16$ 으로 나타났다. 모분산에 대한 90% 신뢰구간을 구하여라.

χ^2 확률분포표를 찾아보면, $\chi^2_{9,0.95} = 3.33$, $\chi^2_{9,0.05} = 16.9$ 이다.

(식 8-9)에 의해 구간추정을 하면,

$$[\frac{(10-1)\times 0.16}{16.9}, \frac{(10-1)\times 0.16}{3.33}] = [0.085, 0.432]$$

8.6 표본크기의 결정

점추정 또는 구간추정을 위해서는 이미 주어진 표본을 이용한 통계량을 근거로 문제를 해결하였다. 그러나 현실적인 측면을 고려해 볼 때, 통계조사를 하는 사람은 시간과 비용의 제한을 받게 되므로 자신이 원하는 통계적 결과의 신뢰도에 맞춰 어느 정도 크기의 표본이 가장 적절한 가를 먼저 결정하는 것이 일반적이다. 일반적으로는 표본의 크기를 증가시킴으로써 신뢰구간의 폭을 줄일 수 있으며, 그에 따라 정확도를 증가시킬 수 있다. 그러나 표본의 크기는 시간과 비용의 문제와 연결되기 때문에 무조건 증가시킬 수는 없다. 따라서, 표본의 크기를 임의로 크게 하기 보다는 면밀한 계획에 의해 결정하는 것이 필요하다.

표본의 크기를 결정하기 위해서는 먼저 신뢰수준의 크기를 정한 후 추정량 $\hat{\theta}$과 모수 θ 사이의 최대 오차를 얼마만큼 허용할 것인가를 결정해야 한다. 주어진 신뢰수준 $(1-\alpha)$에 대하여, $|\hat{\theta}-\theta| \le d$를 만족하는 d를 $\hat{\theta}$의 $100(1-\alpha)\%$최대허용오차(maximum allowable error)라고 한다.

정규모집단에서 모분산 σ^2이 이미 알려져 있는 경우, 모평균 μ에 대한 $100(1-\alpha)\%$ 신뢰구간은 $\overline{X} \pm z_{\frac{\alpha}{2}} \frac{\sigma}{\sqrt{n}}$이었다. 이때, $d = z_{\frac{\alpha}{2}} \frac{\sigma}{\sqrt{n}}$는 $\overline{X}$의 최대허용오차이며, 이를 n에 대한 식으로 변환하면 지정한 신뢰수준과, 오차수준을 만족시키기 위해 표본의 크기를 얼마로 해야 할 지를 계산할 수 있다. 변환한 식은 (식 8-10)과 같다.

$$n \ge \left(\frac{z_{\frac{\alpha}{2}} \times \sigma}{d}\right)^2 \qquad \text{(식 8-10)}$$

| 예제 8-6 |

어떤 산업에 종사하는 종업원의 임금이 정규분포를 따르는 데 표준편차가 50,000원 이라고 한다. 이 산업 전체 종업원의 평균 임금을 95%의 신뢰수준에서 10,000이내의 오차로 추정하기 위해서는 얼마나 많은 표본이 필요한지를 구하여라.

$\sigma = 50000,\ z_{\frac{\alpha}{2}} = z_{0.025} = 1.96,\ d = 10000$ 이므로 (식 8-10)에 의해 계산하면,

$n \ge \left(\frac{1.96 \times 50000}{10000}\right)^2 = 96.04$ 이다.

따라서, 적어도 97명 이상의 표본 자료가 필요하다.

이번에는 모비율에 대한 표본크기 결정에 대한 살펴본다. 모비율의 신뢰수준 $100(1-\alpha)\%$ 수준의 신뢰구간은 $\hat{p} \pm z_{\frac{\alpha}{2}} \sqrt{\frac{\hat{p}(1-\hat{p})}{n}}$이었다. 이 때, 최대허용오차 $d = z_{\frac{\alpha}{2}} \sqrt{\frac{\hat{p}(1-\hat{p})}{n}}$이다. 이 식을 n에 대한 식으로 풀면 (식 8-11)을 얻을 수 있고, 이를 이용하여 원하는 모비율의 구간 추정을 위해 필요한 표본의 크기 n을 구할 수 있다.

$$n \ge \frac{(Z_{\frac{\alpha}{2}})^2 \hat{p}(1-\hat{p})}{d^2} \qquad \text{(식 8-11)}$$

만일, 과거 경험도 없고 예비조사도 하지 않아, $\hat{p}$을 모르는 경우에는 가장 불리하게 표본크기가 크도록 결정해야 한다. 이를 위해서는 $\hat{p}(1-\hat{p})$을 가장 크게 할 수 있는 값을 결정하면 된다. 즉, $\hat{p} = 0.5$일 때 $\hat{p}(1-\hat{p})$이 최대값 0.25를 가지므로 이를 이용하면 (식 8-11)을 (식 8-12)와 같이 된다.

$$n \ge \frac{0.25(Z_{\frac{\alpha}{2}})^2}{d^2} \qquad \text{(식 8-12)}$$

| 예제 8-7 |

어떤 여론조사기관에서 ○○정당의 지지도를 알아보기 위하여 95%의 신뢰수준에서 ±4% 이내의 오차로 신뢰구간을 추정하기 위해서는 얼마나 많은 표본이 필요한지를 구하여라. 단, 사전 예비조사는 하지 않은 상태임을 가정한다.

(식 8-12)에 의해 계산하면,

$$n \geq \frac{0.25(Z_{\frac{\alpha}{2}})^2}{d^2} = \frac{0.25(1.96)^2}{0.04^2} = 600.25 \text{ 이다.}$$

따라서, 적어도 601명 이상의 표본 자료가 필요하다.

8.7 엑셀 활용

8.7.1 엑셀 함수

이 장에서 사용할 엑셀 함수는 [표 8-2]와 같다.

표 8-2 8장에서 사용할 엑셀 함수

함수 구문	기능
CONFIDENCE(α, σ, n)	표본의 크기가 n이고, 모표준편차가 σ인 정규분포의 모평균에 대한 $100(1-\alpha)\%$ 신뢰구간을 반환

8.7.2 모평균의 신뢰구간 추정

모분산이 알려져 있는 정규모집단의 경우

모분산이 알려져 있는 정규모집단의 경우 모평균 μ에 대한 $100(1-\alpha)\%$ 신뢰구간은 이론에서 학습한 신뢰구간 수식을 적용하거나, 간편하게 CONFIDENCE라는 엑셀 함수를 이용하여 구할 수 있다.

실습문제

어느 학교 학생의 지능지수는 평균은 모르지만, 분산은 36인 정규분포를 따른다고 한다. 모평균 μ를 추정하기 위하여 25명의 학생을 무작위로 추출하였을 때, 학생들의 평균 지능지수는 124이었다. 모평균 μ의 95% 신뢰구간을 구하여라.

① 다음과 같이 입력한다.

	A	B	C	D	E	F	G	H	I	J
1	모평균의 신뢰구간-모분산을 아는 경우									
2										
3	1) 수식을 이용한 계산					2) CONFIDENCE 함수 이용				
4										
5	표본크기	25				신뢰구간	90%	95%	99%	
6	표본평균	124				오차한계				
7	모분산	36				신뢰하한				
8						신뢰상한				
9	신뢰수준	0.9	0.95	0.99						
10	오차율	0.1	0.05	0.01						
11	Z값									
12										
13	표준오차									
14	오차한계									
15										
16	신뢰구간	90%	95%	99%						
17	신뢰하한									
18	신뢰상한									
19										

② 다음과 같이 수식을 입력하면 신뢰구간을 얻을 수 있다.

	A	B	C	D	E
1				모평균의 신뢰구간-모분	
2					
3	1) 수식을 이용한 계산				
4					
5	표본크기	25			
6	표본평균	124			
7	모분산	36			
8					
9	신뢰수준	0.9	0.95	0.99	
10	오차율	0.1	0.05	0.01	
11	Z값	=NORM.S.INV(1-B10/2)	=NORM.S.INV(1-C10/2)	=NORM.S.INV(1-D10/2)	
12					
13	표준오차	=SQRT(B7/B5)			
14	오차한계	=B11*$B$13	=C11*$B$13	=D11*$B$13	
15					
16	신뢰구간	0.9	0.95	0.99	
17	신뢰하한	=$B$6-B14	=$B$6-C14	=$B$6-D14	
18	신뢰상한	=$B$6+B14	=$B$6+C14	=$B$6+D14	
19					

	F	G	H	I
	산을 아는 경우			
	2) CONFIDENCE 함수 이용			
	신뢰구간	0.9	0.95	0.99
	오차한계	=CONFIDENCE(B10,$	=CONFIDENCE(C10,$	=CONFIDENCE(D10,$
	신뢰하한	=$B$6-G6	=$B$6-H6	=$B$6-I6
	신뢰상한	=$B$6+G6	=$B$6+H6	=$B$6+I6

	A	B	C	D	E	F	G	H	I	J
1	모평균의 신뢰구간-모분산을 아는 경우									
2										
3	1) 수식을 이용한 계산					2) CONFIDENCE 함수 이용				
4										
5	표본크기	25				신뢰구간	90%	95%	99%	
6	표본평균	124				오차한계	1.973824	2.351957	3.090995	
7	모분산	36				신뢰하한	122.0262	121.648	120.909	
8						신뢰상한	125.9738	126.352	127.091	
9	신뢰수준	0.9	0.95	0.99						
10	오차율	0.1	0.05	0.01						
11	Z값	1.644854	1.959964	2.575829						
12										
13	표준오차		1.2							
14	오차한계	1.973824	2.351957	3.090995						
15										
16	신뢰구간	90%	95%	99%						
17	신뢰하한	122.0262	121.648	120.909						
18	신뢰상한	125.9738	126.352	127.091						
19										

모분산이 알려져 있지 않은 정규모집단의 경우

모분산이 알려지 있지 않은 정규모집단의 모평균 μ에 대한 $100(1-\alpha)\%$ 신뢰구간은 [데이터 분석] 도구의 [기술통계법]을 이용하여 구할 수 있다.

실습문제

어느 대학교 농구팀의 게임당 득점은 정규분포를 따른다고 한다. 지난 9경기에서 얻은 게임단 득점이 다음과 같을 때, 평균 득점에 관한 95% 신뢰구간을 구하여라.

80 97 72 90 84 70 76 68 88

① 다음과 같이 입력한 후 리본메뉴 [데이터]-[데이터 분석]-[기술 통계법] 메뉴를 선택하고, 그림과 같이 옵션을 지정하고 [확인] 단추를 클릭한다.

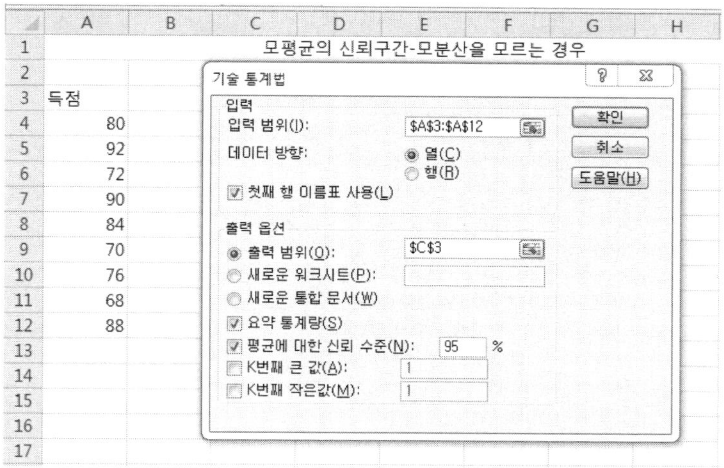

② 다음과 같은 결과를 얻을 수 있고, 출력된 내용 중 신뢰수준이 확인된다. 내용을 보면, 표본평균은 80, 표준오차는 3, 신뢰수준의 값은 6.918012이다. 이에 따라 신뢰구간은 $[80-6.918012,\ 80+6.918012]=[73.081988,\ 86.918012]$ 임을 의미한다.

	A	B	C	D	E
1	모평균의 신뢰구간-모분산을 모르는 경우				
2					
3	득점		득점		
4	80				
5	92		평균	80	
6	72		표준 오차	3	
7	90		중앙값	80	
8	84		최빈값	#N/A	
9	70		표준 편차	9	
10	76		분산	81	
11	68		첨도	-1.70645	
12	88		왜도	-1.8E-17	
13			범위	24	
14			최소값	68	
15			최대값	92	
16			합	720	
17			관측수	9	
18			신뢰 수준(	6.918012	
19					

③ 또 다른 방법으로는 분포의 백분위수를 이용하여 계산하는 방법이 있다. 여기서는 표본의 수가 작고 모분산이 알려져 있지 않으므로 t 분포를 사용하여 신뢰구간을 구한다. 다음과 같이 수식을 입력하면, 그 결과를 알 수 있다.

	A	B	C	D	E	F	G
1		모평균의 신뢰구간-모분산을 모르는 경우					
2							
3	득점		득점			t분포 이용	
4	80						
5	92		평균	80		구간너비	=TINV(0.05,8)*D6
6	72		표준 오차	3			
7	90		중앙값	80		신뢰하한	=D5-G5
8	84		최빈값	#N/A		신뢰상한	=D5+G5
9	70		표준 편차	9			
10	76		분산	81			
11	68		첨도	-1.70644718792867			
12	88		왜도	-1.78428700386186E-			
13			범위	24			
14			최소값	68			
15			최대값	92			
16			합	720			
17			관측수	9			
18			신뢰 수준(95.0%)	6.9180124056125			
19							

	A	B	C	D	E	F	G	H
1			모평균의 신뢰구간-모분산을 모르는 경우					
2								
3	득점		득점			t분포 이용		
4	80							
5	92		평균	80		구간너비	6.918012	
6	72		표준 오차	3				
7	90		중앙값	80		신뢰하한	73.08199	
8	84		최빈값	#N/A		신뢰상한	86.91801	
9	70		표준 편차	9				
10	76		분산	81				
11	68		첨도	-1.70645				
12	88		왜도	-1.8E-17				
13			범위	24				
14			최소값	68				
15			최대값	92				
16			합	720				
17			관측수	9				
18			신뢰 수준(	6.918012				
19								

연/습/문/제

1. 정규분포를 따르는 모집단에서 표본을 12개 추출하여 어떤 물건의 무게를 측정한 결과 다음과 같은 자료를 얻었다. 이 물건의 모평균 무게 μ에 대한 95% 신뢰구간을 구하라.

13 20 19 40 25 10 21 29 17 11 7 18

2. 다음은 정규분포를 따르는 모집단에서 무작위로 30개의 자료를 추출한 것이다.

370	228	156	110	134	284	22	196	92	162
366	264	234	162	234	274	50	256	262	366
320	244	288	188	310	252	180	310	152	236

모평균 μ에 대한 95% 신뢰구간을 구하라.(Z분포와 t분포 이용)

3. 어느 전구회사에서 생산되는 전구의 수명은 정규분포를 따른다. 시중에 판매되고 있는 전구 중 9개를 랜덤으로 추출하여 다음과 같은 자료를 얻었다.

1570 1840 1310 1450 1550 1650 1530 1790 1260

1) 모평균과 모분산의 점추정값을 각각 구하여라.
2) $\sigma = 180$일 때, 모평균 μ에 대한 95% 신뢰구간을 구하라.
3) σ가 알려져 있지 않을 때, 모평균 μ에 대한 95% 신뢰구간을 구하라.

4. 아기들의 출생 시 머리둘레에 대한 조사를 위해 랜덤하게 12명의 표본을 추출하여 얻은 자료는 다음과 같다.

36 39 40 41 38 39 35 37 39 42 34 36

1) 모분산에 대한 점추정값을 구하여라.
2) 모집단에 대한 가정을 하고 모분산 σ^2에 대한 90% 신뢰구간을 구하여라.

5. 어떤 치약회사에서는 소비자 100명을 추출하여 조사란 결과 45명이 자사제품을 선호한다는 사실을 알았다. 이 때 소비자의 선호율에 대한 95% 신뢰구간을 구하여라.

6. 대통령 선거에서 한 후보의 지지율을 조사하고 있다. 표본비율의 95% 최대허용오차를 2.5%라고 할 때, 표본의 크기를 정하여라.

7. 한 은행에서 초등학교 어린이들의 평균 예금액을 조사하고자 한다. 예금구좌에 나타난 표준편차는 σ=160,000원 이다. 만약 표본평균이 모평균으로부터 20,000원을 초과하지 않게 나타날 확률을 95%로 정하고자 한다면 표본 크기를 얼마로 결정하여 표본을 추출해야 하는 지를 정하여라.

8. 36개 대학의 4학년생들의 평균 학점에 대한 평균과 표준편차는 각각 26.과 0.3으로 계산된다.

1) 전체 4학년생의 평균에 대한 95%, 99% 신뢰구간을 구하여라.
2) 평균 추정값의 오차가 0.05를 초과하지 않는다는 것을 95% 확신하기 원한다면, 얼마나 많은 표본이 필요한지 구하여라.

9. 7개의 비슷한 용기의 용량을 조사한 결과는 다음과 같다. 용기 용량이 근사적으로 정규분포를 따른다고 가정할 때, 용기 평균 용량에 대한 95% 신뢰구간을 구하라.

9.8 10.2 10.4 9.8 10.0 10.2 9.6

10. 다음은 통조림 10개의 부피를 나타낸 자료이다. 부피가 정규분포를 따른다고 할 때, 통조림의 분산에 대한 95% 신뢰구간을 구하여라.

46.4 46.1 45.8 47.0 46.1 45.9 45.8 46.9 45.2 46.0

11. 모집단이 표준편차 2.8의 정규분포를 따른다고 한다.

1) 조사된 표본이 다음과 같을 때, 평균의 95% 신뢰구간을 구하여라.

   8 9 10 13 14 16 17 20 21

2) 동일 표본의 99% 신뢰구간을 구하여라.

12. 시험성적 자료에서 22개의 샘플을 추출하였고, 이 자료의 평균은 60이었다.

1) 모표준편차가 10이라고 할 때, 모평균에 관한 99% 신뢰구간을 구하여라.
2) 모표준편차는 모르고, 표본표준편차가 10일 때, 모평균에 관한 99% 신뢰구간을 구하여라.

13. A 후보자를 250명의 사람 중 70%가 선호한다는 사실을 신문에서 읽었다. A 후보자 선호도에 대한 95% 신뢰구간을 구하여라.

14. 기계에 의해 자동 생산되는 판금의 두께는 표준편차 1.5㎜를 넘으면 생산 공정에 이상이 있는 것으로 간주한다. 판금을 두께는 정규분포를 한다고 한다. 점검과정에서 10개의 판금을 추출하여 두께를 측정한 결과가 다음과 같을 때 모분산에 대한 95% 신뢰구간을 구하여라.

226	228	226	225	232	228	227	229	225	230

15. 참/거짓을 밝혀라.

1) 표본의 크기가 커질수록, 모평균에 대한 신뢰구간이 모평균을 포함할 확률은 커진다. (   )
2) 신뢰수준이 높을수록 신뢰구간의 너비는 크다. (   )
3) 중심극한정리는 모집단이 정규분포인 경우에 적용된다. (   )

가설검정 09

학습목표

일반적으로 연구자들은 어떤 결과를 미리 주장하고 그 주장의 진위를 판단하기 위해 전수조사 혹은 표본조사를 이용하게 된다. 이런 과정을 가설검정이라고 하고, 가설검정에 있어서는 이는 모르는 모집단의 특성에 대해 얼마일 것이라 가정하고 가설을 진위여부를 판정하는 것이다. 본 장에서는 가설검정의 기본 개념과 모평균, 모분산, 모비율 등에 관한 가설검정을 설명한다.

9.1 가설검정의 개념

모집단에 대한 가설을 미리 설정하고 이 가설이 표본 자료에 의해 어떠한 상황에 있는 가를 판단 및 결정하여 진위를 입증하는 추리 또는 추론과정이다. 가설검정과 관련된 몇 가지 개념과 원리를 살펴보면, 모집단에 관한 추측 또는 주장을 가설(hypothesis)이라 한다. 가설에는 이를 구성하는 두개의 하위가설이 있다. 기각을 전제로 세운 가설을 귀무가설(null hypothesis) 혹은 영가설이라 부르고 H_0으로 표기한다. 그리고 영가설이 기각될 때 상대적으로 채택되는 가설을 대립가설(alternative hypothesis) 혹은 상대가설이라 하고 H_1로 표기한다. 표본에 대한 정보를 기초로 하여 주어진 가설을 기각할 것인지 아닌지를 결정할 수 있는 절차를 통계적 가설검정(hypothesis testing)이라 한다.

일반적으로 가설검정은 다음과 같이 5단계의 절차를 통하여 이루어진다.

- 귀무가설 H_0와 대립가설 H_1을 설정한다.
- 유의수준 α를 정한다.
- 검정통계량의 결정하고, 그 값을 계산한다.
- 기각역(임계치) 혹은 p값을 구한다.
- 계산된 검정통계량 혹은 p값으로 귀무가설의 채택 여부를 결정한다.

9.1.1 가설 설정

귀무가설은 과거의 경험, 사회적 통념, 연구의 결과 등 오래전부터 현재까지 인정되어 온 것을 나타내고 대립가설은 귀무가설을 부정함으로써 연구자가 지지하는 새로운 사실 또는 변화를 나타내려는 것이다. 가설검정의 결과로 어떤 가설을 채택하면 다른 가설은 기각해야 하므로 두 가지 가설이 동시에 옳을 수는 없다. 가설검정은 표본으로부터 귀무가설을 기각할 충분한 근거가 없는 한 귀무가설은 항상 사실이라고 전제한다. 한편 대립가설은 검정 단계에서는 거짓이라고 가정하고 시작하지만 귀무가설을 부정할만한 근거가 제시되면 이를 채택하게 된다.

예제 9-1

자동차 딜러 회사의 관리자는 판매촉진을 위해 새로운 보너스 계획을 고려하고 있다. 최근 월평균 판매량은 14대이다. 관리자는 새로운 보너스 계획이 판매량 증가에 도움이 될지 검정하고자 한다. 가설을 설정하여라.

현재까지 알려진 사실은 월평균 판매량이 14대라는 것으로 이를 귀무가설로, 새로운 계획이 판매량을 증가시킬 것이라는 것은 관리자의 주장으로, 이를 대립가설로 설정한다.

$H_0 : \mu \leqq 14$

$H_1 : \mu > 14$

예제 9-2

생산라인은 용기에 평균 32온스의 세제를 담도록 설계되어있다. 용기들은 주기적으로 표본추출하여 용량이 정확한지를 점검하고 있다. 용기의 무게에 따라 생산라인이 중단되고 정확한 양을 담도록 조정될 것이다. 가설을 설정하여라.

이 문제에서는 용기에 많은 양의 세제가 들어갈 것이라는 주장을 하고 있는 것이 아니라, 32온스가 아닐 것이라는 것을 대립가설로 사용해야 한다.

$H_0 : \mu = 32$

$H_1 : \mu \neq 32$

9.1.2 가설의 형태

[예제 9-1]과 [예제 9-2]에서 보았듯이 우리가 관심을 갖는 모수를 θ라 할 때, 이 모수가

하나의 특정한 가정된 값 θ_0를 갖는다고 하면 가설의 기본적인 형태는 [표 9-1]과 같다.

표 1-1 가설의 형태

좌측검정	양측검정	우측검정
$H_0: \theta \geq \theta_0$	$H_0: \theta = \theta_0$	$H_0: \theta \leq \theta_0$
$H_1: \theta < \theta_0$	$H_1: \theta \neq \theta_0$	$H_1: \theta > \theta_0$

[표 9-1]을 보면 등호(=)은 항상 귀무가설에 포함된다는 것을 알 수 있다. 이것은 귀무가설은 일반적으로 알려진 사실이기 때문에 귀무가설이 채택될 가능성을 더 주기 위한 이유이다.

가설검정은 양측검정과 단측검정으로 분류하고, 단측검정의 종류에 좌측검정, 우측검정이 있다. 귀무가설을 채택(accept)할지 기각(reject)할 것인지를 나타내는 영역은 대립가설의 형태에 따라 결정된다. [그림 9-1]은 대립가설의 형태에 따른 기각영역을 나타내고 있다.

그림 9-1 귀무가설의 기각영역

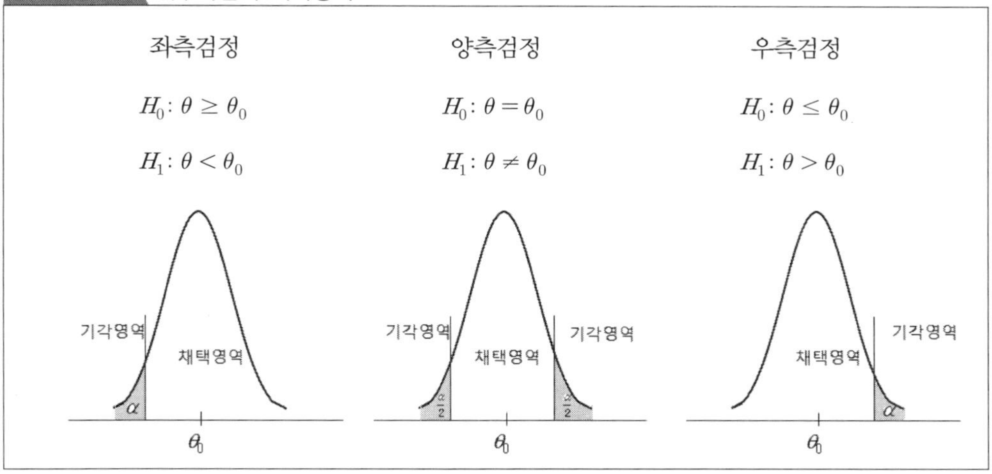

양측검정의 경우에는 기각영역이 표본분포의 양쪽 꼬리부분에 있다. 따라서, 표본 통계량이 θ와 θ_0가 매우 근접하여 있으면 귀무가설을 채택하고, 표본 통계량이 θ_0보다 훨씬 크거나 작다면 귀무가설을 기각하게 된다. 좌측검정의 경우는, 기각영역이 왼쪽 꼬리부분에 있기 때문에 표본 통계량이 θ_0보다 현저하게 작다면 귀무가설을 기각하게 된다. 우측검정은 좌측검정과 반대의 개념으로 기각영역이 오른쪽 꼬리부분에 있기 때문에 표본 통계량이 θ_0보다 현저하게 크면 귀무가설을 기각하게 된다. [예제 9-1]은 우측검정, [예제 9-2]는 양측검정을 수행해야하는 문제이다.

9.1.3 가설검정의 오류

[그림 9-1]에서 α로 표현한 유의수준은 표본 통계량에 따라 H_0를 채택할 것인가 또는 기각할 것인가를 결정하는 기준을 제공한다. H_0가 참이라고 결정하더라도 H_1이 참이 될 확률, 즉, H_0가 거짓으로 밝혀질 확률로서, 일종의 위험률을 의미한다. 가설 "H_0 대 H_1"의 검정에서, 영가설 H_0가 참일 때 이것이 기각(따라서 상대가설 H_1이 채택)되는 오류를 범할 확률을 제 1종 오류(α로 표기)라 한다. 반면에 영가설 H_0가 거짓일 때 이것이 채택(따라서 참인 상대가설 H_1이 기각)되는 오류를 범할 확률을 제 2종 오류(β로 표기)라 한다. 이러한 오류를 범할 확률을 검정의 유의수준(level of significance)이라고 한다. [표 9-2]는 제 1종 오류와 제 2종 오류의 차이를 보여준다.

표 9-2 제 1종 오류와 제 2종 오류

통계적 결정 \ 현실	H_0가 참	H_0가 거짓
H_0 채택	옳은 결정	제 2종 오류 (확률 = β)
H_0 기각	제 1종 오류 (확률 = α)	옳은 결정

제 1종 오류와 제 2종 오류는 가급적 작을수록 좋지만 일정한 표본크기에 대해서 이들을 동시에 감소시킬 수는 없다. 다만 표본크기를 증가시키면 가능하다. 표본크기를 증가시키는 것은 실제 상황에서 용이한 일이 아니기 때문에 통상적으로 통계 분석과정에서는 제 1종 오류가 제 2종 오류보다 심각하기 때문에, 제 1종 오류를 통제하는 것이 일반적이다. 유의수준 α의 값은 보통 0.01, 0.02, 0.05, 0.1 등이 많이 사용된다.

9.1.4 가설의 채택

가설검정을 실시함에 있어 사용되는 기준으로는 검정통계량을 이용한 임계치와 p 값을 사용한다.

검정통계량이란 귀무가설을 채택할 것인지 기각할 것인지를 판단하는 기초가 되는 표본 통계량이다. 모평균에 관한 검정일 경우는 표본평균이, 모분산일 경우는 표본분산이, 모비율인 경우는 표본비율이 검정통계량으로 사용된다. 대부분의 가설검정에서 검정통계량은 모수의 점추정량을 사용한다. [예제 9-1]에서 검정의 대상은 모평균이므로 검정통계량은 표본평균이 된다. 즉, 검정통계량이 14보다 현저히 크면 귀무가설을 기각하게 되는 것이다.

그러면 표본평균 $\overline{X}$가 14보다 얼마나 커야 현저한 차이가 있다고 판단하는 것인가가 문제이다. 귀무가설을 채택 혹은 기각하는 기준점이 되는 값을 임계치(critical value)라고 한다. 가설검정을 실시할 때는 의사결정자가 미리 유의수준을 결정한다. 그러면 이를 이용하여 해당하는 임계치를 결정할 수 있다. 유의수준이란 제 1종 오류를 범할 최대허용확률 α라고 하였다. 유의수준이 낮을수록, 즉 제 1종 오류를 범할 확률을 적게 하려면 귀무가설을 기각할 가능성은 낮아진다는 것으로 대립가설을 채택하는 기준이 엄격하다는 것을 의미한다.

또 다른 가설 채택의 기준으로 사용되는 p 값(p value)은 검정통계량의 값을 통해 구해진다. 검정통계량의 위치에서 제 1종 오류 확률을 계산했을 때, 그 값을 기준으로 유의수준 α와 직접 비교하여 귀무가설 기각 여부를 결정하는 것이다. p 값을 이용한 가설 판정은 $p \geq \alpha$ 일 때, 귀무가설을 채택하고, $p < \alpha$일 때는 귀무가설을 기각한다.

9.2 모평균의 가설검정

모평균의 가설검정을 함에 있어서는 모집단의 수, 모분산을 알고 있는 지 여부, 표본의 수 등에 따라 Z 검정 또는 t 검정을 사용한다. 본 장에서는 모집단의 수는 하나인 경우에 한해 설명한다.

9.2.1 모분산이 알려져 있는 정규모집단

모분산 σ^2이 알려져 있는 정규모집단에서 추출된 표본을 이용하여 모평균 μ에 대한 가설검정을 할 경우, 검정통계량으로는 표본평균 $\overline{X}$를 사용하고, 표준화한 통계량 $Z=\dfrac{\overline{X}-\mu}{\dfrac{\sigma}{\sqrt{n}}}$가 표준정규분포를 따르므로, Z 통계량을 이용한 정규검정법(normal test)으로 모평균 μ에 대한 가설검정을 실행한다. Z 통계량을 이용하기 때문에 Z 검정(Z test)이라고 한다. 모분산 σ^2가 알려져 있는 정규모집단에서 추출된 표본을 이용한 모평균 μ에 대한 가설검정의 형태 및 가설 판정 규칙은 [그림 9-2]와 같다.

그림 9-2 모평균의 가설검정 : 모분산을 아는 정규모집단의 경우

검정통계량 $Z = \dfrac{\overline{X} - \mu_0}{\dfrac{\sigma}{\sqrt{n}}}$

좌측검정	양측검정	우측검정
$H_0 : \mu \geq \mu_0$	$H_0 : \mu = \mu_0$	$H_0 : \mu \leq \mu_0$
$H_1 : \mu < \mu_0$	$H_1 : \mu \neq \mu_0$	$H_1 : \mu > \mu_0$
기각역 : $Z \leq -z_\alpha$ p값 $< \alpha$	기각역 : $\lvert Z \rvert \geq \left[z_{\frac{\alpha}{2}} \right]$ p값 $< \alpha$	기각역 : $Z \geq z_\alpha$ p값 $< \alpha$

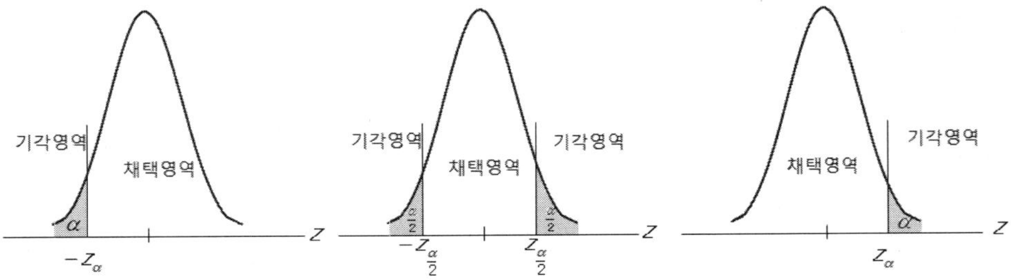

예제 9-3

음료수 용기의 무게는 평균이 120g, 분산이 16g인 정규분포를 따른다고 한다. 그러나, 최근 음료수 제조업체로부터 용기의 무게가 120g이 아니라는 불만 사항이 접수되었다. 이를 확인하기 위하여 25개의 용기를 임의로 추출하여 평균을 조사해 본 결과 122g이었다. 유의수준 $\alpha = 0.05$ 일 때, 이 회사 음료수 용기의 무게가 120g이라고 할 수 있는 지를 검정하여라.

가설검정의 5단계에 따라 검정을 시행한다.

1단계 : 가설설정

$$H_0 : \mu = 120$$

$$H_1 : \mu \neq 120$$

2단계 : 유의수준 $\alpha = 0.05$

3단계 : 검정통계량 계산

$$Z = \frac{122 - 120}{\sqrt{\frac{16}{25}}} = \frac{2}{0.8} = 2.5$$

4단계 : 임계값 혹은 p 값 계산
가설의 형태가 양측검정이므로 임계값은 $Z_C = \pm z_{\frac{\alpha}{2}} = \pm 1.96$ 이고,

p 값은 $P(Z > 2.5) = 1 - P(Z \le 2.5) = 1 - 0.9938 = 0.0062$ 이다.

5단계 : 가설 판정
양측검정의 경우, 기각역은 $|Z| \ge \left| z_{\frac{\alpha}{2}} \right|$ 이다. 따라서, $2.5 \ge 1.96$ 이므로, 귀무가설을 기각한다.
p 값을 이용하여 가설을 판정할 때는 항상 $p\ value < \alpha$ 이면 귀무가설을 기각한다. 따라서 $0.0062 < 0.025$ 이므로 귀무가설은 기각한다.
즉, 용기의 무게가 120g이 아니라는 주장이 타당하다고 판단할 수 있다.

신뢰구간 설정과 가설검정은 다른 목적에 이용되지만, 밀접한 관계가 있다. $H_0 : \mu = \mu_0$, $H_1 : \mu \ne \mu_0$ 를 유의수준 α로 검정할 때 모평균 μ에 대한 $100(1-\alpha)\%$ 신뢰구간 속에 특정한 값 μ_0가 포함되면 귀무가설 H_0는 기각할 수 없고, 신뢰구간을 벗어나면 귀무가설을 기각하는 검정 결과를 얻게 된다.

이와 같이 신뢰구간 설정과 가설검정의 결과는 언제나 동일하다. 동일한 표본을 사용하여 같은 모수에 대하여 구간추정과 가설검정을 할 때 하나의 절차를 사용하더라도 같은 추론의 결과를 얻을 수 있다.

예제 9-4

[예제 9-3]의 용기 무게에 대한 모평균 μ에 대한 95% 신뢰구간을 구하시오.

모평균 μ에 대한 신뢰구간은 $[\overline{X} - z_{\frac{\alpha}{2}} \frac{\sigma}{\sqrt{n}}, \overline{X} + z_{\frac{\alpha}{2}} \frac{\sigma}{\sqrt{n}}]$ 이다. 따라서, 용기 무게에 대한 모평균 μ에 대한 95% 신뢰구간은

$[122 - 1.96 \times \frac{4}{\sqrt{25}},\ 122 + 1.96 \times \frac{4}{\sqrt{25}}] = [120.43,\ 123.57]$ 이다.

신뢰구간에 검정하고자했던 120이 포함되지 않고, 이는 [예제 9-3]에서와 같이 유의수준 $\alpha = 0.05$ 에서 귀무가설이 기각됨을 의미한다는 것과 같다.

9.2.2 모분산이 알려져 있지 않은 정규모집단

모분산이 알려져 있는 정규 모집단의 경우에는 정규검정법을 이용하였다. 그러나 실제 문제에서 모분산을 알고 있는 경우는 많지 않다. 모분산이 알려져 있지 않다 하더라도 표본의 크기가 충분히 크다면 중심극한정리에 의해, 동일하게 정규검정법을 이용하면 되지만, 표본의 크기가 작은 경우에는 정규검정법의 검정통계량에서 σ대신 S를 사용한 통계량인 $T=\dfrac{\overline{X}-\mu}{\dfrac{S}{\sqrt{n}}}$이 자유도가 $n-1$인 t 분포를 따른다는 것을 배웠다. 따라서 모분산이 알려져 있지 않은 정규모집단의 표본의 크기가 크지 않은 경우의 모평균 μ에 대한 가설검정은 통계량 T를 검정통계량으로 사용하고, 이 검정법을 t 검정법(t-test)이라 한다. t 검정법의 가설검정의 형태 및 가설 판정 규칙은 [그림 9-3]과 같다.

그림 9-3 모평균의 가설검정 : 모분산을 아는 정규모집단의 경우

검정통계량 $T=\dfrac{\overline{X}-\mu_0}{\dfrac{S}{\sqrt{n}}}$

좌측검정	양측검정	우측검정
$H_0: \mu \geq \mu_0$	$H_0: \mu = \mu_0$	$H_0: \mu \leq \mu_0$
$H_1: \mu < \mu_0$	$H_1: \mu \neq \mu_0$	$H_1: \mu > \mu_0$
기각역 : $T \leq -t_{n-1,\alpha}$ p값 $< \alpha$	기각역 : $\lvert T\rvert \geq \left[t_{n-1,\frac{\alpha}{2}}\right]$ p값 $< \alpha$	기각역 : $T \geq t_{n-1,\alpha}$ p값 $< \alpha$

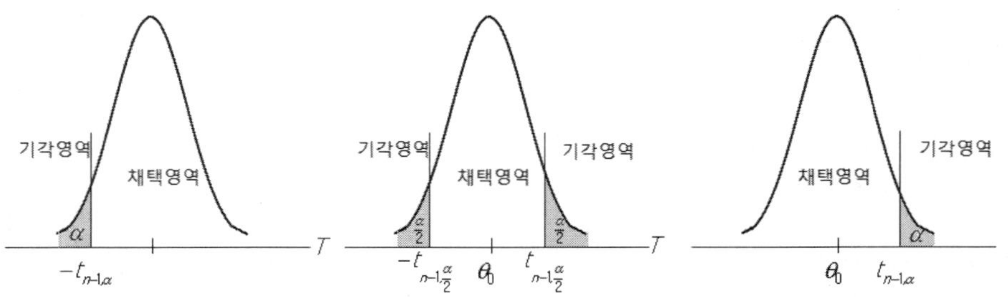

| 예제 9-5 |

A 교수는 학생들에게 새로운 교수법으로 통계학 강의를 실시하였다. 새로운 교수법에 의한 통계학 성적이 기존 교수법에 의한 통계학 성적보다 성적이 좋아졌다고 할 수 있는가를 알아보기 위해 수강대상 중 15명을 임의 추출하여 조사한 결과 $\overline{X}=79, S=8$이었다. 학생들의 기존 교수법에 의한 통계학 기말고사 평균점수가 75점 이었으며 성적은 정규분포를 따른다고 한다. 유의수준 5%하에서 가설 검정을 하여라.

$n=15$는 소표본이고 모분산에 대한 언급이 없고 정규모집단이라고 하였으므로, t 검정법을 사용한다.

1) $H_0 : \mu=75$, $H_1 : \mu>75$
2) 유의수준 $\alpha=0.05$
3) 검정통계량 $T=\dfrac{79-75}{\frac{8}{\sqrt{15}}}=1.936$
4) 임계값 $T_C=t_{15-1,\,0.05}=1.761$
   p 값은 $P(T>1.936)=1-P(T\le 1.936)=0.0367$
   (이 값은 엑셀 함수 T.DIST()함수를 이용하여 계산하였다.)
5) 가설의 형태는 우측검정이다.
   임계치를 이용하여 판정하면, $T\ge t_{n-1,\alpha}$ 일 때 귀무가설을 기각,
   따라서, $1.936\ge 1.761$ 이므로 귀무가설을 기각한다.

   p 값을 이용하여 가설을 판정할 때는 $p\ value<\alpha$ 이면 귀무가설 기각,
   따라서 $0.0367<0.05$ 이므로 귀무가설을 기각한다.
   즉, 새로운 교수법이 성적 향상에 기여했다고 판단할 수 있다.

9.2.3 모분산이 알려져 있는 비정규모집단

모분산 σ^2이 알려져 있는 비정규모집단에서의 가설검정은 표본크기 n에 따라 달라진다. n이 작으면 검정통계량 Z는 표준정규분포를 따르지 않기 때문에 모평균 μ에 대한 검정은 용이하지 않다. 그러나 n이 충분히 크다면, 중심극한정리에 의해 Z가 근사적으로 표준정규분포를 따르므로, 정규검정법을 그대로 적용하면 된다.

| 예제 9-6 |

전매청에서 새로 개발한 담배의 한 개비당 니코틴 함유량이 평균은 0.6㎎미만, 표준편차는 0.1㎎이라 주장한다. 소비자 보호단체는 이를 확인하기 위해 100개비를 표본 추출하여 조사한 결과 니토틴 함유량이 평균 0.59㎎ 이었다. 전매청의 주장이 맞는지를 유의수준 5%하에서 검정하여라.

모집단에 대해 정규분포라는 정보는 없지만 $n=100$ 으로 대표본이므로 중심극한정리에 의해, Z 검정법을 사용한다.

1) $H_0 : \mu = 0.6$, $H_1 : \mu < 0.6$
2) 유의수준 $\alpha = 0.05$
3) 검정통계량 $Z = \dfrac{0.59 - 0.6}{\dfrac{0.1}{\sqrt{100}}} = -1$
4) 임계값 $Z_C = -Z_{0.05} = -1.645$
   p 값은 $P(Z < -1) = 0.1587$
5) 가설의 형태는 좌측검정이다.
   임계치를 이용하여 판정하면, $Z \le Z_c$ 일 때 귀무가설을 기각,
   그러나, $-1 > -1.645$ 이므로 귀무가설을 기각할 수 없다.
   p 값을 이용하여 가설을 판정할 때는 $p\ value < \alpha$ 이면 귀무가설 기각,
   따라서 $0.1587 > 0.05$ 이므로 귀무가설을 기각할 수 없다.
   즉, 한 개비당 니코틴 함량이 0.6㎎미만이라는 전매청의 주장이 맞다고 할 수 없다.

9.2.4 모분산이 알려져 있지 않은 비정규모집단

모분산 σ^2이 알려져 있지 않는 비정규모집단인 경우에 표본의 크기 n이 충분히 크면 검정통계량 T는 근사적으로 t 분포가 아닌 표준정규분포를 따른다고 배웠다. 따라서 $Z = \dfrac{\overline{X} - \mu_0}{\dfrac{S}{\sqrt{n}}}$ 를 검정통계량으로 사용하여 정규검정법을 적용하여 가설검정을 한다.

9.3 모비율의 가설검정

모비율 p인 베르누이분포를 따르는 모집단으로부터 크기가 n인 표본을 추출할 때, 표본비율 $\hat{p}$은 n이 충분히 큰 경우, 중심극한정리에 의해 근사적으로 $N(p, \dfrac{p(1-p)}{n})$를

따른다고 배웠다. 따라서 모비율 p에 대한 검정은 통계량 $Z=\dfrac{\hat{p}-p}{\sqrt{\dfrac{p(1-p)}{n}}}$ 를 검정통계량으로 사용하여 정규검정법을 사용한다.

| 예제 9-7 |

어느 제약회사는 신약의 치료효과를 76%라고 한다. 이를 확인하기 위해 100명을 대상으로 치료효과를 조사하였더니 70명이 효과를 보았다고 한다. 제약회사의 주장이 맞는지를 유의수준 10%하에서 검정하여라.

1) $H_0:\ p=0.76,\quad H_1: p\neq 0.76$
2) 유의수준 $\alpha=0.05$
3) 검정통계량 $Z=\dfrac{0.70-0.76}{\dfrac{\sqrt{0.76\times 0.24}}{\sqrt{100}}}=-1.405$
4) 가설의 형태는 양측검정이므로, 임계값 $|Z_C|=Z_{\frac{0.1}{2}}=Z_{0.05}=1.645$

   p 값은 $P(Z<-1.405)=0.0735$
5) 가설의 형태는 양측검정이다.
   임계치를 이용하여 판정하면, 기각역은 $|Z|\geq\left|z_{\frac{\alpha}{2}}\right|$
   그러나, $|-1.405|<1.645$ 이므로 귀무가설을 기각할 수 없다.
   p 값을 이용하여 가설을 판정할 때는 $p\ value<\alpha$ 이면 귀무가설 기각,
   $0.0753>0.05$ 이므로 귀무가설을 기각할 수 없다.
   즉, 신약 치료효과가 76%라는 제약회사의 주장은 타당하다.

9.4 모분산의 가설검정

평균이 μ, 분산이 σ^2인 정규분포를 따르는 모집단으로부터 크기 n인 표본을 임의로 추출하였을 때, 통계량 $\dfrac{(n-1)S^2}{\sigma^2}$은 자유도가 $n-1$인 χ^2 분포를 따른다고 배웠다. 이러한 사실을 이용하여 모분산 σ^2에 대한 가설검정은 통계량 V를 사용하여 카이제곱검정법 (χ^2-test)를 사용한다. χ^2 검정법의 가설검정 형태 및 가설 판정 규칙은 [그림 9-4]와 같다.

그림 9-4 모분산의 가설검정

검정통계량 $V = \dfrac{(n-1)S^2}{\sigma^2}$

좌측검정

$H_0: \sigma^2 \geq \sigma^{2_0}$

$H_1: \sigma^2 < \sigma_0^2$

기각역: $V \leq -\chi^2_{n-1,1-\alpha}$

p값 $< \alpha$

양측검정

$H_0: \sigma^2 = \sigma_0^2$

$H_1: \sigma^2 \neq \sigma_0^2$

기각역: $V \geq \chi^2_{n-1,\frac{\alpha}{2}}$

또는 $V \leq \chi^2_{n-1,1-\frac{\alpha}{2}}$

p값 $< \alpha$

우측검정

$H_0: \sigma^2 \leq \sigma_0^2$

$H_1: \sigma^2 > \sigma_0^2$

기각역: $V \geq \chi^2_{n-1,\alpha}$

p값 $< \alpha$

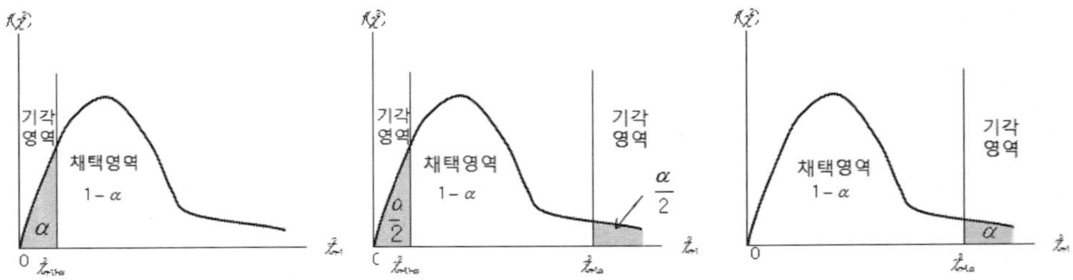

예제 9-3

어느 제조회사에서 재료를 납품받기 위해서는 장력의 분산이 5 이내이어야 한다. 이번에 납품받은 재료 중에 25개를 추출하여 측정한 결과 표본분산은 7이었다. 재료의 장력이 정규분포를 따른다고 가정하고, 납품받은 재료가 이상이 있는 지를 유의수준 5%로 검정하여라.

1) $H_0: \sigma^2 = 5$, $H_1: \sigma^2 > 5$
2) 유의수준 $\alpha = 0.05$
3) 검정통계량 $V = \dfrac{(25-1) \times 7}{5} = 33.6$
4) 가설의 형태는 우측검정이므로, 임계값 $\chi^2_{24,0.05} = 36.42$,p 값은 $P(\chi^2 > 36.42) = 0.0920$
   (이 값은 엑셀 함수 CHISQ.DIST.RT()함수를 이용하여 계산하였다.)
5) 가설의 형태는 우측검정이다.
   임계치를 이용하여 판정하면, 기각역은 $V \geq \chi^2_{n-1,\alpha}$
   그러나, $33.6 < 36.42$ 이므로 귀무가설을 기각할 수 없다.
   p 값을 이용하여 가설을 판정할 때는 $p\ value < \alpha$이면 귀무가설 기각,
   $0.0920 > 0.05$이므로 귀무가설을 기각할 수 없다.
   즉, 재료 장력의 분산이 5이내라고 할 수 있다.

9.5 엑셀 활용

9.5.1 엑셀 함수

이 장에서 사용할 엑셀 함수는 [표 9-3]과 같다.

표 9-3 9장에서 사용할 새로운 엑셀 함수

함수 구문	기능
Z.TEST($sample, \mu_0, \sigma$)	모표준편차가 σ인 정규모집단의 모평균의 값이 μ_0인지에 대해 유의수준 α 수준의 정규검정법을 이용한 가설검정 결과를 반환

9.5.2 모평균의 가설검정

모분산이 알려져 있는 정규모집단의 경우

모분산이 알려져 있는 정규모집단의 경우 모평균 μ에 대한 가설검정은 이론에서 학습한 내용을 수식을 적용해서 시행하거나, 간편하게 Z.TEST라는 엑셀 함수를 이용하여 구할 수 있다.

① [예제 9-3]을 수식을 이용하여 실습하기 위해 다음과 같이 입력한다.

	A	B	C
1	모평균검정(정규검정법)-1		
2			
3	표본크기	25	
4	표본평균	122	
5	모분산	16	
6			
7	귀무가설에서의 모평균	120	
8	유의수준	0.05	
9	Z 통계량		
10			
11	p값		
12	가설검정 1 : 좌측검정		
13	가설검정 2 : 우측검정		
14	가설검정 3 : 양측검정		
15			

② 다음과 같이 수식을 입력하면 결과를 확인할 수 있다.

	A	B	C
1	모평균검정(정규검정법)-1		
2			
3	표본크기	25	
4	표본평균	122	
5	모분산	16	
6			
7	귀무가설에서의 모평균	120	
8	유의수준	0.05	
9	Z 통계량	=(B4-B7)/SQRT(B5/B3)	
10			
11	p값	=1-NORM.S.DIST(B9,TRUE)	
12	가설검정 1 : 좌측검정	=NORM.S.INV(B8)	
13	가설검정 2 : 우측검정	=NORM.S.INV(1-(B8/2))	
14	가설검정 3 : 양측검정	=NORM.S.INV(1-B8)	
15			

	A	B	C	D	E	F	G	H	I	J
1	모평균검정(정규검정법)-1									
2										
3	표본크기	25								
4	표본평균	122								
5	모분산	16								
6										
7	귀무가설에서의 모평균	120								
8	유의수준	0.05								
9	Z 통계량	2.5								
10				가설판정						
11	p값	0.0062097		p값이 유의수준 0.05보다 작으므로 귀무가설을 기각한다.						
12	가설검정 1 : 좌측검정	-1.644854		좌측임계치 값보다 Z 통계량값이 크므로 귀무가설을 채택한다.						
13	가설검정 2 : 우측검정	1.959964		우측임계치 값보다 Z 통계량값이 크므로 귀무가설을 기각한다.						
14	가설검정 3 : 양측검정	1.6448536		좌우측 임계치의 절대값보다 Z 통계량의 값이 크므로 귀무가설을 기각한다.						

③ Z.TEST 함수를 이용한 정규검정법을 위하여 다음과 같이 입력한다.

	A	B	C	D	E	F	G	H	I	J	K	L
1	모평균검정(정규검정법)-2											
2												
3	표본자료											
4	56	74	23	16	80	64	53	40	10	27	53	20
5	17	53	29	19	60	48	36	35	28	59	81	94
6	75	61	82	64	73	50	43	61	20	16	35	79
7												

④ 위의 자료는 정규분포를 하는 모집단에서 추출된 표본이고, 모집단의 평균은 54라고 알려져 있고 표준편차는 20이다. 이때, 유의수준 10% 수준으로 모평균에 대한 가설을 검정하고자 한다. 다음과 같이 수식을 입력하면 결과를 확인할 수 있다. 확인결과 p값 0.96을 반환해준다. 이는 유의수준 0.1보다 크므로 귀무가설을 기각하지 않는다.

	A	B	C	D	E	F	G	H	I	J	K	L
1	모평균검정(정규검정법)-2											
2												
3	표본자료											
4	56	74	23	16	80	64	53	40	10	27	53	20
5	17	53	29	19	60	48	36	35	28	59	81	94
6	75	61	82	64	73	50	43	61	20	16	35	79
7												
8	Z.TEST 함수 이용											
9	=Z.TEST(A4:L6,54,20)											
10												

	A	B	C	D	E	F	G	H	I	J	K	L
1	모평균검정(정규검정법)-2											
2												
3	표본자료											
4	56	74	23	16	80	64	53	40	10	27	53	20
5	17	53	29	19	60	48	36	35	28	59	81	94
6	75	61	82	64	73	50	43	61	20	16	35	79
7												
8	Z.TEST 함수 이용											
9	0.96											

모분산이 알려져 있지 않은 정규모집단의 경우

① [예제 9-5]를 수식을 이용하여 실습하기 위해 다음과 같이 입력한다.

	A	B	C
1	모평균검정(t검정법)		
2			
3	표본크기	15	
4	표본평균	79	
5	표본표준편차	8	
6			
7	귀무가설에서의 모평균	75	
8	유의수준	0.05	
9	T 통계량		
10	자유도		
11			
12	p값		
13	가설검정 1 : 좌측검정		
14	가설검정 2 : 우측검정		
15	가설검정 3 : 양측검정		
16			

② 다음과 같이 수식을 입력하면 결과를 확인할 수 있다.

	A	B	C
1		모평균검정(t검정법)	
2			
3	표본크기	15	
4	표본평균	79	
5	표본표준편차	8	
6			
7	귀무가설에서의 모평균	75	
8	유의수준	0.05	
9	T 통계량	=(B4-B7)/(B5/SQRT(B3))	
10	자유도	=B3-1	
11			
12	p값	=T.DIST.RT(B9,B10)	
13	가설검정 1 : 좌측검정	=T.INV(B8,B10)	
14	가설검정 2 : 우측검정	=T.INV(1-B8,B10)	
15	가설검정 3 : 양측검정	=T.INV.2T(B8,B10)	
16			

	A	B	C	D	E	F	G	H	I	J
1	모평균검정(t검정법)									
2										
3	표본크기	15								
4	표본평균	79								
5	표본표준편차	8								
6										
7	귀무가설에서의 모평균	75								
8	유의수준	0.05								
9	T 통계량	1.936491673								
10	자유도	14								
11				가설판정						
12	p값	0.0366		p값이 유의수준 0.05보다 작으므로 귀무가설을 기각한다.						
13	가설검정 1 : 좌측검정	-1.7613		좌측임계치 값보다 t 통계량값이 크므로 귀무가설을 채택한다.						
14	가설검정 2 : 우측검정	1.7613		우측임계치 값보다 t 통계량값이 크므로 귀무가설을 기각한다.						
15	가설검정 3 : 양측검정	2.1448		좌우측 임계치의 절대값보다 t 통계량의 값이 작으므로 귀무가설을 채택한다.						
16										

9.5.3 모비율의 가설검정

① [예제 9-7]을 실습하기 위해 다음과 같이 입력한다.

	A	B	C
1	모비율검정		
2			
3	표본의 크기	100	
4	표본비율	0.7	
5			
6	귀무가설에서의 모비율	0.76	
7	유의수준	0.05	
8	Z 통계량		
9			
10	p값		
11	가설검정 1 : 좌측검정		
12	가설검정 2 : 우측검정		
13	가설검정 3 : 양측검정		
14			

② 다음과 같이 수식을 입력하면 결과를 확인할 수 있다.

	A	B	C
1	모비율검정		
2			
3	표본의 크기	100	
4	표본비율	0.7	
5			
6	귀무가설에서의 모비율	0.76	
7	유의수준	0.05	
8	Z 통계량	=(B4-B6)/SQRT(B6*(1-B6)/100)	
9			
10	p값	=NORM.S.DIST(B8,TRUE)	
11	가설검정 1 : 좌측검정	=NORM.S.INV(B7)	
12	가설검정 2 : 우측검정	=NORM.S.INV(1-(B7/2))	
13	가설검정 3 : 양측검정	=NORM.S.INV(1-B7)	
14			

	A	B	C	D	E	F	G	H	I
1	모비율검정								
2									
3	표본의 크기	100							
4	표본비율	0.7							
5									
6	귀무가설에서의 모비율	0.76							
7	유의수준	0.05							
8	Z 통계량	-1.40488							
9				가설판정					
10	p값	0.080029		p값이 유의수준 0.05보다 크므로 귀무가설을 기각할 수 없다.					
11	가설검정 1 : 좌측검정	-1.64485		좌측임계치 값보다 Z 통계량값이 크므로 귀무가설을 채택한다.					
12	가설검정 2 : 우측검정	1.959964		우측임계치 값보다 Z 통계량값이 작으므로 귀무가설을 기각한다.					
13	가설검정 3 : 양측검정	1.644854		좌우측 임계치의 절대값보다 Z 통계량의 절대값이 작으므로					
14				귀무가설을 채택한다.					

연/습/문/제

1. 서울의 황금당에서는 1캐럿의 다이아몬드를 4,000만원에 판매한다. 동일한 다이아몬드의 평균 가격이 4,000만원 인지를 밝히기 위하여 서울 시내에 있는 14곳으로부터 비용자료를 입수하였다.

1) 가설을 설정하라.
2) α=0.05일 때 검정을 위한 임계치는 얼마인가?
   H0의 기각역은 무엇인가?
3) 표본평균 4,120만원, 표본표준편차 275만원이라고 할 때 검정통계량의 값을 구하라.
4) 가설검정의 결과는 무엇인가?
5) 다이아몬드 모평균가격의 95% 신뢰구간을 구하여라.

2. 다음과 같은 가설검정을 위하여 사용되는 p값을 구하라.

$\overline{X}=52$,　$\sigma=5$,　$\alpha=0.05$,　$n=9$

1) $H0 : \mu=50$,　$H1 : \mu>50$
2) $H0 : \mu=50$,　$H1 : \mu\neq 50$

3. 70%의 적중률을 가진 것으로 알려진 신무기의 정확도를 검증하기 위해 50발을 시험 발사한 결과 이 중에서 30발이 목표물에 명중하였다. 이 무기가 70%의 적중률을 가지고 있다고 할 수 있는 지를 유의수준 α=0.05로 검정하여라.

4. 어느 제과 회사 과자의 평균 중량이 100g이라고 한다. 소비자들은 제과 회사의 주장보다 과자의 중량이 적을 거라고 생각한다. 제과 회사의 과자 중 36개를 임의 추출하여 중량을 재어보니 평균 $\overline{X}=99$ g, 표준편차 $S=2.8$ g이었다. 유의수준 5%에서 검정하여라.

5. 어느 회사에서 생산하는 통조림의 용량이 550g으로 표기되어 있다. 이를 검사하기 위해 시중에서 10개의 제품을 수거하여 조사한 결과이다. 통조림의 용량이 바르게 표기되어 있다고 할 수 있는지를 유의수준 5%에서 검정하여라.

552	550	542	530	550	551	548	536	530	547

6. 귀무가설이 사실일 때 이것을 기각하는 제 1종 오류를 범할 확률의 최대 허용치는?

7. 만일 자료에서 모평균 μ에 대한 95% 신뢰구간이 [-0.0142, 0.522]로 나왔다면, 이 유의수준 0.05에서 귀무가설 $H_0 : \mu = 0$, 대립가설 $H_1 : \mu \neq 0$의 검증결과는 어떻게 해석할 수 있는가?

   ① 신뢰구간과 가설검정은 무관하기 때문에 신뢰구간을 기초로 검증에 대한 어떠한 결론도 내릴 수 없다.
   ② 신뢰구간이 0을 포함하기 때문에 귀무가설을 기각할 수 없다.
   ③ 신뢰구간의 상한이 0.522로 0보다 상당히 크기 때문에 귀무가설을 기각해야 한다.
   ④ 신뢰구간을 계산할 때 표준정규분포의 임계값을 사용했는지, 또는 t 분포의 임계값을 사용했는지에 따라 해석이 다르다.

8. 어떤 실험실에서 실험용 쥐를 사유한 결과 100마리 중에 수놈이 45, 암놈이 55마리였다. 암놈과 수놈의 비를 1:1이라고 할 수 있는지를 유의수준 0.1로 검정하여라.

9. 70%의 적중률을 가진 것으로 알려진 신무기의 정확도를 검증하기 위해 50발을 시험 발사한 결과 이 중에서 30발이 목표물에 명중하였다. 이 무기가 70%의 적중률을 가진다고 할 수 있는 지를 유의수준 5%에서 검정하여라.

10. 자동차 배터리의 제조업자가 자신의 배터리 수명은 0.9년의 표준편차를 갖는다고 주장한다. 이 배터리를 10개를 표본으로 추출하여 조사하였더니 표준편차가 1.2년이라고 $\sigma > 0.9$년 이라고 생각할 수 있는지를 유의수준 5%로 검정하여라.

두 모집단에 대한 추론 10

학습목표

지금까지는 하나의 모집단에 대한 모수에 대한 통계적 추론을 다루었다. 이번 장에서는 추정과 검정 이론을 바탕으로 두 모집단으로 확대 적용하는 방법에 대해 다룬다. 실제적으로 두 모집단 사이의 평균, 비율, 분산의 차이에 대해 관심을 갖는 경우가 많기 때문에 중요한 내용이다.

두 모집단을 비교 연구하기 위한 목적은 두 모집단간의 유사성을 찾아내거나 차이를 측정하기 위함이다. 이 때에 표본을 독립적으로 추출할 것인가 아니면 짝을 지어 추출할 것인가를 결정하여야 한다. 두 방법 중에서 표본의 오류가 적은 방법을 선택해야 한다. 독립표본은 예로서, 남자와 여자의 평균키를 비교하고자 할 때, 남자와 여자를 각 모집단에서 독립적으로 추출하기 때문에 특정 남자와 특정 여자를 대응시킬 이유가 없다. 이에 반해, 종속표본의 경우는 부부간의 몸무게를 비교한다고 할 때 한 모집단으로부터 부부를 선택하여 남편과 아내의 몸무게를 직접 대응시킬 필요가 있는 표본추출을 의미한다. 다른 말로는 대응표본이라고도 한다.

10.1 모평균의 비교

두 모집단의 평균의 차에 대한 가설을 검정하는 경우, 두 모집단의 분산 σ_1^2, σ_2^2이 알려져 있는지 여부와 표본의 크기에 따라 검정하는 방법이 다르다.

10.1.1 독립표본인 경우

(1) 모분산을 아는 경우

두 모집단이 각각 정규분포 $N(\mu_1, \sigma_1^2)$, $N(\mu_2, \sigma_2^2)$를 따르고, 각 모집단으로부터 임의 추출한 표본의 크기가 n_1, n_2인 표본의 표본평균이 $\overline{X_1}$, $\overline{X_2}$라 할 때, 두 표본평균의

차이 $(\overline{X_1}-\overline{X_2})$의 표본분포는 평균 (μ_1, μ_2), 분산 $(\frac{\sigma_1^2}{n_1}+\frac{\sigma_2^2}{n_2})$인 정규분포를 따른다. 이때 두 표본평균 차이 $(\overline{X_1}-\overline{X_2})$의 표본분포는 (식 10-1)과 (식 10-2)와 같은 평균과 표준오차를 갖는다.

$$E(\overline{X_1}-\overline{X_2}) = \mu_d = \mu_1 - \mu_2 \qquad \text{(식 10-1)}$$

$$\sigma_d = \sigma_{\overline{X_1}-\overline{X_2}} = \sqrt{\frac{\sigma_1^2}{n_1}+\frac{\sigma_2^2}{n_2}} \qquad \text{(식 10-2)}$$

따라서, 정규분포를 표준화한 표준정규확률변수 $Z = \dfrac{(\overline{X_1}-\overline{X_2})-(\mu_1-\mu_2)}{\sqrt{\dfrac{\sigma_1^2}{n_1}+\dfrac{\sigma_2^2}{n_2}}}$ 는 표준정규분포 $N(0,1)$을 따른다. 두 모평균의 차이 $(\mu_1-\mu_2)$의 $100(1-\alpha)\%$ 신뢰구간은 (식 10-3)을 이용하여 구할 수 있다.

$$P[(\overline{X_1}-\overline{X_2}) - Z_{\frac{\alpha}{2}}\sqrt{\frac{\sigma_1^2}{n_1}+\frac{\sigma_2^2}{n_2}} \le \mu_1-\mu_2 \le (\overline{X_1}-\overline{X_2}) + Z_{\frac{\alpha}{2}}\sqrt{\frac{\sigma_1^2}{n_1}+\frac{\sigma_2^2}{n_2}}] = 1-\alpha$$
(식 10-3)

한편, 모평균의 차이 $(\mu_1-\mu_2)$에 대한 가설검정도 위의 Z 통계량을 이용한 정규검정법을 사용하면 된다.

| 예제 10-1 |

약국에서 판매되고 있는 두 종류의 효과를 비교하기 위해 실험용 쥐에게 투여하여 완전히 지혈될 때까지의 시간(단위 : 분)을 측정한 결과 다음과 같은 자료를 얻었다. 지혈제 X_1의 지혈시간은 $N(\mu_1, 0.58)$, 지혈제 X_2의 지혈시간은 $N(\mu_2, 0.81)$ 을 따른다고 가정한다.

지혈제 X_1	8.8	8.4	7.9	8.7	9.1	9.6	
지혈제 X_2	9.9	9.0	11.1	9.6	8.7	10.4	9.5

1) 두 평균 지혈시간의 차이에 대한 95% 신뢰구간을 구하여라.
2) 두 평균 지혈시간이 차이가 있는지를 유의수준 $\alpha = 0.05$ 로 검정하여라.

1) 두 평균 지혈시간의 차이에 대한 95% 신뢰구간 :

$$(\overline{X_1}-\overline{X_2}) \pm Z_{\frac{\alpha}{2}}\sqrt{\frac{\sigma_1^2}{n_1}+\frac{\sigma_2^2}{n_2}} = (8.75-9.74) \pm 1.96\sqrt{\frac{0.58}{6}+\frac{0.81}{7}}$$
$$= [-1.892, -0.088]$$

2) 두 평균 지혈시간의 차이에 대한 검정 :

1단계 : $H_0: \mu_1 - \mu_2 = 0, \quad H_1: \mu_1 - \mu_2 \neq 0$

2단계 : 유의수준 $\alpha = 0.05$

3단계 : 검정통계량 계산 $|Z| = \dfrac{(\overline{X_1} - \overline{X_2}) - \mu_0}{\sqrt{\dfrac{\sigma_1^2}{n_1} + \dfrac{\sigma_2^2}{n_2}}} = \dfrac{(8.75 - 9.74) - 0}{\sqrt{\dfrac{0.58}{6} + \dfrac{0.81}{7}}} = 2.15$

4단계 : 임계값 혹은 p 값 계산

가설의 형태가 양측검정이므로 임계값은 $Z_C = \pm z_{\frac{\alpha}{2}} = \pm 1.96$

5단계 : 가설 판정

양측검정의 경우, 기각역은 $|Z| \geq \left| z_{\frac{\alpha}{2}} \right|$ 이다. 따라서, $2.15 > 1.96$ 이므로, 귀무가설을 기각한다.

즉, 두 종류의 지혈제의 평균지혈시간은 차이가 있다.

그림 10-1 모평균 차이에 대한 가설검정 : 모분산을 아는 정규모집단의 경우

검정통계량 $Z = \dfrac{(\overline{X_1} - \overline{X_2}) - \mu_0}{\sqrt{\dfrac{\sigma_1^2}{n_1} + \dfrac{\sigma_2^2}{n_2}}}$

좌측검정	양측검정	우측검정
$H_0: \mu_1 - \mu_2 \geq \mu_0$	$H_0: \mu_1 - \mu_2 = \mu_0$	$H_0: \mu_1 - \mu_2 \leq \mu_0$
$H_1: \mu_1 - \mu_2 < \mu_0$	$H_1: \mu_1 - \mu_2 \neq \mu_0$	$H_1: \mu_1 - \mu_2 > \mu_0$
기각역 : $Z \leq -z_\alpha$	기각역 : $|Z| \geq \left[z_{\frac{\alpha}{2}} \right]$	기각역 : $Z \geq z_\alpha$
p값 $< \alpha$	p값 $< \alpha$	p값 $< \alpha$

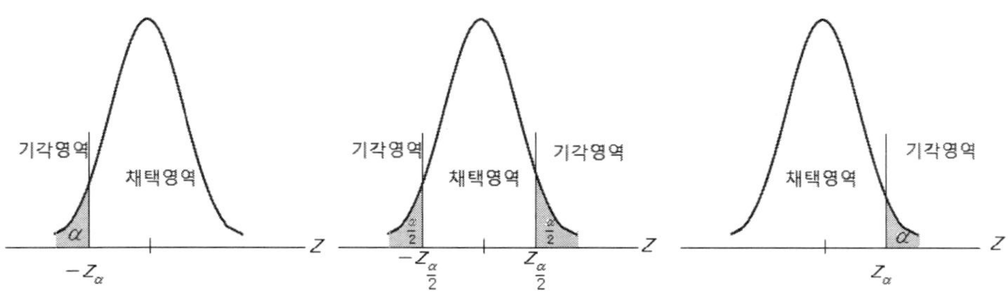

(2) 대표본인 경우

모집단이 정규분포가 아니더라도, $n_1 \geq 30$, $n_2 \geq 30$ 이면 중심극한정리에 의하여 $(\overline{X_1} - \overline{X_2})$의 표본분포는 정규분포를 따른다. 따라서, 신뢰구간 추정에는 Z 통계량을

이용하고 가설검정에서는 Z 검정법을 사용한다. 단, 모분산의 인지 여부에 따라 모분산을 아는 경우는 (식 10-3)을 이용하여 추정을 하고, 모분산을 모르는 경우에는 σ^2 대신 표본분산 S^2을 사용한 (식 10-4)를 이용한다.

$$P[(\overline{X_1}-\overline{X_2})-Z_{\frac{\alpha}{2}}\sqrt{\frac{S_1^2}{n_1}+\frac{S_2^2}{n_2}}\le \mu_1-\mu_2 \le (\overline{X_1}-\overline{X_2})+Z_{\frac{\alpha}{2}}\sqrt{\frac{S_1^2}{n_1}+\frac{S_2^2}{n_2}}]=1-\alpha$$

(식 10-4)

| 예제 10-2 |

D 대학의 경영학과와 경영정보학과의 신입생 전체를 대상으로 감성지수를 측정한 결과가 다음과 같다. 이 감성지수의 표준편차는 두 학과가 모두 $\sigma=5$로 알려져 있다. 두 학과 학생들의 감성치수가 차이가 있는지를 유의수준 5%의 수준에서 검정하여라.

경영학과 : $n_1=50, \overline{X_1}=85$

경영정보학과 : $n_2=40, \overline{X_2}=83$

1단계 : $H_0: \mu_1-\mu_2=0 \qquad H_1: \mu_1-\mu_2 \ne 0$

2단계 : 유의수준 $\alpha=0.05$

3단계 : 검정통계량 계산

$$Z=\frac{(\overline{X_1}-\overline{X_2})-\mu_0}{\sqrt{\frac{\sigma_1^2}{n_1}+\frac{\sigma_2^2}{n_2}}}=\frac{(85-83)-0}{\sqrt{\frac{5^2}{50}+\frac{5^2}{40}}}=1.89$$

4단계 : 임계값 혹은 p 값 계산

가설의 형태가 양측검정이므로 임계값은 $Z_C=\pm z_{\frac{\alpha}{2}}=\pm 1.96$ 이고, p 값은

$P(Z>1.89)=1-P(Z\le 1.89)=1-0.9706=0.0294$

5단계 : 가설 판정

양측검정의 경우, 기각역은 $|Z|\ge \left|z_{\frac{\alpha}{2}}\right|$ 이다. 따라서, $1.89<1.96$ 이므로, 귀무가설을 채택한다.

p 값을 이용하여 가설을 판정할 때는 항상 $p\ value<\alpha$ 이면 귀무가설을 기각한다. 따라서 $0.0294>0.025$ 이므로 귀무가설은 기각하지 못한다.

즉, 두 학과 학생들의 감성지수는 차이가 없다고 할 수 있다.

(3) 소표본이고 등분산인 경우

모분산을 모르는 독립인 두 모집단이 정규분포이고 표본크기가 적어도 하나는 $n<30$인 경우라면, 두 모집단의 분산이 동일하다(등분산, $\sigma_1^2=\sigma_2^2$)는 가정 하에 t 분포를 이

용하여 두 모평균 차이에 대한 신뢰구간과 가설검정이 가능하다. 표본크기가 작은 경우는 표본분산 S^2은 모분산 σ^2의 좋은 추정량이 될 수 없다. 따라서, 두 표본의 분산 S_1^2과 S_2^2을 가중평균한 통합분산 S_p를 모분산 σ^2의 추정량으로 사용한다. 통합분산 S_p^2는 (식 10-5)를 이용하여 산출한다.

$$S_p^2 = \frac{(n_1 - 1)S_1^2 + (n_2 - 1)S_2^2}{(n_1 + n_2 - 2)} \qquad \text{(식 10-5)}$$

이러한 경우 두 모집단의 표본평균의 차이 $(\overline{X_1} - \overline{X_2})$의 표본분포는 (식 10-6), (식 10-7)과 같은 평균과 표준오차를 갖는 정규분포를 따른다.

$$E(\overline{X_1} - \overline{X_2}) = \mu_d = \mu_1 - \mu_2 \qquad \text{(식 10-6)}$$

$$S_d = S_p\sqrt{\frac{1}{n_1} + \frac{1}{n_2}} \qquad \text{(식 10-7)}$$

분산을 모르는 두 정규모집단으로부터 소표본을 독립적으로 추출하였을 때, 통계량 $t = \frac{(\overline{X_1} - \overline{X_2}) - (\mu_1 - \mu_2)}{S_d} = \frac{(\overline{X_1} - \overline{X_2}) - (\mu_1 - \mu_2)}{S_p\sqrt{\frac{1}{n_1} + \frac{1}{n2}}}$ 는 자유도 $(n_1 + n_2 - 2)$의 t 분포를 따른다. 따라서, 두 모평균 차이에 대한 신뢰구간은 (식 10-8)을 이용하여 구할 수 있다.

$$\begin{aligned} P[(\overline{X_1} - \overline{X_2}) - t_{n_1 + n_2 - 2, \frac{\alpha}{2}}(S_p)\sqrt{\frac{1}{n_1} + \frac{1}{n2}} \\ \le \mu_1 - \mu_2 \le (\overline{X_1} - \overline{X_2}) + t_{n_1 + n_2 - 2, \frac{\alpha}{2}}(S_p)\sqrt{\frac{1}{n_1} + \frac{1}{n2}}] \\ = 1 - \alpha \end{aligned} \qquad \text{(식 10-8)}$$

또한 유의수준 α으로 두 모평균 차이에 대한 가설검정은 [그림 10-3]과 같은 방법으로 실시한다.

그림 10-2 모평균 차이에 대한 가설검정 : $\sigma_1^2 = \sigma_2^2$ 인 소표본의 정규모집단

검정통계량 $t = \dfrac{(\overline{X_1} - \overline{X_2}) - (\mu_1 - \mu_2)}{S_p \sqrt{\dfrac{1}{n_1} + \dfrac{1}{n2}}}$

좌측검정	양측검정	우측검정
$H_0: \mu_1 - \mu_2 \geq \mu_0$	$H_0: \mu_1 - \mu_2 = \mu_0$	$H_0: \mu_1 - \mu_2 \leq \mu_0$
$H_1: \mu_1 - \mu_2 < \mu_0$	$H_1: \mu_1 - \mu_2 \neq \mu_0$	$H_1: \mu_1 - \mu_2 > \mu_0$
기각역 : $t_C < -t_{n_1+n_2-2,\alpha}$ p값 $< \alpha$	기각역 : $\lvert t_C \rvert \geq \left[t_{n_1+n_2-2,\frac{\alpha}{2}}\right]$ p값 $< \alpha$	기각역 : $t_C > t_{n_1+n_2-2,\alpha}$ p값 $< \alpha$

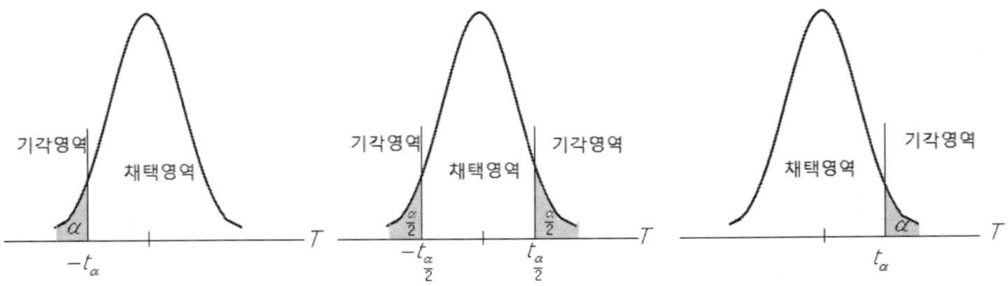

예제 10-3

두 모집단으로부터 다음과 같이 독립적으로 표본을 추출하였을 때, 통합분산을 구하여라.

모집단 1 : 3 7 8
모집단 2 : 2 3 6 9

$\overline{X_1} = (3+7+8)/3 = 6$

$\overline{X_2} = (2+3+6+9)/4 = 5$

$S_1^2 = (3-6)^2 + (7-6)^2 + (8-6)^2/(3-1) = 7$

$S_2^2 = (2-5)^2 + (3-5)^2 + (6-5)^2 + (9-5)^2/(4-1) = 10$

(식 10-5)에 의해 $S_p = \dfrac{(n_1-1)S_1^2 + (n_2-1)S_2^2}{(n_1+n_2-2)}$

$= \dfrac{2 \times 7 + 3 \times 10}{5} = 8.8$

예제 10-4

서울과 지방 학생들을 임의로 8명씩 선발하여 시험을 치른 점수가 다음과 같다. 두 지역 학생들의 성적은 독립이고 분포는 각각 $N(\mu_1, \sigma^2), N(\mu_2, \sigma^2)$ 를 따르는 것으로 알려져 있다. 두 지역 학생들의 성적에 차이가 있는지를 유의수준 $\alpha = 0.05$ 에서 검정하여라.

서울 : 55 52 48 50 58 51 62 50

지방 : 49 50 47 45 55 49 55 51

$n_1 = n_2 = 8, \overline{X_1} = 53.25, \overline{X_2} = 50.125, S_1^2 = 22.5, S_2^2 = 12.41$

(식 10-5)에 의해 $S_p = \dfrac{7 \times 22.5 + 7 \times 12.41}{14} = 4.178$

가설검정 **1단계** : $H_0 : \mu_1 - \mu_2 = 0, \quad H_1 : \mu_1 - \mu_2 \neq 0$

2단계 : 유의수준 $\alpha = 0.05$

3단계 : 검정통계량 계산

$$t = \frac{(\overline{X_1} - \overline{X_2}) - (\mu_1 - \mu_2)}{S_p \sqrt{\dfrac{1}{n_1} + \dfrac{1}{n2}}}$$

$$= \frac{(53.25 - 50.125) - 0}{4.178 \sqrt{\dfrac{1}{8} + \dfrac{1}{8}}} = 1.496$$

4단계 : 기각역 계산

가설의 형태가 양측검정이므로

$|t| \geq t_{n_1 + n_2 - 2, \frac{\alpha}{2}} = t_{14, 0.025} = 2.145$

5단계 : 가설 판정

$t = 1.496 < 2.145$ 이기 때문에 유의수준 5%에서는 귀무가설이 채택된다. 즉, 두 지역 학생들의 성적차이는 없다고 볼 수 있다.

(4) 소표본이고 등분산이 아닌 경우

표본의 크기가 작고 두 모집단의 분산 σ_1^2 과 σ_2^2 이 서로 다른 경우, 모집단이 정규분포를 따른다고 하더라도 통계량 $t = \dfrac{(\overline{X_1} - \overline{X_2}) - (\mu_1 - \mu_2)}{\sqrt{\dfrac{S_1^2}{n_1} + \dfrac{S_2^2}{n2}}}$ 는 t 분포를 따르지 않는다. 이러한 경우에는 Satterthwaite에 의한 근사적인 방법을 사용하는 데, 본 교재에서는 다루지 않는다.

10.1.2 대응표본인 경우

지금까지는 독립표본을 전제로 두 모집단의 평균 비교에 대한 내용을 학습하였다. 그러나 같은 도시, 같은 사람 등과 같이 짝을 이루는 각 쌍의 데이터에 대해 평균에 차이가 있는 지에 관심을 갖는 경우가 있다. 이런 두 모집단으로부터 추출하는 표본은 종속적이다. 대응표본을 추출하여 평균차이에 대한 추정과 검정을 할 경우에는 두 모집단이 정규분포를 따른다는 전제가 가정되어야 한다. 이는 표본의 크기에 상관없이 t 분포를 사용할 수 있기 때문이다.

대응비교를 할 경우에는 대응하는 두 관측값의 차 $D_i = X_{i1} - X_{i2}$에 근거를 두고 추론을 한다. 이때 사용하는 통계량들은 두 관측값의 차에 대한 평균 $\overline{D}= \frac{\sum D_i}{n}$와 분산 $S_D^2 = \frac{\sum (D_i - \overline{D})^2}{n-1}$이다. 따라서, $D_1, D_2, \ldots D_n$을 정규분포를 따르는 모집단으로부터의 크기 n인 확률표본이라 하면, 통계량 $T= \frac{\overline{D}-(\mu_1 - \mu_2)}{\frac{S_D}{\sqrt{n}}}$는 자유도 $n-1$인 t 분포를 따르게 된다. 이러한 사실을 이용하여 두 모평균의 차 $(\mu_1 - \mu_2)$에 관한 신뢰구간과 가설검증을 할 수 있다. 즉 $(\mu_1 - \mu_2)$에 대한 $100(1-\alpha)\%$ 신뢰구간은 (식 10-9)로 주어지고, 검정통계량 $T= \frac{\overline{D}-(\mu_1 - \mu_2)}{\frac{S_D}{\sqrt{n}}}$에 대한 유의수준 α에서의 검정과정은 [그림 10-4]와 같다.

$$P\left(\overline{D}-t_{n-1,\frac{\alpha}{2}}\frac{S_D}{\sqrt{n}} \le \mu_1 - \mu_2 \le \overline{D}+t_{n-1,\frac{\alpha}{2}}\frac{S_D}{\sqrt{n}}\right) = 1-\alpha \quad \text{(식 10-9)}$$

그림 10-3 모평균의 가설검정 : 대응표본인 경우

검정통계량 $T = \dfrac{\overline{D} - \mu_D}{\dfrac{S_D}{\sqrt{n}}}$

좌측검정	양측검정	우측검정
$H_0: \mu_1 - \mu_2 \geq \mu_0$	$H_0: \mu_1 - \mu_2 = \mu_0$	$H_0: \mu_1 - \mu_2 \leq \mu_0$
$H_1: \mu_1 - \mu_2 < \mu_0$	$H_1: \mu_1 - \mu_2 \neq \mu_0$	$H_1: \mu_1 - \mu_2 > \mu_0$
기각역 : $T \leq -t_{n-1,\alpha}$	기각역 : $\lvert T \rvert \geq \left[t_{n-1,\frac{\alpha}{2}}\right]$	기각역 : $T \geq t_{n-1,\alpha}$
p값 $< \alpha$	p값 $< \alpha$	p값 $< \alpha$

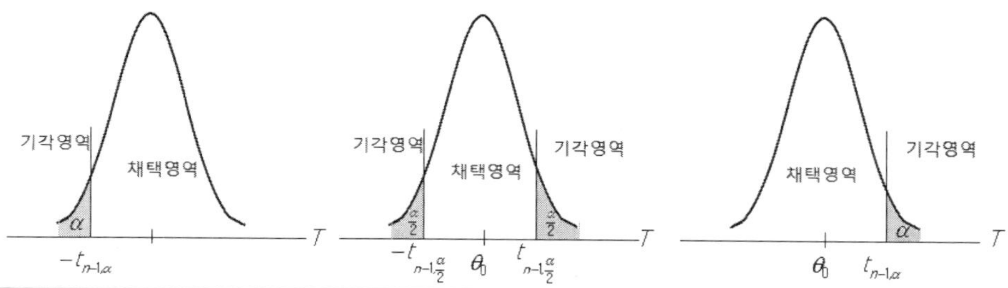

예제 10-5

다음 자료는 9명의 사람이 다이어트 프로그램을 실시하기 전과 후의 몸무게를 측정한 것이다.

다이어트 전	110	88	84	94	108	82	96	97	134
다이어트 후	94	81	82	88	97	85	77	89	110

1) 두 모평균 차이 μ_D에 대한 95% 신뢰구간을 구하여라.
2) 다이어트 프로그램 후 체중이 감소되었다고 결론지을 수 있는 지를 유의수준 $\alpha = 0.05$ 로 검정하여라.

1)

전	후	D_i	$D_i - \overline{D}$	$(D_i - \overline{D})^2$
110	94	16	6	36
88	81	7	-3	9
84	82	2	-8	64
94	88	6	-4	16
108	97	11	1	1
82	85	-3	-13	169
96	77	19	9	81
97	89	8	-2	4
134	110	24	14	196
		90		576

$$S_D = \sqrt{\frac{\sum(D_i - \overline{D})^2}{n-1}} = \sqrt{\frac{576}{8}} = 8.485$$

$$t_{n-1, \frac{\alpha}{2}} = t_{8, 0.025} = 2.306$$

(식 10-9)에 의해 $[\overline{D} - t_{n-1, \frac{\alpha}{2}} \frac{S_D}{\sqrt{n}}, \overline{D} + t_{n-1, \frac{\alpha}{2}} \frac{S_D}{\sqrt{n}}]$

$$[10 - 2.306 \times \frac{8.485}{\sqrt{9}}, 10 + 2.306 \times \frac{8.485}{\sqrt{9}}]$$

$$[3.478, 16.522]$$

다이어트 프로그램 실시 후의 평균 체중이 3.478kg에서 16.522kg이 감량 되었다고 95% 수준으로 신뢰할 수 있다.

2) 체중이 감소에 대한 검정 :

1단계 : $H_0 : \mu_1 \le \mu_2, \quad H_1 : \mu_1 > \mu_2$

2단계 : 유의수준 $\alpha = 0.05$

3단계 : 검정통계량 계산 $T = \dfrac{\overline{D} - \mu_D}{\dfrac{S_D}{\sqrt{n}}} = \dfrac{10}{8.485\sqrt{9}} = 3.536$

4단계 : 기각역 계산
가설의 형태가 우측검정이므로 $T = 3.536 \ge t_{n-1, \alpha} = 1.860$

5단계 : 가설 판정
우측검정의 경우, 기각역은 $T > t_{n-1, \alpha}$ 이다.

따라서, 귀무가설을 기각한다.
즉, 다이어트 프로그램 후 체중이 감소되었다는 주장은 옳다.

10.2 모비율의 비교

두 모비율의 차이 $(p_1 - p_2)$에 관한 추론은 표본비율의 차 $(\widehat{p_1} - \widehat{p_2})$에 근거를 둔다. 성공률 p_1을 갖는 이항분포를 따르는 모집단 1로부터 표본 크기 n_1을 추출하고, 성공률 p_2을 갖는 이항모집단 2로부터 표본 크기 n_2를 독립적으로 추출하고, 각 모집단의 표본비율이 각각 $\widehat{p_1}, \widehat{p_2}$이라고 하면, 두 모비율의 차이 $(p_1 - p_2)$에 대한 불편추정량은 $(\widehat{p_1} - \widehat{p_2})$이다. 두 모비율의 차이 $(p_1 - p_2)$에 대한 추정과 검정을 위해서는 다음과 같은 전제가 필요하다.

- 두 모집단에서 독립적으로 표본을 추출한다.
- 두 표본의 크기는 $n_1 \ge 30, n_2 \ge 30$ 이다.

이 두 가지 조건을 만족할 때 확률변수 $(\hat{p_1}-\hat{p_2})$의 표본분포의 평균과 분산은 각각 (식 10-10)과 (식 10-11)인 정규분포를 따른다.

$$E(\hat{p_1}-\hat{p_2}) = p_1 - p_2 \qquad \text{(식 10-10)}$$

$$\sigma^2_{\hat{p_1}-\hat{p_2}} = \frac{p_1(1-p_1)}{n_1} + \frac{p_2(1-p_2)}{n_2} \qquad \text{(식 10-11)}$$

그러나, 모비율 p_1과 p_2를 알지 못하는 경우가 일반적으로 이들의 불편추정량 $\hat{p_1}$과 $\hat{p_2}$를 이용하여 추정표준오차를 구하여 사용한다. 추정표준오차를 구하는 방법은 (식 10-12)를 사용한다.

$$S_{\hat{p_1}-\hat{p_2}} = \sqrt{\frac{\hat{p_1}(1-\hat{p_1})}{n_1} + \frac{\hat{p_2}(1-\hat{p_2})}{n_2}} \qquad \text{(식 10-12)}$$

두 모집단에서 추출하는 두 표본의 크기가 대표본이기 때문에 두 표본비율의 차이 $(\hat{p_1}-\hat{p_2})$의 표본분포는 정규분포에 근사하고, 확률변수 $Z = \dfrac{(\hat{p_1}-\hat{p_2})-(p_1-p_2)}{\sqrt{\dfrac{\hat{p_1}(1-\hat{p_1})}{n_1} + \dfrac{\hat{p_2}(1-\hat{p_2})}{n_2}}}$ 는 표준정규분포를 따른다.

따라서, 두 모비율의 차이 (p_1-p_2)에 대한 신뢰구간의 추정은 (식 10-13)을 이용하면 된다.

$$P[(\hat{p_1}-\hat{p_2}) - Z_{\frac{\alpha}{2}}\sqrt{\frac{\hat{p_1}(1-\hat{p_1})}{n_1} + \frac{\hat{p_2}(1-\hat{p_2})}{n_2}} \le p_1 - p_2 \le (\hat{p_1}-\hat{p_2}) + Z_{\frac{\alpha}{2}}\sqrt{\frac{\hat{p_1}(1-\hat{p_1})}{n_1} + \frac{\hat{p_2}(1-\hat{p_2})}{n_2}}\,] = 1-\alpha \qquad \text{(식 10-13)}$$

두 모비율의 차이 (p_1-p_2)에 대한 가설검정의 경우는 귀무가설이 두 종류가 있고, 귀무가설의 유형에 따라 검정통계량이 달라진다. 우선 귀무가설 $H_o: p_1-p_2=p_0$ 일 경우는 통계량 $Z = \dfrac{(\hat{p_1}-\hat{p_2})-(p_1-p_2)}{\sqrt{\dfrac{\hat{p_1}(1-\hat{p_1})}{n_1} + \dfrac{\hat{p_2}(1-\hat{p_2})}{n_2}}}$ 를 사용한다. 그러나, $H_o: p_1-p_2=0$ 인 경우는 두 개의 표본비율 $\hat{p_1}$과 $\hat{p_2}$은 똑같은 모비율 p_1과 p_2의 추정값이므로 두 표본비율 차이의 추정표준오차를 p_1과 p_2를 통합한 통합표본비율을 사용해야 한다. 통합

표본비율 $\bar{p}$는 (식 10-14)를 이용하여 계산한다.

$$\bar{p}=\frac{n_1\hat{p_1}+n_2\hat{p_2}}{n_1+n_2} \qquad \text{(식 10-14)}$$

따라서, 귀무가설 $H_o: p_1-p_2=0$ 을 가정하는 특수한 경우에 두 표본비율의 차이 $(\hat{p_1}-\hat{p_2})$은 평균은 (식 10-15), 분산은 (식 10-16)인 정규확률분포를 따른다.

$$E(\hat{p_1}-\hat{p_2})=0 \qquad \text{(식 10-15)}$$

$$\sigma^2_{\hat{p_1}-\hat{p_2}}=\frac{\bar{p}(1-\bar{p})}{n_1}+\frac{\bar{p}(1-\bar{p})}{n_2} \qquad \text{(식 10-16)}$$

이에 따라, 귀무가설 $H_o: p_1-p_2=0$를 검정할 때 사용하는 통계량 $Z=\frac{\hat{p_1}-\hat{p_2}}{\sqrt{\frac{\bar{p}(1-\bar{p})}{n_1}+\frac{\bar{p}(1-\bar{p})}{n_2}}}$ 는 표준정규분포를 따르고, 두 모비율의 차이 (p_1-p_2)에 대한 가설검정은 [그림 10-4]의 방법으로 실시한다.

그림 10-4 모비율의 가설검정 : 대표본, $H_o: p_1-p_2=0$

검정통계량 $Z=\frac{\hat{p_1}-\hat{p_2}}{\sqrt{\frac{\bar{p}(1-\bar{p})}{n_1}+\frac{\bar{p}(1-\bar{p})}{n_2}}}$

좌측검정	양측검정	우측검정
$H_0: p_1-p_2\geq 0$	$H_0: p_1-p_2=0$	$H_0: p_1-p_2\leq 0$
$H_1: p_1-p_2<0$	$H_1: p_1-p_2\neq 0$	$H_1: p_1-p_2>0$
기각역 : $Z\leq -Z_\alpha$ p값 $<\alpha$	기각역 : $\lvert Z\rvert\geq \left[Z_{\frac{\alpha}{2}}\right]$ p값 $<\alpha$	기각역 : $Z\geq Z_\alpha$ p값 $<\alpha$

| 예제 10-6 |

폐렴 치료에 사용되는 항생제가 신장이 정상인 사람과 이상인 사람에게 어떤 영향을 미치는지 알아보기 위해, 두 모집단으로부터 각각 100명씩 표본을 추출하여 항생제를 주사한 결과 정상인 사람 21명, 이상이 있는 사람 38명이 알레르기 반응을 보였다.

1) 두 모비율의 차 $p_1 - p_2$에 대한 95% 신뢰구간을 구하여라.
2) 신장 이상이 있는 사람에게 알레르기 반응이 나타날 비율이 더 높다고 할 수 있는지를 유의수준 $\alpha = 0.05$로 검정하여라.

1) $\hat{p_1} = \frac{21}{100} = 0.21$, $\hat{p_2} = \frac{38}{100} = 0.38$, (식 10-12)에 의해 추정표준오차

$$S_{\hat{p_1} - \hat{p_2}} = \sqrt{\frac{\hat{p_1}(1-\hat{p_1})}{n_1} + \frac{\hat{p_2}(1-\hat{p_2})}{n_2}} = \sqrt{\frac{0.21 \times 0.79}{100} + \frac{0.38 \times 0.62}{100}} = 0.0634 \quad ,$$

두 모비율의 차 $p_1 - p_2$에 대한 95% 신뢰구간은 (식 10-13)을 이용한다.

$$(\hat{p_1} - \hat{p_2}) - Z_{\frac{\alpha}{2}} \sqrt{\frac{\hat{p_1}(1-\hat{p_1})}{n_1} + \frac{\hat{p_2}(1-\hat{p_2})}{n_2}},$$
$$(\hat{p_1} - \hat{p_2}) + Z_{\frac{\alpha}{2}} \sqrt{\frac{\hat{p_1}(1-\hat{p_1})}{n_1} + \frac{\hat{p_2}(1-\hat{p_2})}{n_2}}]$$

$$= [(0.21 - 0.38) - 1.96 \times 0.0634, (0.21 - 0.38) - 1.96 \times 0.0634]$$

$$= [-0.294, -0.046]$$

2) 두 모비율의 차 $p_1 - p_2$에 대한 가설검정 :

1단계 : $H_o : p_1 = p_2, \; H_1 : p_1 < p_2$

2단계 : 유의수준 $\alpha = 0.05$

3단계 : 검정통계량 계산

$$\bar{p} = \frac{n_1\hat{p_1} + n_2\hat{p_2}}{n_1 + n_2} = \frac{100 \times 0.21 + 100 \times 0.38}{200} = 0.295$$

$$Z = \frac{\hat{p_1} - \hat{p_2}}{\sqrt{\frac{\bar{p}(1-\bar{p})}{n_1} + \frac{\bar{p}(1-\bar{p})}{n_2}}}$$
$$= \frac{-0.17}{\sqrt{\frac{0.295 \times 0.705}{100} + \frac{0.295 \times 0.705}{100}}}$$
$$= -2.636$$

4단계 : 기각역 계산

가설의 형태가 좌측검정이므로 $Z_{0.05} = -1.645$

5단계 : 가설 판정
좌측검정의 경우, 기각역은 $Z < Z_{\alpha}$ 이다.
따라서, $Z = -2.636 < Z_{\alpha} = -1.645$ 귀무가설을 기각한다.
즉, 신장에 이상이 있는 사람에게 항생제에 알레르기 반응이 나타날 비율이 더 높다고 할 수 있다.

10.3 모분산의 비교

한 모집단의 분산에 대한 추정과 검정을 위해서는 χ^2 분포를 이용하였다. 두 모집단의 모분산이 같은 지에 대한 추정과 검정을 위해서는 F 분포를 이용한다.

10.3.1 F 분포

두 모분산의 비교는 두 모평균의 차이에 관한 추론 문제에서 두 모분산이 같은 지의 여부를 판단하고자 할 때 필요하다. 또한, 일반적으로 크게 관심의 대상이 되는 분야는 아니지만, 때때로 두 모집단의 산포 정도에 대한 비교를 해야 할 경우도 있다. 예를 들면, 실험용 쥐를 대상으로 두 가지 약품을 사용하고, 반응을 보이는 데 걸리는 시간을 측정한 결과 평균 시간은 비슷하다고 하자. 그러나 한 약품에 의한 실험 결과가 다른 약품에 의한 결과보다 반응시간의 변화가 심하다는 의심이 생길 경우, 이를 검증해 볼 필요가 있다.

두 모분산 σ_1^2과 σ_2^2의 동일성 검정을 위해서는 두 개의 모집단으로부터 각각 n_1, n_2 개의 표본을 독립적으로 추출한 후, 표본분산 S_1^2과 S_2^2를 비교해야 한다. 두 모집단의 분산을 비교하기 위해서는 분산의 차 $\sigma_1^2 - \sigma_2^2$가 아닌 분산의 비 $\dfrac{\sigma_1^2}{\sigma_2^2}$를 사용해야 된다. 분산의 차 대신에 분산의 비를 사용하는 이유는 F 분포의 정의로부터 표본분산의 비에 대한 분포를 수학적으로 유도할 수 있기 때문이다.

F 분포는 영국의 통계학자 R. A. Fisher에 의해 개발된 것으로, 두 χ^2 분포를 각각의 자유도로 나눈 다음, 그것의 비율을 나타낸 분포를 말한다. 식으로 나타내면 (식 10-17)과 같다.

$$F = \frac{\frac{V_1}{n_1}}{\frac{V_2}{n_2}} \tag{식 10-17}$$

이 때 V_1과 V_2는 χ^2 분포를 따르는 독립변수이고, 이를 $F(n_1, n_2)$로 표기한다. 위의 네 개의 변수가 모두 양수이므로 F 값은 0보다 크거나 같다. F 분포는 두 모수 n_1, n_2에 의해 모양이 결정되며, χ^2 분포와 같이 자유도에 따라 그 모양이 변하지만, 대체로 왼쪽으로 치우쳐진 모양이다. 그러나, 자유도의 값이 증가함에 따라 분포의 모양은 점점 대칭을 이루게 된다. [그림 10-5]가 이를 나타내고 있다.

그림 10-5 자유도에 따른 F 분포의 형태

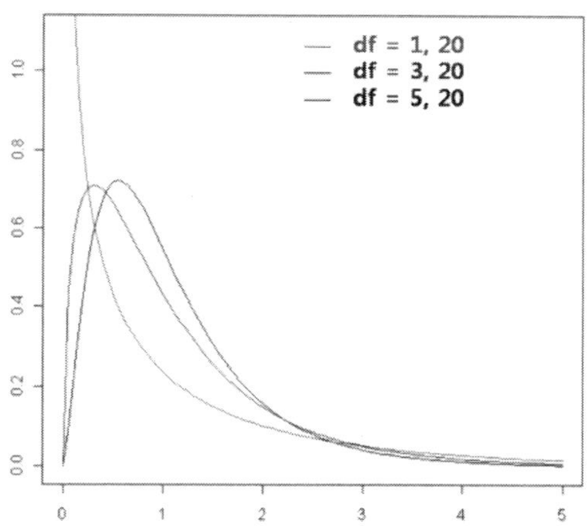

[표 10-1]은 F 분포표의 일부이다. F값은 F 분포에서 $\alpha = 0.01, \alpha = 0.025, \alpha = 0.05, \alpha = 0.1$에 한하여 두 개의 자유도 df_1(표의 가로)과 df_2(표의 가로)를 알면 구할 수 있다. 자유도가 4와 9이고, 유의수준이 0.05일 때 F값은 3.63이다.

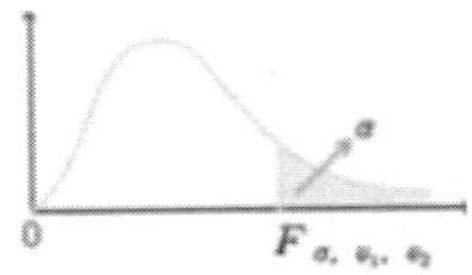

표 9-3 F 분포표

$\alpha = 0.05$

df2 \ df1	1	2	3	4	5	6	7	8	9	10	12	15	20	24	30	40
1	161.45	199.50	215.71	224.58	230.16	233.99	236.77	238.88	240.54	241.88	243.91	245.95	248.01	249.05	250.10	251.14
2	18.51	19.00	19.16	19.25	19.30	19.33	19.35	19.37	19.38	19.40	19.41	19.43	19.45	19.45	19.46	19.47
3	10.13	9.55	9.28	9.12	9.01	8.94	8.89	8.85	8.81	8.79	8.74	8.70	8.66	8.64	8.62	8.59
4	7.71	6.94	6.59	6.39	6.26	6.16	6.09	6.04	6.00	5.96	5.91	5.86	5.80	5.77	5.75	5.72
5	6.61	5.79	5.41	5.19	5.05	4.95	4.88	4.82	4.77	4.74	4.68	4.62	4.56	4.53	4.50	4.46
6	5.99	5.14	4.76	4.53	4.39	4.28	4.21	4.15	4.10	4.06	4.00	3.94	3.87	3.84	3.81	3.77
7	5.59	4.74	4.35	4.12	3.97	3.87	3.79	3.73	3.68	3.64	3.57	3.51	3.44	3.41	3.38	3.34
8	5.32	4.46	4.07	3.84	3.69	3.58	3.50	3.44	3.39	3.35	3.28	3.22	3.15	3.12	3.08	3.04
9	5.12	4.26	3.86	3.63	3.48	3.37	3.29	3.23	3.18	3.14	3.07	3.01	2.94	2.90	2.86	2.83
10	4.96	4.10	3.71	3.48	3.33	3.22	3.14	3.07	3.02	2.98	2.91	2.85	2.77	2.74	2.70	2.66
11	4.84	3.98	3.59	3.36	3.20	3.09	3.01	2.95	2.90	2.85	2.79	2.72	2.65	2.61	2.57	2.53
12	4.75	3.89	3.49	3.26	3.11	3.00	2.91	2.85	2.80	2.75	2.69	2.62	2.54	2.51	2.47	2.43
13	4.67	3.81	3.41	3.18	3.03	2.92	2.83	2.77	2.71	2.67	2.60	2.53	2.46	2.42	2.38	2.34
14	4.60	3.74	3.34	3.11	2.96	2.85	2.76	2.70	2.65	2.60	2.53	2.46	2.39	2.35	2.31	2.27
15	4.54	3.68	3.29	3.06	2.90	2.79	2.71	2.64	2.59	2.54	2.48	2.40	2.33	2.29	2.25	2.20

10.3.2 모분산 비율의 추정 및 검정

두 모분산의 비율 $\frac{\sigma_1^2}{\sigma_2^2}$에 대한 95% 신뢰구간 추정을 위해서는 F 분포의 오른쪽 꼬리면적이 0.025인 F_U 값과 왼쪽 꼬리면적인 0.975인 F_L값을 우선 구해야 한다. 이때, F_U값은 부록의 F 분포표를 이용하면 쉽게 구할 수 있으나, F_L값은 찾을 수 없기 때문에 (식 10-18)의 성질을 이용하여 구한다.

$$F_L = F_{df_1, df_2, 1-\frac{\alpha}{2}} = \frac{1}{F_{df_2, df_1, \frac{\alpha}{2}}} \qquad \text{(식 10-18)}$$

각각 정규분포 $N(\mu_1, \sigma_1^2)$과 $N(\mu_2, \sigma_2^2)$을 하는 두 모집단으로부터 서로 독립적인 확률표본을 추출하였을 경우, χ^2 분포의 성질에 따라 $\dfrac{(n_1-1)S_1^2}{\sigma_1^2} \sim \chi^2(n_1-1)$, $\dfrac{(n_2-1)S_2^2}{\sigma_2^2} \sim \chi^2(n_2-1)$이고 이들은 독립이다. F 분포의 정의로부터 통계량

$$F = \frac{\dfrac{\dfrac{(n_1-1)S_1^2}{\sigma_1^2}}{n_1-1}}{\dfrac{\dfrac{(n_2-1)S_2^2}{\sigma_2^2}}{n_2-1}} = \frac{\sigma_2^2}{\sigma_1^2} \cdot \frac{S_1^2}{S_2^2}$$

는 자유도 (n_1-1, n_2-1)인 F 분포를 따르게 된다.

위의 통계량 F에서 두 모집단의 분산이 같다고 가정하면, F는 $\dfrac{S_1^2}{S_2^2}$가 되고, 이를 이용하여 모분산 비율에 대한 추론이 가능하다. 모분산 비율 $\dfrac{\sigma_1^2}{\sigma_2^2}$에 대한 $100(1-\alpha)\%$ 신뢰구간은 (식 10-19)와 같고, 가설검정은 [그림 10-6]과 같다.

$$\left[\frac{S_1^2}{S_2^2} \times \frac{1}{F(n_1-1, n_2-1, \frac{\alpha}{2})}, \frac{S_1^2}{S_2^2} \times F(n_2-1, n_1-1, \frac{\alpha}{2})\right] \quad \text{(식 10-19)}$$

그림 10-6 모분산 비율에 대한 가설검정

검정통계량 $F = \dfrac{S_1^2}{S_2^2}$

좌측검정	양측검정	우측검정
$H_0: \dfrac{\sigma_1^2}{\sigma_2^2} = 1$	$H_0: \dfrac{\sigma_1^2}{\sigma_2^2} = 1$	$H_0: \dfrac{\sigma_1^2}{\sigma_2^2} = 1$
$H_1: \dfrac{\sigma_1^2}{\sigma_2^2} < 1$	$H_1: \dfrac{\sigma_1^2}{\sigma_2^2} \neq 1$	$H_1: \dfrac{\sigma_1^2}{\sigma_2^2} > 1$
기각역 : $F < F_L$ p값 $< \alpha$	기각역 : $F < F_L$ or $F > F_U$ p값 $< \alpha$	기각역 : $F > F_U$ p값 $< \alpha$

예제 10-7

사료가 우유 생산량에 미치는 영향을 조사하기 위하여, 젖소 16마리를 2 그룹으로 나눠 사료를 먹인 후, 우유생산량을 조사하여, 각각 $\overline{X_1}=56, S_1^2=7.76, \overline{X_2}=60, S_2^2=8.18$ 의 결과를 얻었다. 각 집단의 모분산은 σ_1^2, σ_2^2이라 할 때

1) 두 모분산의 비율에 대한 95% 신뢰구간을 구하여라.
2) 모분산이 같은 지를 유의수준 $\alpha=0.05$ 로 검정하여라.

1) (식 10-19)에 의해 두 모분산의 비율에 대한 95% 신뢰구간은

$$[\frac{S_1^2}{S_2^2}\times\frac{1}{F(n_1-1,n_2-1,\frac{\alpha}{2})},\ \frac{S_1^2}{S_2^2}\times F(n_2-1,n_1-1,\frac{\alpha}{2})]$$

$$=[\frac{7.76}{8.18}\times\frac{1}{4.99},\ \frac{7.76}{8.18}\times 4.99]$$

$$=[0.190,\ 4.734]$$

2) 두 모분산의 동일성에 대한 가설검정 :

1단계 : $H_0: \frac{\sigma_1^2}{\sigma_2^2}=1,\quad H_1: \frac{\sigma_1^2}{\sigma_2^2}\neq 1$

2단계 : 유의수준 $\alpha=0.05$

3단계 : 검정통계량 계산

$$F=\frac{S_1^2}{S_2^2}=\frac{7.76}{8.18}=0.949$$

4단계 : 기각역 계산

$F_U=F(7,7,0.025)=4.99$

$F_L=F(7,7,0.975)=0.20$

5단계 : 가설 판정

양측검정으로, $F\geq F_U$이거나 $F\leq F_L$이면 기각한다.

$F=0.948<F_U=F(7,7,0.025)=4.99$ 이고, $F=0.948>F_L=0.20$ 이므로, 귀무가설을 기각할 수 없다.

즉, 두 종류의 사료를 먹은 젖소의 우유생산량의 분산은 같다고 할 수 있다.

10.4 엑셀 활용

10.4.1 모평균의 차이에 관한 검정

이 장에서는 [데이터]-[분석]-[데이터 분석] 메뉴를 이용하여 실습을 하도록 한다.

두 모분산이 알려져 있는 정규모집단의 경우

모분산이 알려져 있는 정규모집단의 경우 모평균 μ에 대한 가설검정은 이론에서 학습한 내용을 수식을 적용해서 시행하거나, 간편하게 Z.TEST라는 엑셀 함수를 이용하여 구할 수 있다.

① 실습을 위해 다음과 같이 입력한다.

	A	B	C	D	E	F	G
1	두 모집단의 분산이 알려진 경우의 모평균 차에 대한 검정(예제 10-1)						
2							
3	지혈제 X1	지혈제 X2					
4	8.8	9.9					
5	8.4	9					
6	7.9	11.1					
7	8.7	9.6					
8	9.1	8.7					
9	9.6	10.4					
10		9.5					
11							

② [데이터]-[분석]-[데이터 분석] 메뉴를 클릭하고, [통계 데이터 분석] 대화상자에서 [Z 검정: 평균에 대한 두 집단]을 선택하고 [확인]을 클릭한다.

③ [Z-검정: 평균에 대한 두 집단] 대화상자를 다음과 같이 설정하고 [확인]을 클릭하면 검정 결과를 확인할 수 있다.

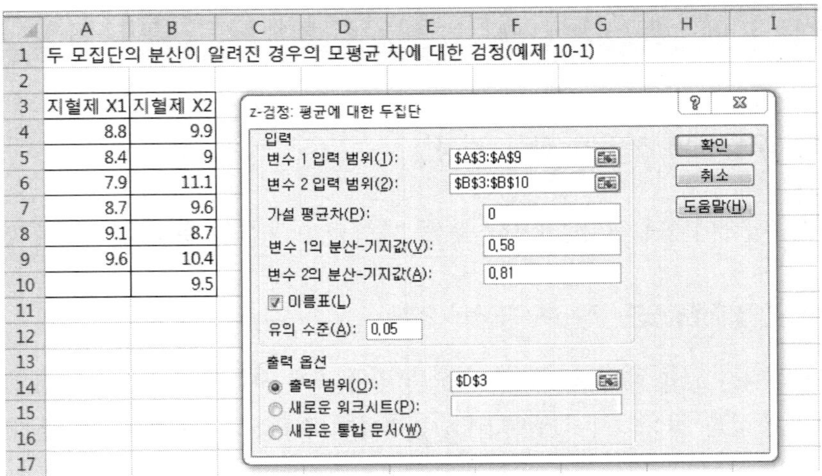

④ 결과는 다음과 같다. 결과에서 "Z 통계량 -2.154413"은 좌측검정에서 계산된 검정통계량의 값이다. 그러나, [예제 10-1]은 양측검정이므로, 이 값의 절대값 $|z| = 2.1544$ 와 "z 기각치 양측검정 1.959964"와 값을 비교하여야 한다. 따라서, $|z| = 2.1544 > 1.959961$이므로, 검정통계량의 값은 기각역에 들어가기 때문에 귀무가설을 기각한다. p값에 의한 가설 판정은 p값이 유의수준 α보다 작으면 귀무가설을 기각한다. 따라서, p값 $0.0312078 < \alpha = 0.05$이므로, 동일하게 귀무가설 기각이라는 결론을 내릴 수 있다.

	A	B	C	D	E	F
1	두 모집단의 분산이 알려진 경우의 모평균 차에 대한 검정(예제 10-1)					
2						
3	지혈제 X1	지혈제 X2		z-검정: 평균에 대한 두 집단		
4	8.8	9.9				
5	8.4	9			지혈제 X1	지혈제 X2
6	7.9	11.1		평균	8.75	9.742857
7	8.7	9.6		기지의 분산	0.58	0.81
8	9.1	8.7		관측수	6	7
9	9.6	10.4		가설 평균차	0	
10		9.5		z 통계량	-2.154413	
11				P(Z<=z) 단측 검정	0.0156039	
12				z 기각치 단측 검정	1.6448536	
13				P(Z<=z) 양측 검정	0.0312078	
14				z 기각치 양측 검정	1.959964	
15						

두 모분산이 알려져 있지 않은 정규모집단의 경우-1

① [예제 10-4]를 이용하여 실습하기 위해 다음과 같이 입력한다.

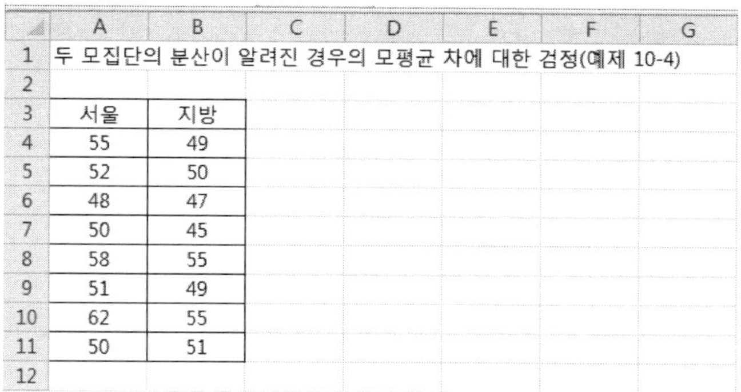

	A	B	C	D	E	F	G
1	두 모집단의 분산이 알려진 경우의 모평균 차에 대한 검정(예제 10-4)						
2							
3	서울	지방					
4	55	49					
5	52	50					
6	48	47					
7	50	45					
8	58	55					
9	51	49					
10	62	55					
11	50	51					
12							

② 분산이 알려져 있지는 않은 두 정규모집단의 표본이지만 등분산이라 가정하였으므로, t 통계량을 이용할 수 있다. [데이터]-[분석]-[데이터 분석] 메뉴를 클릭하고, [통계 데이터 분석] 대화상자에서 [t-검정: 등분산 가정 두집단]을 선택하고 [확인]을 클릭한다.

③ [t-검정: 등분산 가정 두집단] 대화상자를 다음과 같이 설정하고 [확인]을 클릭하면 검정 결과를 확인할 수 있다.

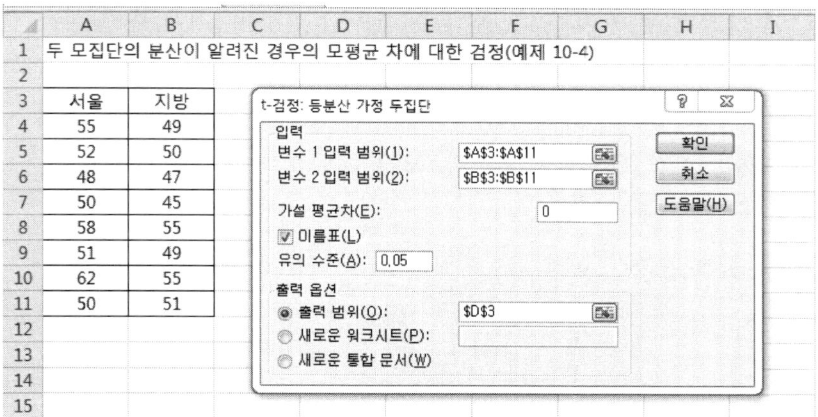

④ 결과는 다음과 같다.

	A	B	C	D	E	F	G
1	두 모집단의 분산이 알려진 경우의 모평균 차에 대한 검정(예제 10-4)						
2							
3	서울	지방		t-검정: 등분산 가정 두 집단			
4	55	49					
5	52	50			서울	지방	
6	48	47		평균	53.25	50.125	
7	50	45		분산	22.5	12.41071	
8	58	55		관측수	8	8	
9	51	49		공동(Pooled) 분산	17.45536		
10	62	55		가설 평균차	0		
11	50	51		자유도	14		
12				t 통계량	1.495945		
13				P(T<=t) 단측 검정	0.078434		
14				t 기각치 단측 검정	1.76131		
15				P(T<=t) 양측 검정	0.156868		
16				t 기각치 양측 검정	2.144787		
17							

이 문제는 양측검정을 해야 한다. 따라서, 결과에서 "t-통계량 1.495945"와 "t 기각치 양측검정 2.144787"와 값을 비교하여야 한다. $t = 1.495945 < 2.144787$이므로, 검정통계량의 값은 기각역에 들어가지 않기 때문에 귀무가설을 기각할 수 없다. p값에 의한 가설 판정은 p값이 유의수준 α보다 작으면 귀무가설을 기각한다. 따라서, p값 $0.156868 > \alpha = 0.05$ 이므로, 동일하게 귀무가설을 기각할 수 없다.

두 모분산이 알려져 있지 않은 정규모집단의 경우-2

부모와 같이 살고 있는 아이와 이혼한 부모 밑에서 자란 아이에 대해 심리 검사 결과를 이용하여 부모와 같이 사는 아이의 심리검사 점수가 이혼한 부모 밑에서 자란 아이의 점수보다 높다고 할 수 있는 지를 유의수준 $\alpha = 0.05$로 검정하고자 한다. 이 때, 두 모집단의 분포는 각각 정규분포이며, 두 모분산은 같지 않다고 가정한다.

① 실습을 위해 다음과 같이 입력한다.

	A	B	C	D	E	F
1	두 모집단의 분산이 알려지지 않은 경우의 모평균 차에 대한 검정					
2						
3	이혼안한부모	이혼부모				
4	75	65				
5	85	70				
6	90	68				
7	88	74				
8	96	80				
9	78	84				
10	82	70				
11	84	75				
12		64				
13		60				
14						

② 분산이 알려져 있지는 않은 두 정규모집단의 표본이기 때문에 t 통계량을 이용해야 한다. [데이터]-[분석]-[데이터 분석] 메뉴를 클릭하고, [통계 데이터 분석] 대화상자에서 [t-검정: 이분산 가정 두집단]을 선택하고 [확인]을 클릭한다.

③ [t-검정: 이분산 가정 두집단] 대화상자를 다음과 같이 설정하고 [확인]을 클릭하면 검정 결과를 확인할 수 있다.

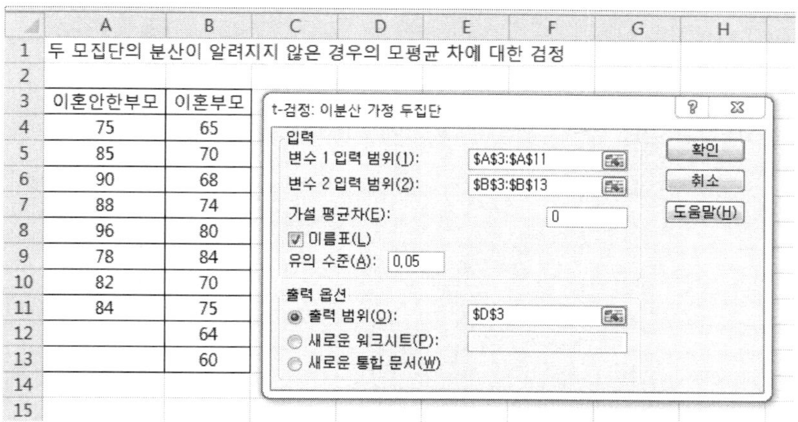

④ 결과는 다음과 같다.

	A	B	C	D	E	F
1	두 모집단의 분산이 알려지지 않은 경우의 모평균 차에 대한 검정					
2						
3	이혼안한부모	이혼부모		t-검정: 이분산 가정 두 집단		
4	75	65				
5	85	70			이혼안한부모	이혼부모
6	90	68		평균	84.75	71
7	88	74		분산	44.78571429	54.6666667
8	96	80		관측수	8	10
9	78	84		가설 평균차	0	
10	82	70		자유도	16	
11	84	75		t 통계량	4.133608345	
12		64		P(T<=t) 단측 검정	0.000389824	
13		60		t 기각치 단측 검정	1.745883676	
14				P(T<=t) 양측 검정	0.000779649	
15				t 기각치 양측 검정	2.119905299	
16						

결과에서 "t-통계량 4.133608345"과 "t 기각치 양측검정 2.119905299"와 값을 비교하여야 한다. $t = 4.133608345 > 2.119905299$ 이므로, 귀무가설을 기각한다. p값에 의한 가설 판정 역시, p값 $0.000779649 < \alpha = 0.05$ 이므로, 동일하게 귀무가설을 기각할 수 있다.

대응표본인 경우

① [예제 10-5]를 이용하여 실습하기 위해 다음과 같이 입력한다.

	A	B	C
1	대응표본인 경우(예제 10-5)		
2			
3	전	후	
4	110	94	
5	88	81	
6	84	82	
7	94	88	
8	108	97	
9	82	85	
10	96	77	
11	97	89	
12	134	110	
13			

② 대응 표본인 경우, [데이터]-[분석]-[데이터 분석] 메뉴를 클릭하고, [통계 데이터 분석] 대화상자에서 [t-검정: 쌍체비교]을 선택하고 [확인]을 클릭한다.

③ [t-검정: 쌍체비교] 대화상자를 다음과 같이 설정하고 [확인]을 클릭하면 검정 결과를 확인할 수 있다.

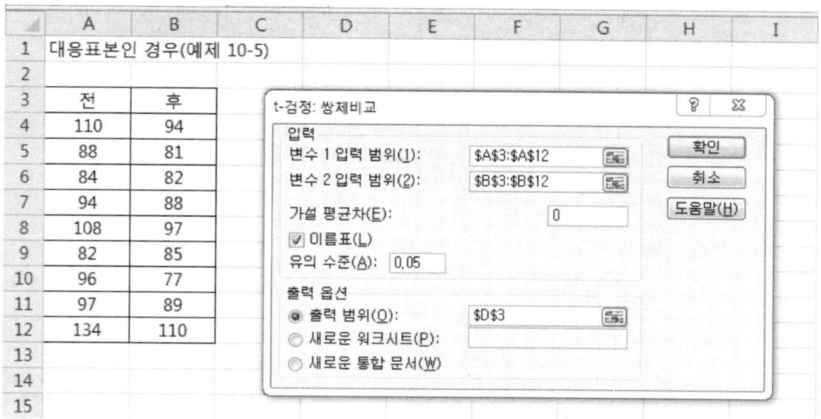

④ 결과는 다음과 같다.

출력결과에서 t 통계량과 t 기각치 양측검정의 값을 비교하면, 3.5355 > 2.3060이므로 귀무가설을 기각한다. p값을 통한 판정 역시 0.0077 < 0.05 이므로, 귀무가설 기각으로 판정한다.

	A	B	C	D	E	F
1				대응표본인 경우(예제 10-5)		
2						
3	전	후		t-검정: 쌍체 비교		
4	110	94				
5	88	81			전	후
6	84	82		평균	99.22222222	89.22222222
7	94	88		분산	262.4444444	100.4444444
8	108	97		관측수	9	9
9	82	85		피어슨 상관 계수	0.895809131	
10	96	77		가설 평균차	0	
11	97	89		자유도	8	
12	134	110		t 통계량	3.535533906	
13				P(T<=t) 단측 검정	0.003834864	
14				t 기각치 단측 검정	1.859548038	
15				P(T<=t) 양측 검정	0.007669728	
16				t 기각치 양측 검정	2.306004135	
17						

10.4.2 모비율의 차이에 관한 검정

① 모비율에 차이에 관한 검정방법은 [데이터 분석] 메뉴에서 제공하지 않는다. 따라서, [예제 10-6]을 수식을 통해 알아보기로 한다. 실습을 위해 다음과 같이 입력한다.

	A	B	C	D	E
1	모비율차이에 대한 검정				
2					
3	표본 1	100		표본 2	100
4	정상 표본	21		비정상표본	38
5	표본비율 1			표본비율 2	
6	비율추정				
7					
8	귀무가설				
9	유의수준				
10	Z통계량				
11					
12	p값				
13	가설검정1: 좌측검정				
14	가설검정2: 우측검정				
15	가설검정3: 양측검정				
16					

② 다음과 같이 수식을 입력하면 결과를 확인할 수 있다.

	A	B	C	D	E
1	모비율차이에 대한 검정				
2					
3	표본 1	100		표본 2	100
4	정상 표본	21		비정상표본	38
5	표본비율 1	=B4/B3		표본비율 2	=E4/E3
6	비율추정	=(B4+E4)/(B3+E3)			
7					
8	귀무가설				
9	유의수준	0.05			
10	Z통계량	=(B5-E5)/(SQRT(B6*(1-B6)/B3+B6*(1-B6)/E3))			
11					
12	p값				
13	가설검정1: 좌측검정	=NORM.S.DIST(B10,TRUE)			
14	가설검정2: 우측검정	=1-NORM.S.DIST(B10,TRUE)			
15	가설검정3: 양측검정	=2*(1-NORM.S.DIST(ABS(B10),TRUE))			
16					

	A	B	C	D	E
1	모비율차이에 대한 검정				
2					
3	표본 1	100		표본 2	100
4	정상 표본	21		비정상표본	38
5	표본비율 1	0.21		표본비율 2	0.38
6	비율추정	0.295			
7					
8	귀무가설				
9	유의수준	0.05			
10	Z통계량	-2.6359			
11					
12	p값				
13	가설검정1: 좌측검정	0.004196			
14	가설검정2: 우측검정	0.995804			
15	가설검정3: 양측검정	0.008392			
16					

[예제 10-6]은 가설의 형태가 좌측검정이므로, $Z = -2.6359 < Z_\alpha = -1.645$ 이므로 Z 통계량의 값이 기각역에 속한다. 이에 따라, 귀무가설을 기각한다. p값 역시 $0.004196 < 0.05$ 이므로 귀무가설 기각이라는 의사결정을 하게 된다. 즉, 두 집단의 모비율은 차이가 있다고 판정한다.

10.4.3 모분산의 동일성에 관한 검정

① 두 모집단의 모분산 동일성에 관한 검정을 위해 다음과 같이 입력한다.

	A	B	C	D	E
1	두 모집단의 동일성 검정(예제 10-7)				
2					
3	사료 X1	사료 X2			
4	54	65			
5	60	70			
6	66	62			
7	53	67			
8	62	59			
9	61	45			
10	42	60			
11	50	52			
12					

② [데이터]-[분석]-[데이터 분석] 메뉴를 클릭하고, [통계 데이터 분석] 대화상자에서 [F-검정: 분산에 대한 두 집단]을 선택하고 [확인]을 클릭한다.

③ [F-검정: 분산에 대한 두 집단] 대화상자를 다음과 같이 설정하고 [확인]을 클릭하면 검정 결과를 확인할 수 있다. 귀무가설은 $H_0 : \dfrac{\sigma_1^2}{\sigma_2^2} = 1$로서, 양측검정의 형태이다. 따라서, 가설의 판정은 결과에서 "P(F<=f) 단측검정"의 값 0.447471을 두 배한 값 0.894942를 얻게 되고, 이 값은 유의수준 0.05보다 크므로 귀무가설을 채택한다.

즉. 우유 생산량의 분산은 같다고 판단한다.

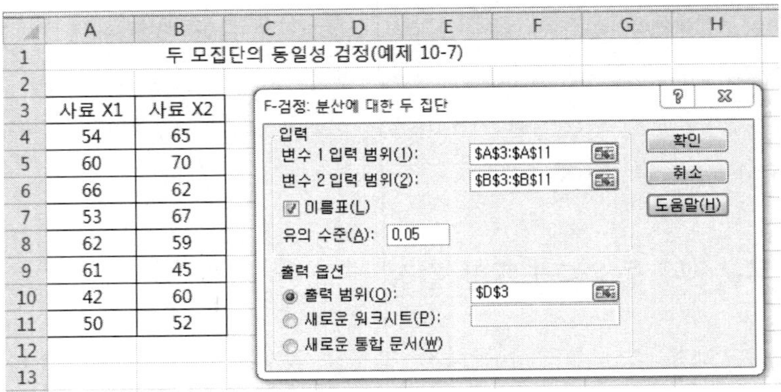

	A	B	C	D	E	F
1	두 모집단의 동일성 검정(예제 10-7)					
2						
3	사료 X1	사료 X2		F-검정: 분산에 대한 두 집단		
4	54	65				
5	60	70			사료 X1	사료 X2
6	66	62		평균	56	60
7	53	67		분산	60.28571	66.85714
8	62	59		관측수	8	8
9	61	45		자유도	7	7
10	42	60		F 비	0.901709	
11	50	52		P(F<=f) 단측 검정	0.447471	
12				F 기각치: 단측 검정	0.264058	
13						

연/습/문/제

1. 다음과 같이 F값과 자유도가 주어졌을 때 그의 확률을 구하여라.

1) F값 : 2.39, df_1=9, df_2=20

2) F값 : 2.57, df_1=30, df_2=16

3) F값 : 3.75, df_1=5, df_2=28

4) F값 : 2.61, df_1=2, df_2=19

5) F값 : 4.46, df_1=40, df_2=5

2. 다음과 같이 확률과 자유도가 주어졌을 때 F값을 구하여라.

1) 확률 : 0.05, df_1=9, df_2=20

2) 확률 : 0.025, df_1=30, df_2=16

3) 확률 : 0.01, df_1=5, df_2=28

4) 확률 : 0.1, df_1=2, df_2=19

5) 확률 : 0.05, df_1=40, df_2=5

3. 다음의 상황에 알맞은 검정 방법은?

> 지역을 두 지역으로 나누어 인구수 평균의 차이가 있는지를 알아보기 위해 각각 몇 개의 지역을 골라 인구수를 조사하였다.

4. 소표본이며 두 집단의 모분산은 같지만 알려지지 않은 상태라고 가정한다면, 두 집단의 평균 비교에 사용하는 분포는 무엇인가?

5. 다음 독립인 두 집단의 평균의 차를 비교하려고 한다.

$\overline{X_1} \sim N(\mu_1, \frac{\sigma^2}{7})$, $\overline{X_2} \sim N(\mu_2, \frac{\sigma^2}{5})$일 때, t 분포의 자유도는 얼마인가?

6. 30대 남자 10명과 여자 8명을 임의 추출하여 혈관 내 콜레스테롤의 양을 조사하였더니 다음과 같다. 남녀간에 혈관 내 콜레스테롤 양의 차이에 대한 95% 신뢰구간을 구하고, 남자의 콜레스테롤 양이 여자보다 많다고 할 수 있는지를 유의수준 10% 수

준에서 검정하여라. 단, 두 집단은 모분산이 서로 같고 정규분포를 따른다고 가정한다.

남자	1.9	2.3	3.6	3.9	2.3	1.8	3.4	3.5	2.7	2.1
여자	2.4	3.0	2.7	3.6	1.0	3.2	2.8	3.9		

7. 어느 두 지역 주민의 건강검진 실태를 조사하였다. A 지역은 200명 대상 중 건강검진을 받은 사람은 120명이었고, B 지역은 250명 대상 중 130명이 검진을 받은 것으로 조사되었다. 두 지역 간의 검진비율의 차이에 대한 95% 신뢰구간을 구하시오.

8. 도시지역 학생(X_1)들과 농촌지역 학생(X_2)들의 영어성적을 조사한 결과, $\overline{X_1} = 83$, $S_1^2 = 80$, $n_1 = 25$, $\overline{X_2} = 81$, $S_2^2 = 79$, $n_2 = 30$ 이었다. 과거의 경험으로 볼 때, 도시 지역 학생들의 영어 성적 모분산은 78이었고, 농촌지역 학생들의 영어 성적의 모분산은 76이었다고 한다. 두 지역 학생들의 수학성적에 차이가 있는지를 유의수준 5%에서 검정하시오.

9. 입시학원에서는 재수생의 수능성적의 편차가 재학생 보다 더 클 것이라는 판단하에 실제로 각각의 대상 학생들을 선발하여 시험을 시행할 결과, 두 집단의 성적분포는 정규분포임을 알아냈다. 재학생과 재수생을 각각 7명과 9명을 선발해 각각의 성적에 대한 분산을 조사하여본 결과 재학생의 분산은 9.0이고, 재수생의 분산은 19.8이었다. 두 모집단의 분산은 같다고 볼 수 있는지 유의수준 $\alpha = 0.05$에서 검정하여라.

10. 12세 남아와 여아 중에서 남아 11명, 여아 10명을 임의 추출하여 폐활량을 조사한 결과, 남아의 분산은 0.145, 여아의 분산은 0.0942이었다. 두 모집단의 분산이 같은지를 유의수준 $\alpha = 0.05$에서 검정하여라.

11. 대기업에서 근무하는 근로자 평균 임금과 중소기업에서 근무하는 근로자의 평균 임금의 차이가 얼마나 되는 지 추정하기 위해 대기업과 중소기업 근로자를 각각 100명씩 임의 추출하여 다음과 같은 조사 결과를 얻었다. 두 모집단에 모평균의 차이가 어느 정도인지 95%의 수준으로 신뢰구간을 구하여라.

	자료 크기	평균 임금(만원)	표준편차
대기업 근로자	100	150	15
중소기업 근로자	100	130	20

12. 우리나라의 지역별 소득 수준의 차이를 조사하기 위해서 수도권 지역과 부산지역의 주민 40명을 표본으로 월 평균소득에 관한 자료를 수집하였고, 결과는 다음과 같다. 두 지역의 월 평균 소득이 같은 징 유의수준 $\alpha = 0.05$ 에서 검정하여라.(단위 : 만원)

수도권 : $n_1 = 40, \overline{X_1} = 190, S_1 = 15$

부　산 : $n_2 = 40, \overline{X_2} = 185, S_2 = 15$

13. A, B 두 직조기에서 생산되는 면사의 조밀성에 대한 비교를 하고자 한다. 두 기계에서 나온 제품 가운데 100m 면사를 임의 추출하여 그 무게를 측정한 결과 다음과 같은 자료를 얻었다.

	표본크기	표준편차
A 기계	13	2.3
B 기계	11	1.5

1) 기계 A의 분산이 기계 B의 분산보다 크다고 할 수 있는지를 유의수준 5%에서 검정하여라.
2) 두 모분산의 비에 대한 90% 신뢰구간을 구하여라.

14. 선박용 엔진을 두 종류의 기계를 이용해서 생산하는 회사에서, 기존의 A 기계와 새로 도입한 B 기계의 작업시간에 대해 조사한 결과는 다음과 같다. EXCEL을 활용하여 99%의 신뢰도로 두 기계의 평균 작업시간의 차를 수식을 이용한 방법과 [데이터 분석] 메뉴를 이용하여 추정하여라. 단 두 모집단은 정규분포를 따르며, 모집단의 분산이 동일하고, 독립적이다.

A 기계	55.4 50.1	56.9 55.6	60.1 53.4	54.2 55.9	51.3 57.8	52.3 50.1	50.9 49.9	46.8
B 기계	46.2 43.2	44.3 47.8	41.8 46.5	47.2 48.8	50.3	44.9	43.8	54.3

분산분석

11

학습목표

분산분석의 관심의 대상은 모분산이 아니라 모평균이다. 즉, 모평균에 대한 가설을 검정할 때 표본의 분산을 도구로 사용하는 것이다. 지금까지는 하나 혹은 두 개의 모집단의 평균 혹은 평균의 차에 대한 통계적 추론을 다루었다면, 분산분석은 여러 모집단의 평균차이를 동시에 검정하면서 결합 유의수준을 유지하는 통계적 절차이다. 이번 장에서는 독립변수가 하나인 일원분산분석과 독립변수가 두 개인 이원분산분석에 관해 설명한다.

앞 장에서는 두 모집단의 평균을 비교하였다. 그러나 현실에서는 세 집단 이상의 비교가 필요한 경우가 많다. 분산분석은 두 집단 이상 간 하나의 검정 변수에 대한 평균을 비교하는 데 사용되는 통계기법이다. 분산분석은 크게 독립변수가 한 개일 때의 일원배치분산분석과 독립변수가 두 개 이상일 때의 다원배치분산분석으로 나눌 수 있다.

11.1 일원배치분산분석

분산분석(ANOVA : ANalysis Of VAriance)은 모분산의 차이를 분석하여 미리 정해진 α 오류를 유지하면서 셋 이상의 모평균의 동일성 검정을 위해 검정통계량으로 분산비율을 이용한다. 따라서, 분산분석을 적용하기 위해서는 F 분포를 사용하고, 필요한 가정은 다음과 같다.

- 각 모집단은 정규분포를 따른다.
- 각 모집단의 분산은 같아야 한다. 이를 분산의 동질성이라 한다.
- 표본의 추출은 독립적이어야 한다.

11.1.1 분산분석의 원리

분산분석은 세 개 이상의 모집단간 평균 사이에 통계적으로 유의한 차이가 있는지를 검정하는 분석방법이다. 이를 위해 각 집단으로부터 표본을 추출하여 계산한 그룹(표본)내 관찰값들의 변동(분산)과 그룹간 관찰값들의 변동의 비율을 이용하여 모평균들의 동일성을 검정한다. 일반적으로 분산분석에서의 가설은 n개의 모평균을 비교하는 경우 다음과 같은 형태를 취한다.

$$H_0 : \mu_1 = \mu_2 = \mu_3 \cdots = \mu_n$$

$H_{1:}$ 적어도 하나의 평균은 나머지와 같지 않다.

분산분석의 논리는 아주 간단하다. 특정 기준(수준)에 의해 구분되는 서로 다른 모집단에서 표본들을 추출할 때 각 표본관찰값에서 전체 표본들의 총 평균을 뺀 차이, 즉 편차들의 제곱합인 총변동은 원래 모집단의 평균이 서로 다르기 때문에 발생할 수도 있고 또는 한 모집단 내 관찰값들의 무작위적인 변동으로 인해 발생할 수도 있는 데 전자로 인한 그룹간 변동이 후자로 인한 그룹내 변동보다 현저히 크다면 모집단들의 평균이 서로 다르다고 추정하여 귀무가설을 기각할 수 있는 것이다.

11.1.2 일원배치분산분석

일원배치분산분석이란 인자수준이 2이상인 하나의 요인에 대해 각 수준에 따라 실험을 분할하여 자료를 수집하고 분석하는 기법으로 어느 모집단에 대하여 하나의 인자의 영향을 파악하기 위한 가장 단순한 형태의 분석이다. 인자 A의 수준이 l개이고, 각 수준에 똑같이 m개의 반복 실험이 있는 일원배치법의 자료 배열은 [표 11-1]과 같고 T_j, $\overline{X_i}$, T, $\overline{\overline{X}}$를 구하는 식은 (식 11-1, 2, 3, 4)이다.

표 11-1 일원배치법의 자료배열

	인자의 수준(j)				
실험(i)	A_1	A_2	$\cdots$	A_l	
1 2 $\vdots$ m	X_{11} X_{21} $\vdots$ X_{m1}	X_{12} X_{22} $\vdots$ X_{m2}	$\cdots$ $\cdots$ $\vdots$ $\cdots$	X_{1l} X_{2l} $\vdots$ X_{ml}	
합계	T_1	T_2	$\cdots$	T_l	T
평균	$\overline{X_1}$	$\overline{X_2}$	$\cdots$	$\overline{X_l}$	$\overline{\overline{X}}$
분산	S_1^2	S_2^2	$\cdots$	S_l^2	

$$T_j = \sum_{i=1}^{m} X_{ij} \quad \text{(식 11-1)}$$

$$\overline{X_i} = \frac{T_j}{m} \quad \text{(식 11-2)}$$

$$T = \sum_{j=1}^{l} T_j \quad \text{(식 11-3)}$$

$$\overline{\overline{X}} = \frac{T}{lm} \quad \text{(식 11-4)}$$

[표 11-1]의 자료배열을 이용하여, 분산분석을 위한 여러 가지 변동(분산)을 계산한다. 먼저, 총변동(total variation)은 총제곱합(total sum of squares : SST)라고 표시하고, 인자의 수준을 바꿈으로 인하여 각 수준의 평균에 발생하는 제곱합과 오차에 의해 발생하는 수준내 제곱합으로 되어 있다. (식 11-5)를 이용하여 계산한다.

$$SST = \sum_{i=1}^{m}\sum_{j=1}^{l}(X_{ij} - \overline{\overline{X}})^2 = \sum_{i=1}^{m}\sum_{j=1}^{l}(\overline{X_j} - \overline{\overline{X}})^2 + \sum_{i=1}^{m}\sum_{j=1}^{l}(X_{ij} - \overline{X_j})^2 \quad \text{(식 11-5)}$$

총변동 = 그룹간 변동 + 그룹내 변동

여기서 그룹간 변동이란 처리의 효과 차이에서 오는 편차의 제곱에 대한 합으로서 집단간 제곱합(sum of squares between : SSB)이라고도 한다. 한편 그룹내 변동이란 처리 외의 외생변수로부터 기인하는 편차 제곱의 합으로서 집단내 제곱합(sum of squares within : SSW)이라고도 한다. SST, SSB, SSW를 계산하는 간편식은 (식 11-6, 7, 8)을 이용한다.

$$SST = \sum_{i=1}^{m}\sum_{j=1}^{l} X_{ij}^2 - \frac{T^2}{lm} \quad \text{(식 11-6)}$$

$$SSB = \frac{1}{m}\sum_{j=1}^{l} T_j^2 - \frac{T^2}{lm} \quad \text{(식 11-7)}$$

$$SSW = SST - SSB \quad \text{(식 11-8)}$$

총변동을 분해한 다음 의사결정에 사용할 통계량을 얻기 위해서는 각각의 변동을 이에 해당하는 자유도로 나누어 주어야 한다. 자유도는 표본크기에서 1을 뺀 값으로 주어진다. SST의 자유도는 $lm-1$, SSB의 자유도는 $(l-1)$, SSW의 자유도는 $l(m-1)$이다. 따라서 제곱합을 자유도로 나누면 평균 제곱이 되는 데, 분산과 같은 개념이다. 평균 제곱합의 종류와 계산은 (식 11-9, 10)이다.

$$MSB = \frac{SSB}{l-1} \quad \text{(식 11-9)}$$

$$MSW = \frac{SSW}{l(m-1)} \quad \text{(식 11-10)}$$

한편, 검정통계량 F는 (식 11-11)이다.

$$F = \frac{MSB}{MSW} \quad \text{(식 11-11)}$$

만일 각 그룹의 모평균이 서로 같으면 $MSB=0$이 된다. 따라서, 검정통계량 F는 MSB가 큰 역할을 수행한다. MSB가 커질수록 MSW는 작아지고 F는 커져서 귀무가설을 기각하게 된다. 이와 같이 집단간 평균차이가 집단내 분산에 비하여 클수록 귀무가설이 기각될 가능성은 점점 더 커진다고 할 수 있다.

일원배치분산분석의 귀무가설은 $H_0: \mu_1 = \mu_2 = \mu_3 \cdots = \mu_n$ 이고 대립가설은 모집단의 평균의 적어도 하나는 나머지와 다르다는 것이다. 가설검정을 위해서는 그룹 평균 사이의 차의 유의성 검정에 필요한 계산 결과를 [표 11-2]와 같은 분산분석표로 작성하는 것이 편리하다. 검정통계량 F는 모든 표본들이 정규분포인 모집단에서 추출되었으며, 각 모집단의 분산은 동일하다는 가정하에 모집단의 평균들 사이에는 차이가 없다는 귀무가설을 검정하기 위한 것이다. 유의수준 α일 때, F의 임계치는 $F_{l-1,\,l(m-1),\alpha}$로 표시하며, 부록을 참고하여 찾는다. 유의수준이 α이고 자유도가 $(l-1), l(m-1)$인 F 분포의 기각역은 $F > F_{l-1,\,l(m-1),\alpha}$이다. 한편 p값 $< \alpha$이면 귀무가설을 기각한다.

표 11-2 일원배치분산분석표

요인	제곱합	자유도	평균제곱	통계량
그룹간 그룹내	SSB SSW	$l-1$ $l(m-1)$	MSB MSW	$F=\dfrac{MSB}{MSW}$
총변동	SST	$lm-1$		

예제 11-1

토양의 박테리아 포함량을 알아보기 위하여, 대상 지역을 3개 구로 나누고, 각 지역에서 5개소의 토양을 채취하여 수분을 가하여 묽게 한 다음 용기에 이식하고 균의 군집을 세어 본 결과 아래 표를 얻었다. 각 지역에 있어서 박테리아의 군집 수에는 유의적인 차이가 있는지 유의수준 5%로 검정하여라.

표본 \ 지역	I	II	III	합계
1 2 3 4 5	28 24 22 23 28	24 14 14 22 24	14 20 16 18 20	
합계 평균	125 25	98 19.6	88 17.6	$T=311$ $\overline{\overline{X}}=20.73$

1단계 : 가설설정

$H_0: \mu_1=\mu_2=\mu_3$, H_1 : 적어도 하나는 같지 않다.

2단계 : 유의수준 $\alpha=0.05$

3단계 : 임계범위 결정

$F > F_{l-1, l(m-1), \alpha}=F_{2,12,0.05}=3.89$ 이면 귀무가설을 기각한다.

4단계 : 통계량 계산

$$SST=\sum_{i=1}^{m}\sum_{j=1}^{l}X_{ij}^2-\frac{T^2}{lm}=312.93\ ,\quad SSB=\frac{1}{m}\sum_{j=1}^{l}T_j^2-\frac{T^2}{lm}=146.53$$

$$SSW=SST-SSB=166.4\ ,\quad MSB=\frac{SSB}{l-1}=73.265$$

$$MSW=\frac{SSW}{l(m-1)}=13.87\ ,\quad F=\frac{MSB}{MSW}=5.282$$

5단계 : 분산분석표 작성

요인	제곱합	자유도	평균제곱	통계량
그룹간 그룹내	146.53 166.4	2 12	73.265 13.87	$F=5.282$
총변동	312.93	14		

6단계 : 통계적 검정과 해석

계산된 통계량 $F=5.282 > F_{l-1, l(m-1), \alpha} = F_{2,12,0.05} = 3.89$ 이므로 기각역에 속한다. 따라서, 귀무가설을 기각한다. 즉, 토양간의 박테리아 포함량은 차이가 있다고 판단한다.

11.2 이원배치분산분석

앞 절에서 다루었던 일원배치분산분석에 하나의 인자가 추가된 경우를 고려해 보자. 인자의 수는 두 개이고, 인자마다 l, m개의 인자 수준을 가지고 있다고 하면, 인자들의 수준의 조합은 $l \times m$개가 되고 이를 처리라고 부르며, $l \times m$개의 관측값을 얻을 수 있다. $l \times m$개의 처리에 대해 한 개의 관측값만이 존재하는 경우(반복이 없는 경우)와 두 개 이상의 관측치가 있는 경우(반복이 있는 경우)로 나누어 이원배치분산분석을 알아본다.

11.2.1 반복이 없는 이원배치분산분석

반복이 없는 이원분산분석을 위해, 관찰값의 정리는 [표 11-3]과 같다.

표 11-3 반복이 없는 이원배치법의 자료배열

인자 A / 인자 B	A_1	A_2	$\cdots$	A_l	합계 (T_i)	평균 ($\overline{X_i}$)
B_1	X_{11}	X_{12}	$\cdots$	X_{1l}	$T_{1.}$	$\overline{X_{1.}}$
B_2	X_{21}	X_{22}	$\cdots$	X_{2l}	$T_{2.}$	$\overline{X_{2.}}$
$\vdots$	$\vdots$	$\vdots$	$\vdots$	$\vdots$	$\vdots$	$\vdots$
B_m	X_{m1}	X_{m2}	$\cdots$	X_{ml}	$T_{m.}$	$\overline{X_{m.}}$
합계(T_j)	$T_{.1}$	$T_{.2}$	$\cdots$	$T_{.l}$	T	
평균($\overline{X_j}$)	$\overline{X_{.1}}$	$\overline{X_{.2}}$	$\cdots$	$\overline{X_{.l}}$		$\overline{\overline{X}}$

[표 11-3]에서 관측값을 제외한 계산이 필요한 값들을 구하는 방법은 (식 11-12, 13, 14, 15, 16, 17)을 사용한다.

$$T_{.j} = \sum_{i=1}^{m} X_{ij}, \quad j = 1, 2, ..., l \qquad \text{(식 11-12)}$$

$$\overline{X_{.i}} = \frac{T_{.j}}{m} \qquad \text{(식 11-13)}$$

$$T_{i.} = \sum_{j=1}^{l} X_{ij}\ , \quad i = 1, 2, ..., m \qquad \text{(식 11-14)}$$

$$\overline{X_{i.}} = \frac{T_{i.}}{l} \qquad \text{(식 11-15)}$$

$$T = \sum_{j=1}^{l} T_j = \sum_{i=1}^{m} T_i \qquad \text{(식 11-16)}$$

$$\overline{\overline{X}} = \frac{T}{lm} \qquad \text{(식 11-17)}$$

개개의 관찰값 X_{ij}와 모든 데이터의 총평균 $\overline{\overline{X}}$와의 총편차는 세부분으로 나눌 수 있고 이는 (식 11-18)과 같다.

총제곱합 = 처리에 의한 제곱합 + 블럭에 의한 제곱합 + 외생변수에 의한 제곱합

SST = SSB + SSAB + SSW

$$\sum_{i=1}^{m}\sum_{j=1}^{l}(X_{ij} - \overline{\overline{X}})^2 = \sum_i\sum_j(\overline{X_{i\cdot}} - \overline{\overline{X}})^2 + \sum_i\sum_j(\overline{X_{.j}} - \overline{\overline{X}})^2 + \sum_i\sum_j(X_{ij} - \overline{X_{i.}} - \overline{X_{.j}} + \overline{\overline{X}})^2$$

(식 11-18)

$$\sum_{i=1}^{m}\sum_{j=1}^{l}(X_{ij} - \overline{\overline{X}})^2 = \sum_i\sum_j(\overline{X_{i\cdot}} - \overline{\overline{X}})^2 + \sum_i\sum_j(\overline{X_{.j}} - \overline{\overline{X}})^2 + \sum_i\sum_j(X_{ij} - \overline{X_{i.}} - \overline{X_{.j}} + \overline{\overline{X}})^2$$

(식 11-18)

SST, SSB, SSAB, SSW를 계산하는 간편식은 (식 11-19, 20, 21, 22)를 이용한다.

$$SST = \sum_{i=1}^{m}\sum_{j=1}^{l} X_{ij}^2 - \frac{T^2}{lm} \qquad \text{(식 11-19)}$$

$$SSB = \frac{1}{m}\sum_{j=1}^{l} T_{.j}^2 - \frac{T^2}{lm} \qquad \text{(식 11-20)}$$

$$SSAB = \frac{1}{l}\sum_{i=1}^{m} T_{i.}^2 - \frac{T^2}{lm} \quad \text{(식 11-21)}$$

$$SSW = SST - SSB - SSAB \quad \text{(식 11-22)}$$

반복이 없는 이원배치법의 분산분석표를 [표 11-4]와 같이 작성한다. 귀무가설과 대립가설은 각각의 인자를 기준으로 평균의 차이를 검정해야 하므로 각각 두 개가 필요하다. 즉, $H_0: \alpha_1 = \alpha_2 = ... = \alpha_l$ 과 $H_0: \beta_1 = \beta_2 = ... = \beta m$의 두 귀무가설을 검정해야 한다.

표 11-4 이원배치분산분석표

요인	제곱합	자유도	제곱평균	F	$F(\alpha)$
인자 A (그룹간변동)	$SSB = \frac{1}{m}\sum_{j=1}^{l} T_{.j}^2 - \frac{T^2}{lm}$	$l-1$	$MSB = \frac{SSB}{l-1}$	$\frac{MSB}{MSW}$	$F_{l-1,(l-1)(m-1),\alpha}$
인자 B (그룹간변동)	$SSAB = \frac{1}{l}\sum_{i=1}^{m} T_{i.}^2 - \frac{T^2}{lm}$	$m-1$	$MSAB = \frac{SSAB}{m-1}$	$\frac{MSAB}{MSW}$	$F_{m-1,(l-1)(m-1),\alpha}$
잔차 (그룹내변동)	$SSW = SST - SSB - SSAB$	$(l-1)(m-1)$	$MSW = \frac{SSW}{(l-1)(m-1)}$		
총변동	$SST = \sum_{i=1}^{m}\sum_{j=1}^{l} X_{ij}^2 - \frac{T^2}{lm}$	$lm-1$			

예제 11-2

공장 근로자 세 명(A, B, C)이 4대의 서로 다른 기계(I , II, III, IV)에 의하여 하루에 제작한 부품의 수는 다음과 같다(단 각 제품 개수에서 35를 빼서 정리하였음). 기계의 차에 의한 영향을 배제하고 개인차를 검정하여라. 또 개인차를 배제한 기계에 의한 제품수의 차이를 검정하여라.

	A	B	C	$T_{i.}$
I	1	0	1-	0
II	3	2	1	6
III	2	3	0	5
IV	0	-2	-3	-5
$T_{.j}$	6	3	-3	$T.. = 6$

$$SST=(1^2+3^2+2^2)+2^2+3^2+(-2)^2+(-1)^2+1^2+(-3^2)-\frac{6^2}{12}=39$$

$$SSB=\frac{0^2}{3}+\frac{6^2}{3}+\frac{5^2}{3}+\frac{(-5)^2}{3}-\frac{6^2}{12}=25.67$$

$$SSAB=\frac{6^2}{4}+\frac{3^2}{4}+\frac{(-3)^2}{4}-\frac{6^2}{12}=10.5$$

$$SSW=SST-SSB-SSAB=2.83$$

계산된 값을 가지고 분산분석표를 만들면 다음과 같다.

요인	제곱합	자유도	제곱평균	F	$F(\alpha)$
인자 A (그룹간변동)	25.67	3	8.55	18.12	4.76
인자 B (그룹간변동)	10.5	2	5.25	11.12	5.14
잔차 (그룹내변동)	2.83	6	0.47		
총변동	39	11			

$18.12 > 4.76$ 이고 $11.12 > 5.14$ 이므로 개인에 의한 차이도, 기계에 의한 차이도 유의함을 알 수 있다.

11.2.2 반복이 있는 이원배치분산분석

일원분산분석은 모집단의 모평균이 동일한 지에 대한 가설검정이며, 반복이 없는 이원분산분석은 비처리 변동을 고려한 평균이 같은 지에 대한 검정이다. 반복이 있는 이원분산분석에서는 가설검정이 세 가지로 분류된다. 먼저 인자간의 교호작용이 있는지의 여부를 검정해야 한다. 만약 교호작용이 존재한다면 A 인자와 B 인자를 따로 검정하는 것은 의미가 없게 되며, 처리의 수가 $l\times m$인 인원 분산분석으로 간주하여 $l\times m$개의 처리간 평균의 동일성을 검정하거나 차이를 추정하면 된다. 만약 교호작용이 존재하지 않는다면 A 인자의 효과와 B 인자의 효과에 대해 따로 검정을 진행한다.

$l\times m$개의 처리에 대해 r번의 반복이 있는 이원분산분석을 위한 관찰값의 정리 방법은 [표 11-5]와 같다.

개개의 자료 X_{ijk}와 모든 데이터의 총평균 $\overline{\overline{\overline{X}}}$와의 총편차는 (식 11-23)과 같이 4개의 부분으로 구성된다.

$$\begin{array}{ccccccccc} \text{총변동} & = & A\text{의 변동} & + & B\text{의 변동} & + & A\text{와 } B\text{의 교호작용} & + & \text{오차변동} \\ SST & = & SSA & + & SSB & + & SSAB & + & SSW \end{array} \quad \text{(식 11-23)}$$

여기서 A의 변동이란 처리에 의해 설명되는 변동, B의 변동은 블록에 의해 설명되는 변동을 말하고, 각각의 변동을 계산하는 방법은 (식 11-24, 25, 26, 27)을 이용한다.

표 11-5 반복이 있는 이원배치법의 자료배열

인자 B \ 인자 A		A_1	A_2	$\cdots$	A_l	합계
B_1		X_{111} X_{112} $\vdots$ X_{11r}	X_{121} X_{122} $\vdots$ X_{12r}	$\cdots$ $\cdots$ $\vdots$ $\cdots$	X_{1l1} X_{1l2} $\vdots$ X_{1lr}	
	소계	$\sum X_{11k}$	$\sum X_{12k}$		$\sum X_{1lk}$	$\sum_{j=1}^{l}\sum_{k=1}^{r} X_{1jk}$
B_2		X_{211} X_{212} $\vdots$ X_{21r}	X_{221} X_{222} $\vdots$ X_{22r}	$\cdots$ $\cdots$ $\vdots$ $\cdots$	X_{2l1} X_{2l2} $\vdots$ X_{2lr}	
	소계	$\sum X_{21k}$	$\sum X_{22k}$		$\sum X_{2lk}$	$\sum_{j=1}^{l}\sum_{k=1}^{r} X_{2jk}$
$\vdots$		$\vdots$	$\vdots$	$\vdots$		
B_m		X_{m11} X_{m12} $\vdots$ X_{m1r}	X_{m21} X_{m22} $\vdots$ X_{m2r}	$\cdots$ $\cdots$ $\vdots$ $\cdots$	X_{ml1} X_{ml2} $\vdots$ X_{mlr}	
	소계	$\sum X_{m1k}$	$\sum X_{m2k}$		$\sum X_{mlk}$	$\sum_{j=1}^{l}\sum_{k=1}^{r} X_{mjk}$
합계		$\sum_{i=1}^{m}\sum_{k=1}^{r} X_{i1k}$	$\sum_{i=1}^{m}\sum_{k=1}^{r} X_{i2k}$	$\cdots$	$\sum_{i=1}^{m}\sum_{k=1}^{r} X_{ilk}$	$\sum_{i=1}^{m}\sum_{j=1}^{l}\sum_{k=1}^{r} X_{ijk}$

$$SST = \sum_{i=1}^{m}\sum_{j=1}^{l}\sum_{k=1}^{r} X_{ijk}^2 - \frac{T^2}{lmr} \quad \text{(식 11-24)}$$

$$SSA = \frac{\sum_{j=1}^{l}\left(\sum_{i=1}^{m}\sum_{k=1}^{r} X_{ijk}\right)^2}{mr} - \frac{T^2}{lmr} \quad \text{(식 11-25)}$$

$$SSB = \frac{\sum_{k=1}^{r}(\sum_{i=1}^{m}\sum_{j=1}^{l}X_{ijk})^2}{lr} - \frac{T^2}{lmr} \qquad \text{(식 11-26)}$$

$$SSW = X_{ijk}^2 - [\sum_{j=1}^{l}\sum_{k=1}^{r}\frac{(\sum_{i=1}^{m}X_{ijk})^2}{r}] \qquad \text{(식 11-27)}$$

반복이 있는 이원배치법의 분산분석표를 [표 11-6]과 같이 작성한다. 귀무가설과 대립가설은 각각의 인자를 기준으로 평균의 차이를 검정하는 주효과 분석을 위한 두 개의 귀무가설 외에 두 인자 사이에 교호작용효과가 있는 지를 검정하는 작업을 먼저 수행해야 한다. 교호작용에 대한 귀무가설은 $H_0: \alpha\beta_{ij} = 0$(교호작용이 없다)이다.

표 11-6 반복이 있는 이원배치분산분석표

요인	제곱합	자유도	제곱평균	F	$F(\alpha)$
A(열)효과	$SSA = \frac{\sum_{j=1}^{l}(\sum_{i=1}^{m}\sum_{k=1}^{r}X_{ijk})^2}{mr} - \frac{T^2}{lmr}$	$l-1$	$MSA = \frac{SSA}{l-1}$	$\frac{MSB}{MSW}$	$F_{l-1, lm(r-1), \alpha}$
B(행) 효과	$SSB = \frac{\sum_{k=1}^{r}(\sum_{i=1}^{m}\sum_{j=1}^{l}X_{ijk})^2}{lr} - \frac{T^2}{lmr}$	$m-1$	$MSB = \frac{SSB}{m-1}$	$\frac{MSB}{MSW}$	$F_{m-1, lm(r-1), \alpha}$
$A \times B$ (교호작용효과)	$SSAB = SST - SSA - SSB - SSW$	$(l-1)(m-1)$	$MSAB = \frac{SSAB}{(l-1)(m-1)}$	$\frac{MSAB}{MSW}$	$F_{(l-1)(m-1), lm(r-1), \alpha}$
잔차	$SSW = X_{ijk}^2 - [\sum_{j=1}^{l}\sum_{k=1}^{r}\frac{(\sum_{i=1}^{m}X_{ijk})^2}{r}]$	$lm(r-1)$	$MSW = \frac{SSW}{lm(r-1)}$		
총변동	$SST = \sum_{i=1}^{m}\sum_{j=1}^{l}\sum_{k=1}^{r}X_{ijk}^2 - \frac{T^2}{lmr}$	$lmr-1$			

| 예제 11-3 |

어떤 화학공정에서 불량율을 낮추기 위한 실험을 실시하기 위하여 반응온도(A)와 반응시간(B)를 두 인자로 하여 여섯 개의 수준조합에 대해 4회씩 반복 시행하여 다음과 같은 자료를 얻었다.

1) 두 인자 A와 B 사이에 교호작용이 있는 지 유의수준 5%로 검정하여라.
2) 인자 A의 주효과가 존재하는 지 유의수준 5%로 검정하여라.
3) 인자 B의 주효과가 존재하는 지 유의수준 5%로 검정하여라.

반응시간 \ 반응온도	A_1	A_2	A_3
B_1	2 1 2 1	2 2 1 2	4 4 4 3
B_2	2 3 2 3	3 3 4 4	4 4 3 4

• **자료 배열**

B \ A	A_1	A_2	A_3	합계
B_1	2 1 2 1	2 2 1 2	4 4 4 3	
소계	6	7	15	28
B_2	2 3 2 3	3 3 4 4	4 4 3 4	
소계	10	14	15	39
합계	16	21	30	67

• **가설의 설정**

① $H_0: (\alpha\beta)_{ij} = 0 \qquad i = 1,2 \qquad j = 1,2,3$

H_1: 적어도 하나의 $(\alpha\beta)_{ij}$는 0이 아니다.

② $H_0: \mu(A_1) = \mu(A_2) = \mu(A_3)$

H_1: 적어도 하나는 나머지와 같지 않다.

③ $H_0: \mu(B_1) = \mu(B_2)$

H_1: 적어도 하나는 나머지와 같지 않다.

• **임계범위 설정**

① 유의수준 $\alpha = 0.05$, 자유도 2, 18인 경우의 F값 은 3.55

② 유의수준 $\alpha = 0.05$, 자유도 2, 18인 경우의 F값 은 3.55

③ 유의수준 $\alpha = 0.05$, 자유도 1, 18인 경우의 F값 은 4.41

• **임계범위 설정**

① 유의수준 $\alpha = 0.05$, 자유도 2, 18인 경우의 F값 은 3.55

② 유의수준 $\alpha = 0.05$, 자유도 2, 18인 경우의 F값 은 3.55

③ 유의수준 $\alpha = 0.05$, 자유도 1, 18인 경우의 F값 은 4.41

• **검정통계량계산**

$$SST = 2^2 + 1^2 + 2^2 + \ldots + 3^2 + 4^2 - \frac{4489}{3 \times 2 \times 4} = 25.9583$$

$$SSA = \frac{16^2 + 21^2 + 30^2}{2 \times 4} - \frac{4489}{3 \times 2 \times 4} = 12.5833$$

$$SSB = \frac{28^2 + 39^2}{3 \times 4} - \frac{4489}{3 \times 2 \times 4} = 5.0416$$

$$SSW = 213 - \frac{6^2 + 7^2 + 15^2 + 10^2 + 14^2 + 15^2}{4} = 5.25$$

$$SSAB = 25.9583 - 12.5833 - 5.0416 - 5.25 = 3.0834$$

• **분산분석표 작성**

요인	제곱합	자유도	제곱평균	F	$F(\alpha)$
A(열) 효과	12.5833	2	6.2917	21.57	3.55
B(행) 효과	5.0416	1	5.0416	17.29	4.41
$A \times B$ (교호작용 효과)	3.0834	2	1.5417	5.29	3.55
잔차	5.25	18	0.2917		
총변동	25.9583	23			

• **통계적 검정**

① 통계량 $F = 5.29 > F_{2,18,0.05} = 3.55$ 이므로 귀무가설은 기각되어 두 인자 사이의 교호작용이 있다고 판단한다.

② 교호작용이 있을 때에는 주효과 검정은 의미가 없다.
하지만, 계산된 검정 결과를 해석하자면, $F = 21.57 > F_{2,18,0.05} = 3.55$ 이므로 귀무가설을 기각하여 반응온도는 불량률에 영향을 준다고 판단한다.

③ 마찬가지로, $F = 17.29 > F_{1,18,0.05} = 4.41$ 귀무가설을 기각하여, 반응시간 역시 불량률에 영향을 준다고 판단한다.

11.3 엑셀 활용

11.3.1 일원배치분산분석

이 장에서는 수식을 이용한 방법과 [데이터]-[분석]-[데이터 분석] 메뉴를 이용한 두 가지 방법을 모두 사용하여 실습을 하도록 한다. 어느 대학교에서 3가지 강의 모형(A, B, C)을 개발하여, 교육 효과에 대한 성취도(6명의 학생)를 조사하였다. 강의 모형에 따른 성취도의 차이를 검정하여 보자.

수식을 사용한 방법

① 실습을 위해 다음과 같이 입력한다.

	A	B	C	D	E
1	일원배치분산분석-수식사용				
2					
3		A	B	C	
4	1	86	85	93	
5	2	83	88	91	
6	3	85	90	89	
7	4	93	91	95	
8	5	81	87	92	
9	6	88	88	87	

② [표 11-2]와 같은 일원배치분산분석표를 작성하기 위해 합계 및 자유도 등을 계산한다. 계산식과 결과는 다음과 같다.

	A	B	C	D	E
1	일원배치분산분석-수식사용				
2					
3		A	B	C	
4	1	86	85	93	
5	2	83	88	91	
6	3	85	90	89	
7	4	93	91	95	
8	5	81	87	92	
9	6	88	88	87	
10	합계	=SUM(B4:B9)	=SUM(C4:C9)	=SUM(D4:D9)	=SUM(B10:D10)
11	평균	=AVERAGE(B4:B9)	=AVERAGE(C4:C9)	=AVERAGE(D4:D9)	=E10/(3*6)
12					

G	H	I
총변동	=SUM(G4:I9)-E10^2/	
=B4^2	=C4^2	=D4^2
=B5^2	=C5^2	=D5^2
=B6^2	=C6^2	=D6^2
=B7^2	=C7^2	=D7^2
=B8^2	=C8^2	=D8^2
=B9^2	=C9^2	=D9^2
=B10^2	=C10^2	=D10^2

분산분석표					
요인	제곱합	자유도	평균제곱	통계량 F	임계값
그룹간	=SUM(G10:I10)/6-E	2	=B15/C15	=D15/D16	=F.INV.RT(0.05,C15,C16)
그룹내	=B17-B15	15	=B16/C16		
총변동	232.444444444438	17			

	A	B	C	D	E	F	G	H	I
1	일원배치분산분석-수식사용								
2							총변동	232.4444	
3		A	B	C					
4	1	86	85	93			7396	7225	8649
5	2	83	88	91			6889	7744	8281
6	3	85	90	89			7225	8100	7921
7	4	93	91	95			8649	8281	9025
8	5	81	87	92			6561	7569	8464
9	6	88	88	87			7744	7744	7569
10	합계	516	529	547	1592		266256	279841	299209
11	평균	86.00	88.17	91.17	88.44444				
12									
13	분산분석표								
14	요인	제곱합	자유도	평균제곱	통계량 F	임계값			
15	그룹간	80.77778	2	40.38889	3.994505	3.6823203			
16	그룹내	151.6667	15	10.11111					
17	총변동	232.4444	17						
18									

③ 분산분석표를 보면 통계량 F의 값이 임계값보다 크므로, 기각역에 속해, 평균의 차이가 없다는 귀무가설을 기각하게 된다. 즉, 강의 모형에 따라 성취도의 차이가 있다고 판단할 수 있다.

분석도구를 사용한 방법

① 분석을 위한 자료는 동일하게 입력한다.

② [데이터]-[분석]-[데이터 분석] 메뉴를 클릭하고, [통계 데이터 분석] 대화상자에서 [분산분석: 일원배치법]을 선택하고 [확인]을 클릭한다.

③ [분산분석: 일원배치법] 대화상자를 다음과 같이 설정하고 [확인]을 클릭하면 검정 결과를 확인할 수 있다.

일원배치분산분석-데이터분석 기능 사용

	A	B	C
1	86	85	93
2	83	88	91
3	85	90	89
4	93	91	95
5	81	87	92
6	88	88	87

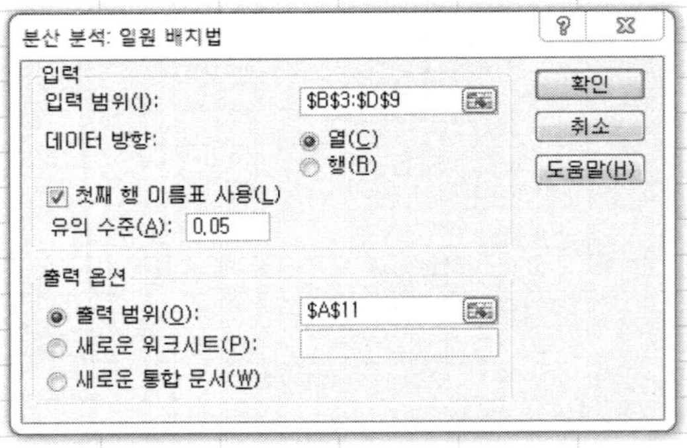

④ 분석 결과는 다음과 같다.

분산 분석: 일원 배치법

요약표

인자의 수준	관측수	합	평균	분산
A	6	516	86	17.6
B	6	529	88.16667	4.566667
C	6	547	91.16667	8.166667

분산 분석

변동의 요인	제곱합	자유도	제곱 평균	F 비	P-값	F 기각치
처리	80.77778	2	40.38889	3.994505	0.040671	3.68232
잔차	151.6667	15	10.11111			
계	232.4444	17				

결과를 해석하면, 유의확률 p값이 0.04067이고, 가설 검정에 사용된 유의수준은 0.05이므로 p값 $< \alpha$가 성립하여, 귀무가설은 기각된다. 이는 F통계량을 통해서도 검정할 수 있다. 즉 유의수준 0.05에서 기각영역의 임계치가 3.68이고, 표본에서 계산된 F값은 3.99이므로 귀무가설이 기각된다. 이 외에도 요약표에서 평균이 C 강의모형의 성취도가 가장 높다는 사실도 알 수 있다.

11.3.2 반복없는 이원배치분산분석

수식을 이용한 방법

① [예제 11-2]를 이용하여 실습하기 위해 다음과 같이 입력한다.

	A	B	C	D	E
1	반복없는 이원분산분석(예제 11-2)				
2					
3		A	B	C	
4	Ⅰ	1	0	1-	
5	Ⅱ	3	2	1	
6	Ⅲ	2	3	0	
7	Ⅳ	0	-2	-3	
8					

② 분산분석표 작성을 위해 필요한 제곱합과 제곱평균을 계산한다. 사용한 수식과 결과는 다음과 같다.

	A	B	C	D
1	반복없는 이원			
2				
10	총변동	=SUM(B12:D15)-E8^2/12		
11				
12		=B4^2	=C4^2	=D4^2
13		=B5^2	=C5^2	=D5^2
14		=B6^2	=C6^2	=D6^2
15		=B7^2	=C7^2	=D7^2
16				

	E	F	G	H	I	J	K
1							
2							
10	SSAB	=SUM(F12:H12)/4-E8^2/12				SSB	=SUM(K12:K15)/3-E8^2/12
11							
12		=B8^2	=C8^2	=D8^2			=E4^2
13							=E5^2
14							=E6^2
15							=E7^2

	A	B	C	D	E	F
1	반복없는 이원					
17	분산분석표					
18	요인	제곱합	자유도	제곱평균	F	임계값
19	인자 A	25.6666666666667	3	=B19/C1	=D19/D21	=F.INV.RT(0.05,C19,C21)
20	인자 B	10.5	2	=B20/C2	=D20/D21	=F.INV.RT(0.05,C20,C21)
21	잔차	=B22-B19-B20	6	=B21/C21		
22	총변동	39	11			
23						

	A	B	C	D	E	F	G	H	I	J	K
1	반복없는 이원분산분석(예제 11-2)-수식이용										
2											
3		A	B	C	합계						
4	I	1	0	-1	0						
5	II	3	2	1	6						
6	III	2	3	0	5						
7	IV	0	-2	-3	-5						
8	합계	6	3	-3	6						
9											
10	총변동	39			SSAB	10.5				SSB	25.667
11											
12		1	0	1		36	9	9			0
13		9	4	1							36
14		4	9	0							25
15		0	4	9							25
16											
17	분산분석표										
18	요인	제곱합	자유도	제곱평균	F	임계값					
19	인자 A	25.6666667	3	8.55555556	18.1176471	4.757062663					
20	인자 B	10.5	2	5.25	11.1176471	5.14325285					
21	잔차	2.83333333	6	0.47222222							
22	총변동	39	11								

③ 분산분석표를 보면 인자 A의 통계량 F의 값 18.12가 임계값 4.76보다 크므로, 개인에 따른 부품 생산량의 평균 차이가 있다고 판단할 수 있다. 인자 B의 통계량 F의 값 11.12도 임계값 5.14보다 크므로, 기계에 의한 부품 생산량의 평균 차이가 있다고 판단할 수 있다.

분석도구를 사용한 방법

① 분석을 위한 자료는 동일하게 입력한다.

② [데이터]-[분석]-[데이터 분석] 메뉴를 클릭하고, [통계 데이터 분석] 대화상자에서 [분산분석: 반복없는 이원배치법]을 선택하고 [확인]을 클릭한다.

③ [분산분석: 반복없는 이원배치법] 대화상자를 다음과 같이 설정하고 [확인]을 클릭하면 검정 결과를 확인할 수 있다.

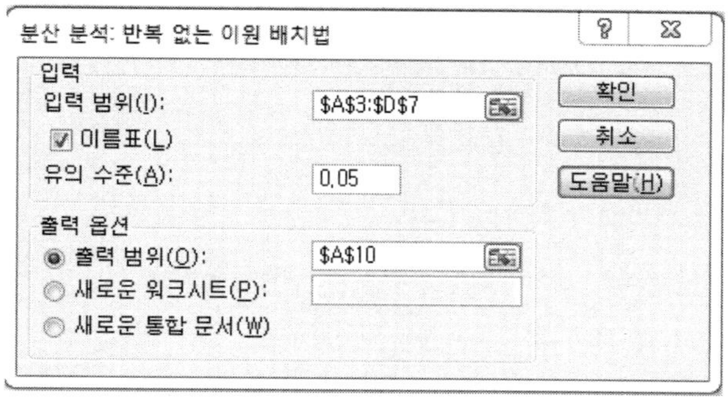

	A	B	C	D	E	F	G
1	반복없는 이원분산분석(예제 11-2)-분석기능 이용						
9							
10	분산 분석: 반복 없는 이원 배치법						
11							
12	요약표	관측수	합	평균	분산		
13	I	3	0	0	1		
14	II	3	6	2	1		
15	III	3	5	1.666667	2.333333		
16	IV	3	-5	-1.66667	2.333333		
17							
18	A	4	6	1.5	1.666667		
19	B	4	3	0.75	4.916667		
20	C	4	-3	-0.75	2.916667		
21							
22							
23	분산 분석						
24	변동의 요인	제곱합	자유도	제곱 평균	F 비	P-값	F 기각치
25	인자 A(행)	25.66667	3	8.555556	18.11765	0.002068	4.757063
26	인자 B(열)	10.5	2	5.25	11.11765	0.009596	5.143253
27	잔차	2.833333	6	0.472222			
28							
29	계	39	11				
30							

④ 분석 결과를 해석하면, F통계량 통한 검정 결과는 수식을 이용한 경우와 같음을 알 수 있다. 같은 결과를 유의확률 p값을 통해서도 검정할 수 있다. p값이 각각 0.0021과 0.0096으로 모두 p값 $< \alpha$가 성립하여, 두 개의 귀무가설 모두 기각한다.

11.3.3 반복있는 이원배치분산분석

① [예제 11-3]을 이용하여 실습하여 실습하기 위해 다음과 같이 입력한다.

	A	B	C	D	E
1	반복있는이원배치분산분석(예제 11-3)				
2					
3		A1	A2	A3	
4	B1	2	2	4	
5		1	2	4	
6		2	1	4	
7		1	2	3	
8	B2	2	3	4	
9		3	3	4	
10		2	4	3	
11		3	4	4	
12					

② [데이터]-[분석]-[데이터 분석] 메뉴를 클릭하고, [통계 데이터 분석] 대화상자에서 [분산분석: 반복있는 이원배치법]을 선택하고 [확인]을 클릭한다.

③ [분산분석: 반복있는 이원배치법] 대화상자를 다음과 같이 설정하고 [확인]을 클릭하면 검정 결과를 확인할 수 있다.

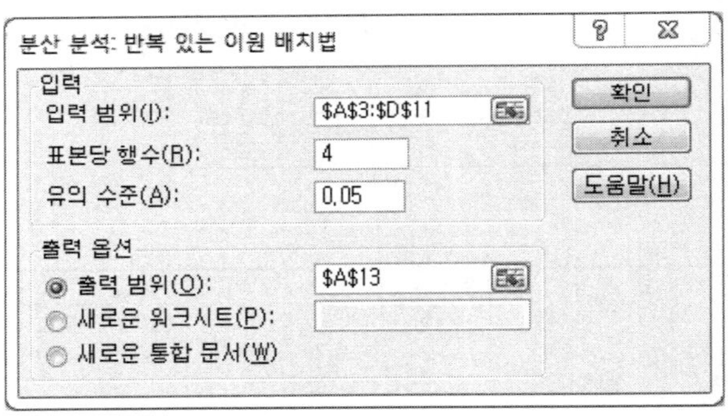

④ 분석 결과는 다음과 같다. 결과를 해석해 보면, 먼저, 교호작용의 F통계량 5.2586은 임계값 3.5546보다 크므로 기각역에 속해, 귀무가설 즉, 반응온도와 반응시간 사이에 교호작용이 없다는 가설을 기각해야 한다. 같은 결과를 유의확률 p값을 통해서도 검정할 수 있다. p값이 각각 0.0156으로 유의수준 0.05보다 작으므로 역시 교호작용에 대한 가설을 기각하게 된다. 교호작용이 있다는 결론 하에서는 주효과에 대한 가설 검정은 의미가 없지만, 해당 내용에 대해서도 추가적으로 검정을 해 본다면, $F = 21.57 > F_{2,18,0.05} = 3.55$ 이므로 귀무가설을 기각하여 반응온도는 불량률에 영향을 준다고 판단한다. 마찬가지로, $F = 17.29 > F_{1,18,0.05} = 4.41$ 이므로 귀무가설을 기각하여, 반응시간 역시 불량률에 영향을 준다고 판단한다.

	A	B	C	D	E	F	G
1	반복있는이원배치분산분석(예제 11-3)						
12							
13	분산 분석: 반복 있는 이원 배치법						
14							
15	요약표	A1	A2	A3	계		
16	B1						
17	관측수	4	4	4	12		
18	합	6	7	15	28		
19	평균	1.5	1.75	3.75	2.333333		
20	분산	0.333333	0.25	0.25	1.333333		
21							
22	B2						
23	관측수	4	4	4	12		
24	합	10	14	15	39		
25	평균	2.5	3.5	3.75	3.25		
26	분산	0.333333	0.333333	0.25	0.568182		
27							
28	계						
29	관측수	8	8	8			
30	합	16	21	30			
31	평균	2	2.625	3.75			
32	분산	0.571429	1.125	0.214286			
33							
34							
35	분산 분석						
36	변동의 요인	제곱합	자유도	제곱 평균	F 비	P-값	F 기각치
37	인자 A(행)	5.041667	1	5.041667	17.28571	0.000591	4.413873
38	인자 B(열)	12.58333	2	6.291667	21.57143	1.66E-05	3.554557
39	교호작용	3.083333	2	1.541667	5.285714	0.015634	3.554557
40	잔차	5.25	18	0.291667			
41							
42	계	25.95833	23				
43							

연/습/문/제

1. 지난 해 수도권 세 지역에 사는 12가족을 무작위로 추출하여 그들의 연간 소득을 조사한 결과 다음과 같은 자료를 얻었다. 각 지역의 연간소득에 차이가 있는지 유의수준 5%에서 검정하여라.

	지역1	지역2	지역3
표본1	50	50	44
표본2	56	50	36
표본3	60	44	40
표본4	62	56	150

2. 어떤 농업시험소에서는 비료와 토양에 따라 무 생산량에 대한 차이가 있는 지를 알아보기 위하여 3종류의 비료와 4종류의 토양에 실험 재배하였다. 실험 재배한 결과는 다음과 같다. 이 실험 결과로부터 비료 종류와 토양 종류에 따른 무 생산량에는 차이가 있는지를 유의수준 5%에서 검정하여라.

	토양1	토양2	토양3	토양4
비료1	5	4	5	6
비료2	6	2	7	7
비료3	7	6	3	8

3. 3종류의 자동차를 운전자 3명이 100㎞의 거리를 2회 반복 운전한 후 연료소모량을 조사한 결과이다. 자동차종류와 운전자에 따라 연료소모량에 영향을 미치는 것 인지를 유의수준 5%에서 검정하여라.

	운전자1	운전자2	운전자3
자동차1	12, 13	17, 16	18, 20
자동차2	12, 11	14, 15	16, 16
자동차3	11, 13	10, 12	14, 12

4. 고가의 자동차는 저가의 자동차들에 비해 더욱 주의하여 조립하는 것은 아닌가 하는 의심을 갖고 있다. 이에 대한 근거를 위해 대형 고급차 A와 중형 차량 B, 소형 차량 C에 대해 결점을 비교하였다. 모든 차들은 같은 제조 회사에서 제조되었다. 평

균 결점수가 세 모델에 대하여 같다는 가설을 유의수준 5%에서 검정하여라.

A	B	C
4	5	8
7	1	6
6	3	8
6	5	9
	3	5
	4	

5. A, B, C 세 가지 공법에 의해 생산되는 금속 가공품의 인장강도에 차가 있는 지의 여부를 조사하기 위해, 세 공법에 의하여 생산된 제품 가운데 5개씩을 임의 추출하여 인장강도를 측정한 결과이다. 분산분석표를 작성하고 세 공법에 의한 제품의 인장강도에 차이가 있는 지를 유의수준 5%에서 검정하여라.

A	B	C
56	48	55
60	61	60
50	48	44
65	52	46
64	46	55

6. 5종류의 절단기로 4종류의 금속을 절단하게 하여, 절단속도를 측정한 결과이다. 분산분석표를 작성하고 절단기에 따라 절단속도가 다른 지 여부와 금속에 따라 절단속도가 다른 지의 여부를 유의수준 5%에서 검정하여라.

	금속1	2	3	4
절단기1	12	20	13	11
2	2	14	7	5
3	8	17	13	10
4	1	12	8	3
5	7	17	14	6

7. 어떤 회사의 생산관리자는 기계 세대가 정말로 동일한 평균 생산량을 생산하는 지 검정하고자 한다. 그런데 생산량은 작업자 네 명 가운데 누가 특정 기계를 작동하느냐

에 따라 다르기 때문에 기계와 작업자 사이의 조합에 두 개씩의 표본을 확보하였다.

	기계1	기계2	기계3
작업자 1	75 80	65 70	65 65
작업자 2	85 90	70 75	75 75
작업자 3	95 97	75 72	70 75

1) 각 기계가 생산하는 평균 생산량은 동일한 지 유의수준 5%에서 검정하여라.
2) 각 작업자가 생산하는 평균 생산량은 동일한 지 유의수준 5%에서 검정하여라.
3) 기계와 작업자 사이에 교호작용효과가 있는 지 유의수준 5%에서 검정하여라.

8. 노트북 상표마다, 판매하는 백화점마다의 노트북 가격을 조사하였다. 두 인자 사이에 교호작용효과가 있는 지 유의수준 5%에서 검정하여라.

상표	백화점								
	1			2			3		
A	130	151	136	151	151	151	201	151	101
B	221	221	221	201	201	201	301	311	315
C	151	161	176	251	251	251	151	251	171

9. A, B, C 3명의 직원이 매일 같은 시간 일을 하여 1주일간에 만들어낸 부품의 수가 다음과 같다. 이 3명이 생산하는 평균 제품수는 차이가 있는지, 유의수준 5%에서 검정하여라.

수준	A	B	C
월	28	27	24
화	30	29	25
수	30	30	28
목	29	27	24
금	30	26	24
토	27		

10. 세 종류의 질병(A, B, C)에 따라 각기 다른 4종류의 진통제(1, 2, 3, 4)를 투여해 얻은 진통제의 작용시간이다. 진통제의 작용시간과 질병에 따라 차이가 있는지를 유의수준 5%에서 검정하여라.

질병 \ 진통제	1	2	3	4
A	6	4	3	7
B	10	5	4	9
C	8	3	2	5

단순 회귀 분석 12

학습목표

날씨가 더우면 아이스크림의 판매량은 증가하고, 부모의 연봉이 높으면 자녀의 성적은 통계적으로 높다. 그렇다면 기온이 1도씩 올라갈 때 아이스크림의 판매량은 얼마나 될까? 그리고 부모의 연봉이 1억일 때 자녀의 성적은 어떻게 될까? 이와 같은 질문의 대답은 상관 분석을 통해서는 알 수가 없다. 그러나 회귀분석을 통해 독립 변수(기온, 부모의 연봉)와 종속 변수(아이스크림 판매량, 자녀의 성적) 간의 인과 관계가 수식으로 표현될 수 있다면 독립 변수의 변화에 따른 종속 변수의 값을 예측할 수 있다. 이 장에서는 회귀 분석의 목적과 독립 변수와 종속 변수가 각각 한 개일 때의 관계를 분석하는 단순 회귀 분석에 대해 학습한다.

12.1 회귀 분석의 의의

회귀 분석(regression analysis)은 한 개 또는 그 이상의 종속 변수와 한 개의 독립 변수 사이의 인과 관계를 분석하기 위해 관측된 자료로부터 이들 간의 함수 관계식을 통계적으로 추정하는 기법이다. 예를 들어 사람들의 키를 독립 변수로 두고 몸무게를 키에 따른 종속 변수라 할 때 이들의 관계를 하나의 함수식으로 표현하고, 이 함수식을 이용하여 특정 키에 대한 몸무게를 예측하고자 할 때 회귀 분석을 적용할 수 있다.

일반적으로 회귀 분석에서는 종속 변수는 하나이며, 이에 영향을 미치는 독립 변수는 여러 개이다. 이때 독립 변수와 종속 변수가 각각 한 개일 때의 분석을 단순 회귀 분석(simple regression analysis)이라 하고, 종속 변수는 한 개이면서 독립 변수가 두 개 이상일 때의 분석을 다중 회귀 분석(multiple regression analysis)이라 한다. 본 교재에서는 독립 변수가 한 개이고, 독립 변수와 종속 변수의 관계가 1차식으로 표현되는 단순 선형 회귀 분석을 통해 회귀 분석의 개념과 절차를 알아보도록 한다.

12.2 산점도

산점도(scatter diagram)는 회귀 분석에 앞서 독립 변수와 종속 변수 간의 연관 관계를 시각적으로 파악하기 위해 사용된다. 즉, 자료들이 흩어져 있는 모양을 통해 그 관련성을 파악하고, 변수들 간의 관계가 직선 관계인지 아닌지의 여부를 판단함으로써 선형 회귀 분석의 여부를 결정한다. 그림 12-1은 여러 형태의 산점도를 나타낸 것으로써, x축과 y축은 각각 독립 변수와 종속 변수를 의미한다.

그림 12-1 여러 형태의 산점도

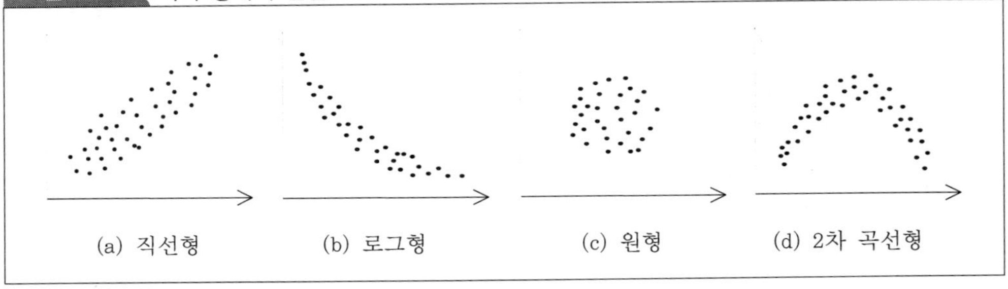

그림 12-1(a)는 두 변수의 관계가 양(+)의 직선 관계임을 의미하며, (b)는 로그관계 또는 역수 관계임을 나타낸다. 또한 (c)는 원형 형태로써 두 변수가 아무런 관계가 없음을 의미하고, (d)는 2차 곡선 관계임을 나타낸다.

| 예제 12-1 |

아래의 표는 나이에 따른 혈압간의 관계를 나타낸 것이다. 산점도를 그리고 변수 간의 관계를 예측하라.

나이	25	27	29	31	33	35	37	39	41	43
혈압	110	114	120	119	125	123	125	124	130	127

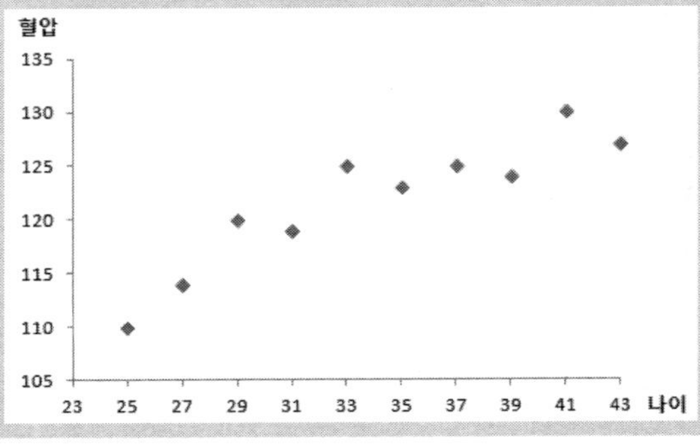

위의 산점도는 나이는 독립 변수로써 x축에, 나이에 따른 혈압은 종속 변수로써 y축에 표시하였으며, 각 점은 관측값을 나타낸다. 산점도로부터 나이가 증가할수록 혈압이 증가하는 추세를 보이며, 이로부터 나이와 혈압은 양의 직 선 관계를 가지고 있음을 알 수 있다.

12.3 단순 회귀 분석의 모형

12.3.1 단순 선형 회귀 모형

산점도를 통해 독립 변수 X와 종속 변수 Y가 직선 관계라고 예측되면, 이들의 관계는 다음과 같이 단순 선형 회귀 모형으로 설정할 수 있다.

$$Y_i = \alpha + \beta X_i + \epsilon_i \, i = 1, 2, \cdots, n \qquad \text{(식 12-1)}$$

여기서 X_i, Y_i는 각각 i번째 독립 변수와 종속 변수의 값을 나타내며, α, β는 회귀 분석에 의해 추정해야 할 모수이다. 또한 n은 관측된 자료의 수, ϵ_i는 i번째 측정된 자료 Y_i의 오차를 의미한다.

단순 회귀 모형에서 독립 변수 X는 오차 없이 측정 가능한 변수로 가정하며, 종속 변수 Y는 주어진 X값에 대해 일정하지 않고 측정 시 발생되거나 또는 여러 요인에 의해 측정이 불가능한 각종 오차를 포함하게 된다. 이때 오차 항 ϵ_i은 서로 독립이며, 평균이 0이고 분산 σ^2인 정규 분포를 따른다고 가정한다.

12.3.2 회귀식의 추정

독립 변수 X와 종속 변수 Y의 관계를 단순 선형 회귀 모형으로 설정하고 나면, α와 β를 추정하여 다음과 같이 추정된 회귀 직선식을 구해야 한다.

$$\text{회귀 모형 : } Y_i = \alpha + \beta X_i + \epsilon_i$$

$$\downarrow$$

$$\text{추정된 회귀 직선 : } \widehat{Y}_i = a + bX_i \qquad \text{(식 12-2)}$$

이때 a, b는 회귀 모형의 모수 β_1과 β_0의 추정량이며, $\widehat{Y}_i$는 Y_i의 추정값이다. 일반적으로 회귀 계수 a, b의 값을 구하기 위해 모집단 전체를 조사하는 것은 시간적 또는 경제적으로 매우 비효율적이므로 관측된 표본 값으로부터 추정하게 된다. 따라서 그림

12.2와 같이 임의의 값 X_i에 대한 추정값 $\hat{Y}_i$는 관측값 Y_i와 반드시 일치하지는 않는다. 그러나 관측값과 추정값의 차이는 가능한 매우 작아야 한다.

그림 12-2 단순 회귀 직선

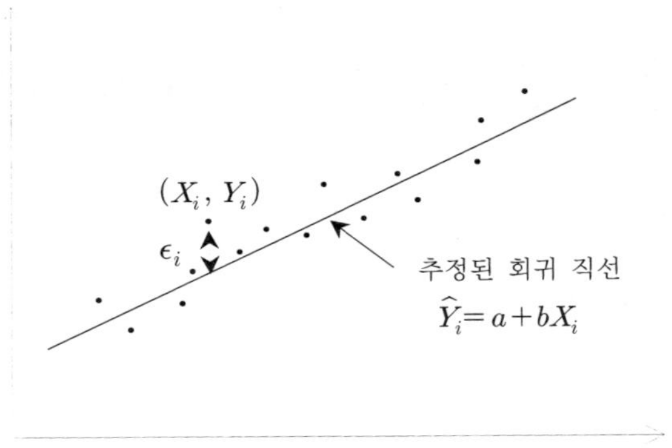

그림에서 ϵ_i는 (X_i, Y_i)에서 추정된 회귀 직선으로 수직하게 내려 그은 거리로써 y축 상에서 Y_i와 $\hat{Y}_i$간의 차이를 의미한다.

이때 산점도에 나타나는 점들을 가장 잘 적합시키는 회귀 직선을 구하기 위해서는 오차 e_i의 합이 가장 최소화해 주는 a와 b를 찾아야 한다. 이와 같이 오차의 합이 최소가 되기 위해서 이들 편차의 제곱의 합을 구하여 이를 최소로 하는 직선을 구해야 하며, 이러한 방법을 최소 자승법(method of least squares)이라 한다.

$$S = \sum_{i=1}^{n} \epsilon_i^2 = \sum_{i=1}^{n} (Y_i - \hat{Y}_i)^2 = \sum_{i=1}^{n} (Y_i - a - bX_i)^2 \qquad \text{(식 12-3)}$$

최소 자승법에 의한 a와 b의 추정은 S를 a와 b에 대해 각각 편미분하여 0으로 둔 2개의 방정식으로부터 구할 수 있으며, 계산된 회귀 계수 a와 b는 각각 다음과 같다.

$$b = \frac{n\sum_{i=1}^{n} X_i Y_i - \left(\sum_{i=1}^{n} X_i\right)\left(\sum_{i=1}^{n} Y_i\right)}{n\sum_{i=1}^{n} X_i^2 - \left(\sum_{i=1}^{n} X_i\right)^2} \qquad \text{(식 12-4)}$$

$$a = \overline{Y} - b\overline{X}$$

여기서 $\overline{X}$, $\overline{Y}$는 각각 X와 Y의 평균값을 의미한다.

예제 12-1

예제 12-1에서 주어진 나이에 따른 혈압간의 관계를 선형 회귀직선식으로 예측하라.

i	X_i(나이)	Y_i(혈압)	X_i^2	$X_i Y_i$
1	25	110	625	2,750
2	27	114	729	3,078
3	29	120	841	3,480
4	31	119	961	3,689
5	33	125	1,089	4,125
6	35	123	1,225	4,305
7	37	125	1,369	4,625
8	39	124	1,521	4,836
9	41	130	1,681	5,330
10	43	127	1,849	5,461
$\sum_{i=1}^{10}(\cdot)$	340	1217	11,890	41,679
평균	34	121.7		

$$b=\frac{10\sum_{i=1}^{10}X_iY_i-\left(\sum_{i=1}^{10}X_i\right)\left(\sum_{i=1}^{10}Y_i\right)}{10\sum_{i=1}^{10}X_i^2-\left(\sum_{i=1}^{10}X_i\right)^2}=\frac{10(41679)-(340)(1217)}{10(11890)-(340)^2}=0.912121$$

$$a=\overline{Y}-b\overline{X}=121.7-(0.912121)(34)=90.68789$$

따라서 직선 회귀 방정식은 다음과 같다.

$$\hat{Y}=90.68789+0.912121X$$

위의 예제에서 추정된 직선 회귀 방정식으로부터 나이가 43세일 때 예측되는 혈압은 과연 130일까 ? 그렇지는 않을 것이다. 혈압은 측정 당시의 심리적 상태 뿐만 아니라 긴장 정도와 혈압을 측정하는 시간 등의 요인에 의해서 달라진다. 따라서 나이만을 고려한 회귀식에 의한 혈압의 예측치와 실제 혈압은 일반적으로 차이가 날 수 밖에 없다. 관측 자료를 보면 43세일 때 실제 혈압은 127로써 회귀식 상의 추정치와 차이가 난다는 것을 알 수 있다.

12.4 회귀 분석에서의 통계적 추론

산점도를 통해 회귀 모형을 설정한 후 회귀식을 추정하고 나면, 추정된 회귀식이 원래의 관측값들을 얼마나 잘 대표하는가를 검정할 필요가 있다. 즉, 회귀 모형이 잘못 설정되었거나 회귀 분석의 기본 가정이 충족되지 않을 수 있기 때문이다. 이와 같이 추정된 회귀식이 원래의 관측값들을 얼마만큼 잘 대표하는지를 회귀식의 정도(precision)라고 하며, 추정된 회귀식의 정도를 측정하는 척도로 가장 많이 사용되는 것이 결정계수(coefficient of determination)이다.

회귀분석에서는 관측값 Y_i와 이들의 평균값 $\overline{Y}$의 차이를 편차라고 하며, 이 편차는 다음과 같이 두 개의 항으로 분해될 수 있다.

$$Y_i - \overline{Y} = (Y_i - \widehat{Y}_i) + (\widehat{Y}_i - \overline{Y}) \qquad \text{(식 12-5)}$$

위의 식에서 첫 번째 항 $Y_i - \widehat{Y}_i$은 관측값과 회귀선에 의한 추정값의 차이로써 관측이 불가능하며 잔차(residual)라고도 한다. 또한 두 번째 항 $\widehat{Y}_i - \overline{Y}$은 회귀선에 의해 설명되는 편차이다. 그림 12-3은 이를 그림으로 표현한 것이다.

그림 12-3 편차의 분해

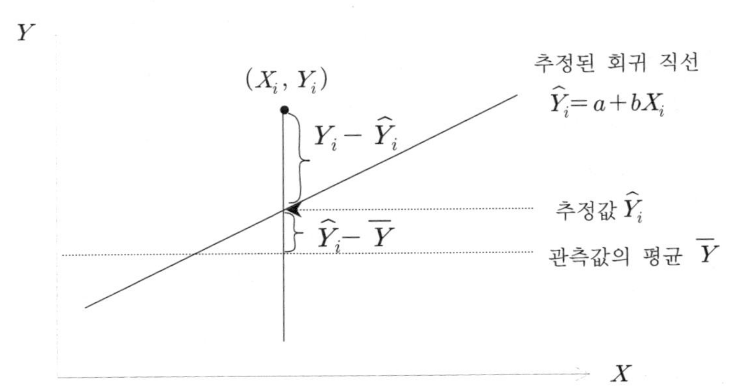

위의 식을 모든 편차들에 대해 제곱한 후 합하면 다음의 관계식이 성립한다.

$$\sum_{i=1}^{n}(y_i - \overline{y})^2 = \sum_{i=1}^{n}(y_i - \widehat{y}_i)^2 + \sum_{i=1}^{n}(\widehat{y}_i - \overline{y})^2 \qquad \text{(식 12-6)}$$

여기서 식의 좌변을 총 변동 또는 총 제곱합(SST : total sum of squares)이라 하며,

우변의 첫 번째 항은 회귀선에 의해 설명이 되지 않는 변동, 즉 잔차 제곱합(SSE : error sum of squares)이라 한다. 또한 우변의 두 번째 항은 총 변동 중에서 회귀식에 의해 설명이 되는 변동을 가리키며 회귀 제곱합(SSR : regression sum of sqaures)이라 한다. 여기서 총 제곱합은 (n-1), 오차 제곱합은 (n-2) 그리고 회귀 제곱합은 1의 자유도를 가진다. 따라서 식 (12-6)은 다음과 같이 표현할 수 있다.

$$\mathrm{SST} = \mathrm{SSE} + \mathrm{SSR} \qquad \text{(식 12-7)}$$

기본적으로 잔차 제곱합인 SSE가 작을수록 각 관측값들이 회귀 직선에 가까이 있다고 볼 수 있다. 그러나 SST가 커지면 SSE 또한 커지게 되므로 상대적인 적합도를 알아보기 위해 총 제곱합 SST 중 회귀 제곱합 SSR이 차지하는 비율을 결정 계수(coefficient determination)라 하며, 다음과 같이 정의된다.

$$R^2 = \frac{SSR}{SST} = 1 - \frac{SSE}{SST} \qquad \text{(식 12-8)}$$

결정 계수는 추정된 회귀선에 의해 변동이 설명되는 정도를 나타내므로, 결정 계수가 클수록 회귀 직선이 잘 추정되었다고 판단할 수 있다. 반대로 결정 계수가 작을수록 회귀선은 잘 추정되지 않았고 자료를 잘 설명할 수 없다고 할 수 있다.

만일 모든 관측값들이 회귀선 상에 위치한다면 SSE는 0이므로 R^2은 1이 된다. 이는 완벽한 적합을 의미한다. 반면 X의 값으로부터 Y의 값을 전혀 예측하지 못한다면, SSE=SST이므로 결정 계수 R^2은 0에 가까워진다. 따라서 결정 계수는 0과 1 사이의 값을 가지며, 1에 가까울수록 추정된 회귀식이 해당 자료를 잘 설명하고 있다고 할 수 있다.

예제 12-3

예제 12-2에서 추정된 나이에 따른 혈압간의 관계에 대한 직선 회귀선에 대해 결정 계수를 계산하고, 적합성을 검정하라.

i	나이	혈압	추정된 혈압	SSE		SSR	SST
	X_i	Y_i	$\widehat{Y}_i$	$Y_i-\widehat{Y}_i$	$(Y_i-\widehat{Y}_i)^2$	$(\widehat{Y}_i-\overline{Y})^2$	$(Y_i-\overline{Y})^2$
1	25	110	113.49	-3.55	12.19	67.39	136.89
2	27	114	115.32	-1.32	1.73	40.77	59.29
3	29	120	117.14	2.86	8.18	20.79	2.89
4	31	119	118.96	0.04	0.001	7.488	7.29
5	33	125	120.79	4.21	17.74	0.832	10.89
6	35	123	122.61	0.39	0.15	0.832	1.69
7	37	125	124.44	0.56	0.32	7.488	10.89
8	39	124	126.26	-2.26	5.11	20.79	5.29
9	41	130	128.08	1.92	3.67	40.77	68.89
10	43	127	129.91	-2.91	8.46	67.39	28.09
$\sum_{i=1}^{10}(\cdot)$	340	1217			57.55	274.55	332.1

$$R^2=\frac{274.55}{332.1}=1-\frac{57.55}{332.1}=0.827$$

결정 계수는 0.827이므로 나이가 혈압 변동의 약 82.7%를 설명한다고 말할 수 있다. 다시 말하면 혈압의 17.3%는 나이 변수에 의해 설명되지 않고 회귀 모형에 포함되지 않은 다양한 요인을 반영함을 의미한다.

12.5 회귀 모형의 적합성 검정

단순 회귀 모형에서 중요한 것은 X의 계수 b이다. 앞의 예제에서 나이에 따른 혈압의 직선 회귀식은 $\widehat{Y}=90.68789+0.912121X$이다. 이때 X의 계수가 0.912121로 0은 아니지만, 통계적으로 이를 검증하는 절차를 거쳐야 한다. 만일 X의 계수가 0이면 독립 변수와 종속 변수는 아무런 관계가 없기 때문이다. 따라서 회귀식의 계수값 b가 0이라는 귀무 가설에 대한 검정은 독립 변수와 종속 변수가 직선적인 관계를 가지고 있는지를 결정하는 검정으로써 단순 회귀 분석에서 중요하게 사용된다.

가설을 검정하기 위해 우선 회귀 계수의 표본 분포를 알아야 한다. 표본 분포란 동일한 모집단에서 다수의 서로 다른 표본을 추출하여 회귀 분석을 통해 계수값을 추정할 때 이들 계수값 추정치들의 확률 분포이다. 표분 분포의 평균은 귀무 가설에서 이미 0으로 가정하고 있으므로, 이 분포의 흩어진 정도를 나타내는 표준 오차만 결정되면 확률 분포가 결정된다. 회귀 계수의 표준 오차는 보통 S_b로 표시하고 다음 식을 이용하여 계산한다.

$$S_b = \sqrt{\frac{\sum_{i=1}^{n}(Y_i - \widehat{Y}_i)^2/(n-2)}{\sum_{i=1}^{n}(X_i - \overline{X}_i)^2}} = \sqrt{\frac{SSE/(n-2)}{\sum_{i=1}^{n}(X_i - \overline{X}_i)^2}} \qquad \text{(식 12-9)}$$

이 식에서 $\sum_{i=1}^{n}(Y_i - \widehat{Y}_i)^2$는 SSE를 의미하며, 분모는 독립 변수 X의 변동을 의미한다. 회귀 계수의 표준 오차가 구해지면 일반적인 가설 검정 절차를 그대로 반복하면 된다.

> 귀무가설 : 회귀식의 계수값이 0이다. 즉 회귀식은 무의미하다.
> 대립가설 : 회귀식의 계수값은 0이 아니다.
> 검정 통계량 $t = \dfrac{b}{S_b}$ (단 자유도는 $n-2$이다)

예제 12-4

나이에 따른 혈압간의 관계에 관한 회귀식은 $\widehat{Y} = 90.68789 + 0.912121X$ 이다. 회귀식의 계수값 b=0이라는 귀무가설을 $\alpha = 2.5\%$에서 검정하라.

$S_b = \sqrt{\dfrac{57.55/8}{330}} = 0.148$ 이므로 검정 통계량은 다음과 같다.

$$t = \frac{b}{S_b} = \frac{0.912121}{0.148} = 6.16$$

자유도가 8인 t-분포에서 $t_{0.025} = 2.306$이므로 검정 통계치 6.16은 기각역에 포함된다. 따라서 회귀식의 계수값 b=0의 귀무 가설은 기각된다.

그렇다면 표본으로부터 얻어진 회귀식은 어떻게 사용될 수 있을까 ? 앞 절에서 계산한 것처럼 나이와 혈압 간의 관계가 $\hat{Y} = 90.68789 + 0.912121X$로 주어지므로 26세의 혈압은 114.4일 것으로 예측된다. 이와 같이 회귀식으로 부터 예측값을 추정할 수 있을 뿐만 아니라 신뢰 구간의 추정도 가능하다. 신뢰 구간이란 모집단 모수, 예를 들면 모집단 평균 등에 대한 추정 구간으로써, 독립 변수 X에 따른 종속 변수 Y의 상한값 및 하한값의 범위를 의미한다.

독립 변수 X_p를 회귀식에 대입하여 얻은 예측값이 $\hat{Y}_p$일 때, 예측값의 신뢰 구간은 아래와 같이 추정된다.

$$\text{예측치의 신뢰구간} \ : \hat{Y}_p \pm t_{\frac{\alpha}{2}} S_{(Y-\hat{Y})} \qquad \text{(식 12-10)}$$

여기서 α는 유의 수준, $S_{(Y-\hat{Y})}$는 표준 오차의 추정치로서 다음의 식을 이용하여 계산한다.

$$S_{(Y-\hat{Y})} = \sqrt{\frac{SSE}{n-2}} \sqrt{1 + \frac{1}{n} + \frac{(X_p - \overline{X})^2}{\sum_{i=1}^{n}(X_i - \overline{X})^2}} \qquad \text{(식 12-11)}$$

| 예제 12-5 |

예제 12-1에서 주어진 나이에 따른 혈압간의 관계에서 30세일 때 예측치의 98% 신뢰 구간을 구하라.

아래와 같이 예측치 표본 분포의 표준 오차를 구하면 3.73이다.

$$S_{(Y-\hat{Y})} = \sqrt{\frac{57.55}{8}} \sqrt{1 + \frac{1}{10} + \frac{(30-34)^2}{330}} = 3.73$$

회귀식으로부터 30세인 경우 혈압은 118.1이 된다. 위에서 구한 표준 오차값을 이용하여 신뢰 구간을 구하면 $118.1 \pm (2.896)(3.73) = (107, 129)$ 이다. 따라서 나이가 30세인 경우 혈압은 107과 129 사이에 있을 것으로 예측된다.

12.6 엑셀활용

엑셀에서는 다음과 같은 세 가지 방법을 사용하여 회귀 분석이 이루어진다.

- 차트 마법사의 이용
- 통계 분석 도구의 이용
- 함수 마법사의 이용

이 장에서는 다음과 같이 10명의 학생을 대상으로 조사한 공부 시간과 시험 점수의 자료를 이용하여 세 가지 방법에 의한 회귀 분석법에 대해 설명한다.

	1	2	3	4	5	6	7	8	9	10
공부시간(X)	1	5	7	8	10	11	14	15	17	19
시험 점수(Y)	53	74	59	43	56	84	96	69	84	83

12.6.1 차트 마법사의 사용

(1) 산점도 작성

① 워크시트에 자료를 입력한다.

② 입력한 자료를 선택하고 삽입-[차트 마법사]-분산형을 선택하여 산점도를 얻는다.

그림 12-4 삽입-[차트마법사]-분산형 선택

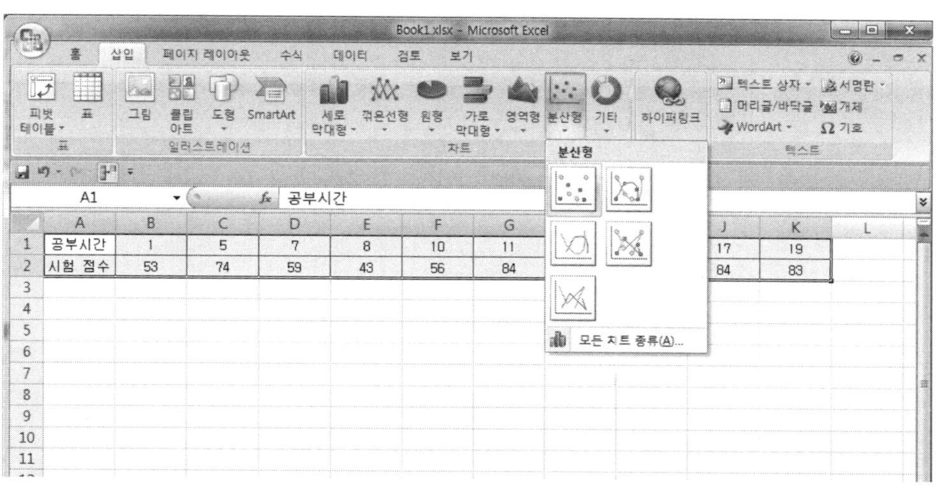

③ 산점도에 차트의 제목과 각 축의 제목을 입력하면 <그림 12.5>와 같다.

- 차트 제목 : 공부 시간과 시험 점수의 관계
- x축의 제목 : 공부 시간
- y축의 제목 : 시험 점수

그림 12-5 산점도

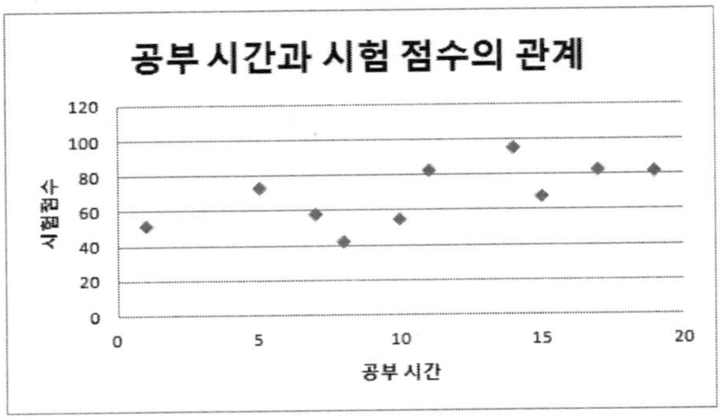

(2) 추세선 삽입 과정

① 산점도에서 자료점을 선택한 후, 마우스 오른쪽 버튼을 클릭하면 <그림 12.6>과 같이 하위 메뉴가 나타난다. 이때 추세선 추가(R)을 선택한다.

그림 12-6 [추세선 추가]를 위한 메뉴 선택

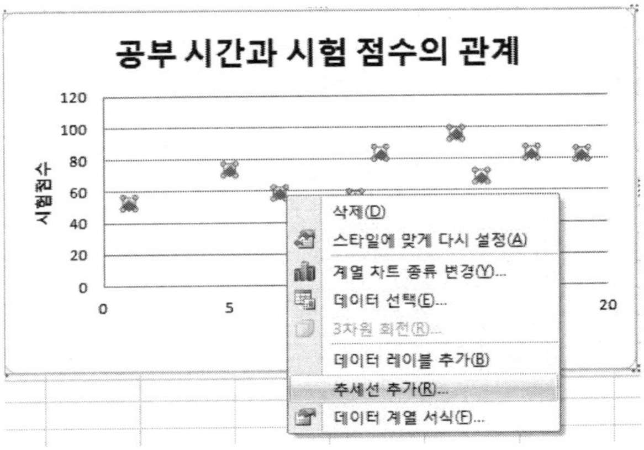

② [추세선 추가(R)]를 선택하면 다음과 같이 추세선 대화 상자가 나타난다.

그림 12-7 [추세선 추가] 대화 상자

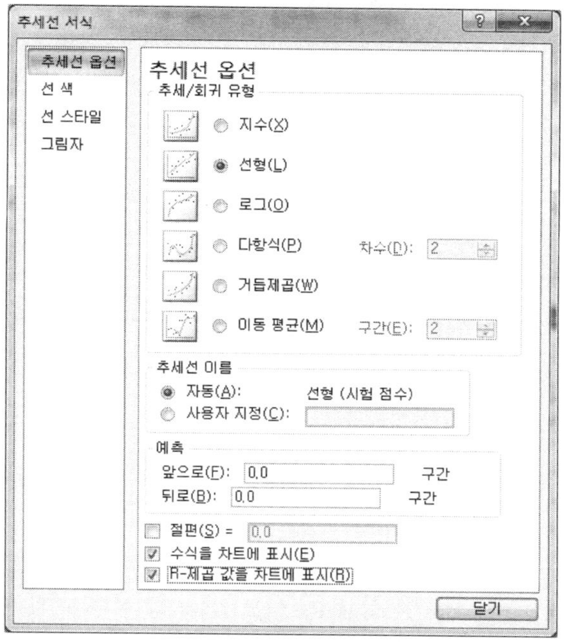

③ [추세선 추가] 대화 상자에서 추세/회귀 옵션에서 [선형]을 선택하고, [수식을 차트에 표시(E)]와 [R-제곱 값을 차트에 표시]하기를 체크하면 <그림 12.8>과 같이 산점도 위에 추세선과 식, 그리고 결정 계수값 R^2이 출력된다.

그림 12-8 [추세선 추가]를 위한 메뉴 선택

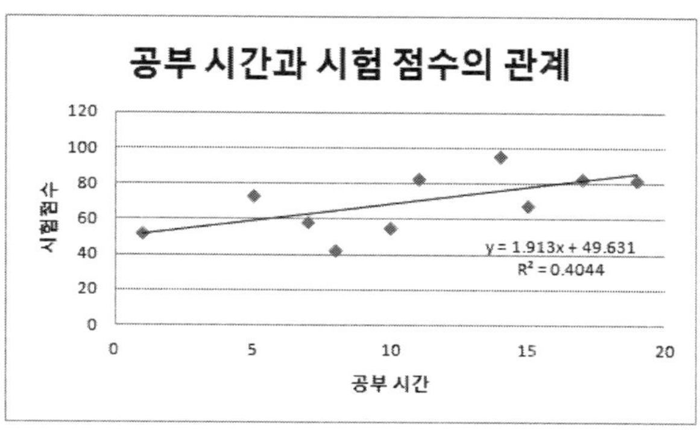

[표 12-1]은 엑셀에서 지원하는 추세선의 종류와 그에 따른 함수식을 나타낸 것이다.

표 12-1 엑셀에서 지원하는 추세선의 종류와 함수식

함수 구문	기능
지수(X)	$Y=\beta_0 e^{\beta_1 X}$
선형(L)	$Y=\beta_0+\beta_1 X$
로그(O)	$Y=\beta_0+\beta_1 \log X$
다항식(P)	$Y=\beta_0+\beta_1 X+\beta_2 X^2+\cdots$
거듭제곱(W)	$Y=\beta_0 X^{\beta_1}$
이동 평균(M)	시계열 분석과 관련된 함수

12.6.2 통계 분석 도구의 이용

① [도구] 메뉴에서 [데이터]-[데이타 분석]-[회귀 분석]을 선택한다.

그림 12-9 [데이터]-[데이타 분석]-[회귀 분석] 선택

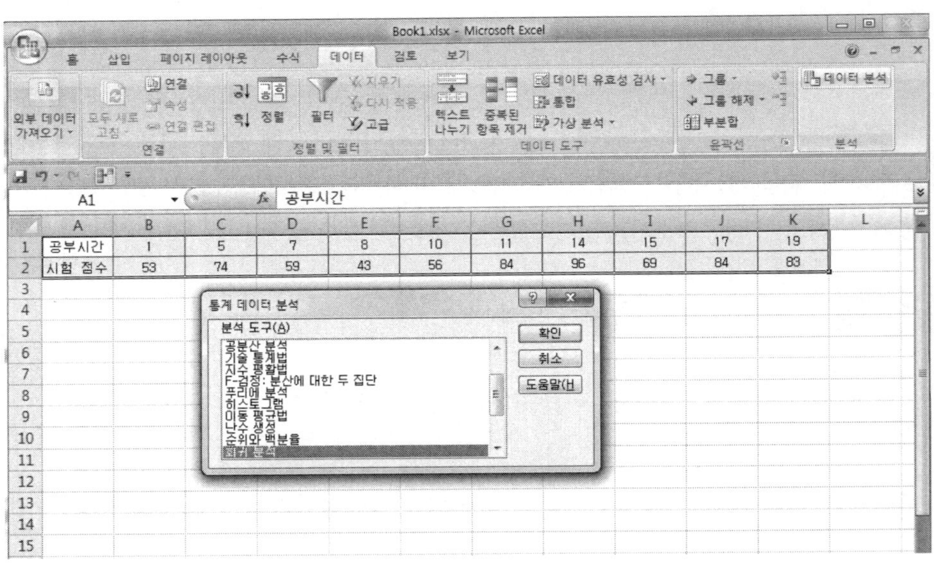

② [회귀 분석] 대화 상자가 나타나면 입력, 출력 옵션, 잔차, 정규 확률 란에 필요한 사항들을 입력 또는 설정한다.

그림 12-10 [회귀 분석] 대화 상자

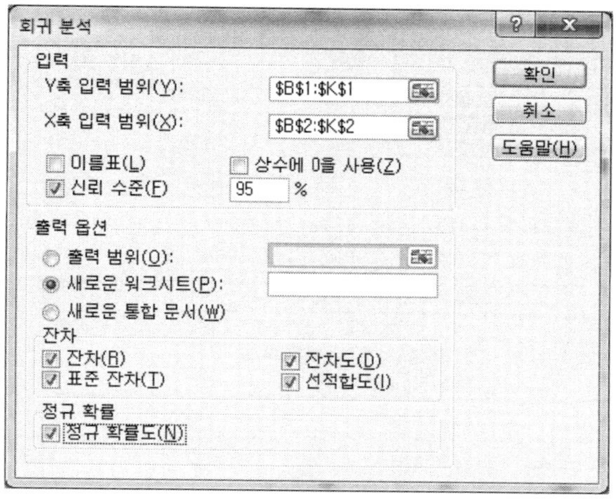

- Y축 입력 범위 : 종속 변수 Y의 값이 입력된 범위
- X축 입력 범위 : 독립 변수 X의 값이 입력된 범위
- 상수에 0을 사용 : 절편이 없는 회귀선을 의미
- 신뢰 수준 : 입력된 신뢰 수준에 따른 회귀 계수의 신뢰 구간을 구함 (디폴트는 95%)
- 잔차 : 잔차 $Y-\hat{Y}$를 출력
- 잔차도 : 잔차를 x축에 따라 도시(모형의 적합성과 오차의 독립성을 검토)
- 표준 잔차 : 표준화된 잔차를 출력
- 선적합도 : 관측값과 추정값을 도시
- 정규 확률 : 오차항이 정규 분포를 따르는가를 검토

③ 회귀 분석 옵션을 체크하고 확인을 누르면 다음과 같은 결과가 출력된다.

그림 12-11 회귀 분석 결과의 요약 표

요약 출력

회귀분석 통계량	
다중 상관계수	0.635929
결정계수	0.404406
조정된 결정계수	-1.25
표준 오차	13.88314
관측수	1

분산 분석

	자유도	제곱합	제곱 평균	F 비	유의한 F
회귀	10	1046.967	104.6967	5.431972	#NUM!
잔차	8	1541.933	192.7416		
계	18	2588.9			

	계수	표준 오차	t 통계량	P-값	하위 95%	상위 95%	하위 95.0%	상위 95.0%
Y 절편							0	0
X 1							0	0
X 2							0	0
X 3							-9E+153	9E+153
X 4							-7E-299	7.3E-299
X 5							-8E-263	8E-263
X 6							-7E-263	7.4E-263
X 7							-3E-263	2.7E-263
X 8	0	3.6E-263	2.19E-53	1	-8E-263	8.2E-263	-8E-263	8.2E-263
X 9	49.63125	9.818579	5.05483	0.000983	26.98956	72.27293	26.98956	72.27293
X 10	1.912967	0.820784	2.330659	0.048112	0.020236	3.805698	0.020236	3.805698

회귀 계

신뢰 구

잔차 출력

관측수	Y 예측치	잔차	표준 잔차
1	1272.585	-1219.59	-4.24264

확률 출력

50	53
백분율	Y

출력 결과로부터 추정된 회귀식은 다음과 같음을 알 수 있으며, 이는 앞에서 구한 회귀식과 같다.

$$\hat{Y} = 49.63125 + 1.912967X$$

또한 회귀식의 절편 a과 기울기 b에 대한 p값은 각각 0.000983, 0.048112이며, 이는 유의 수준 α=0.05보다 작으므로 가정된 직선 모형이 적합하다고 할 수 있다. 이는 a에 대해서도 마찬가지이다. 또한 a와 b의 95% 신뢰 구간은 각각 (26.98956, 72.27293), (0.020236, 3.805698)임을 알 수 있다.

12.6.3 함수 마법사의 함수 사용

(1) 회귀식의 계수 a, b 구하기

엑셀에서는 도구-[함수 마법사]-[통계]를 선택한 후, 함수 [INTERCEPT] 또는 [SLOPE]를 사용하여 회귀 직선식의 절편 a와 기울기 b를 구할 수 있다.

① <그림 12.12>와 같이 회귀식의 절편을 구하기 위해 함수 [INTERCEPT]를 선택한다.

그림 12-12 회귀식의 절편을 구하기 위한 함수 [INTERCEPT] 선택

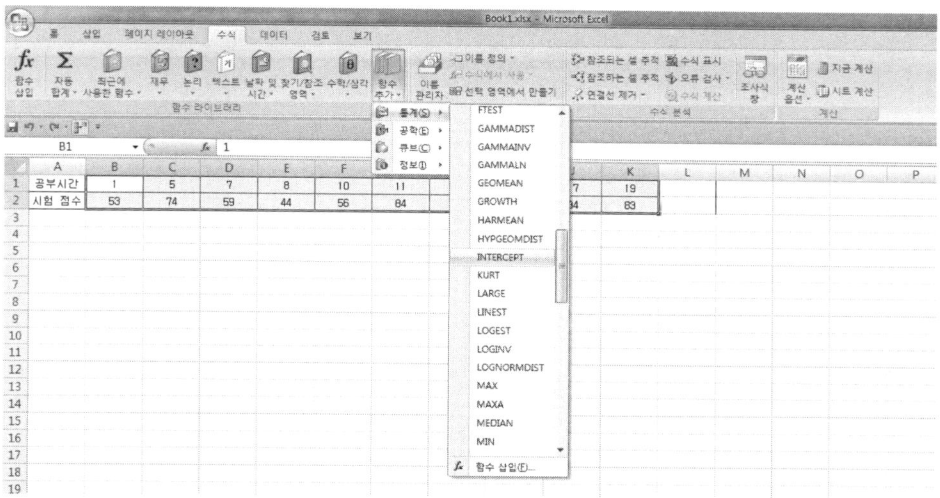

② [함수 인수] 대화 상자에서 독립 변수 X와 종속 변수 Y의 범위를 지정하고 확인을 누르면 수식 결과에 절편 값이 나타난다.

그림 12-13 함수 [INTERCEPT]에 의한 절편의 계산 결과

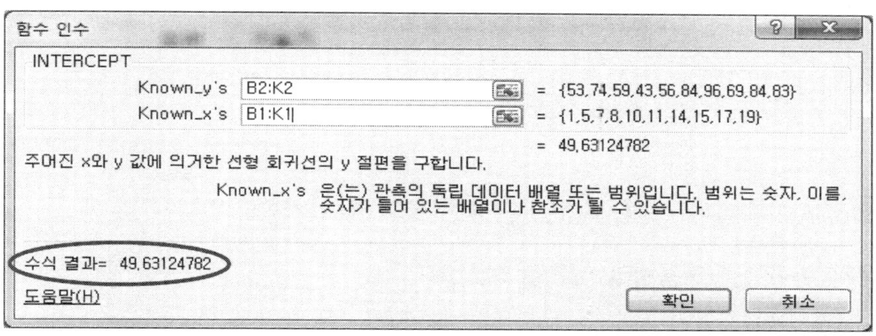

③ 이제 회귀식의 기울기를 구하기 위해 <그림 12.14>와 같이 함수 [SLOPE]를 선택한다.

그림 12-14 회귀식의 기울기를 구하기 위한 함수 [SLOP] 선택

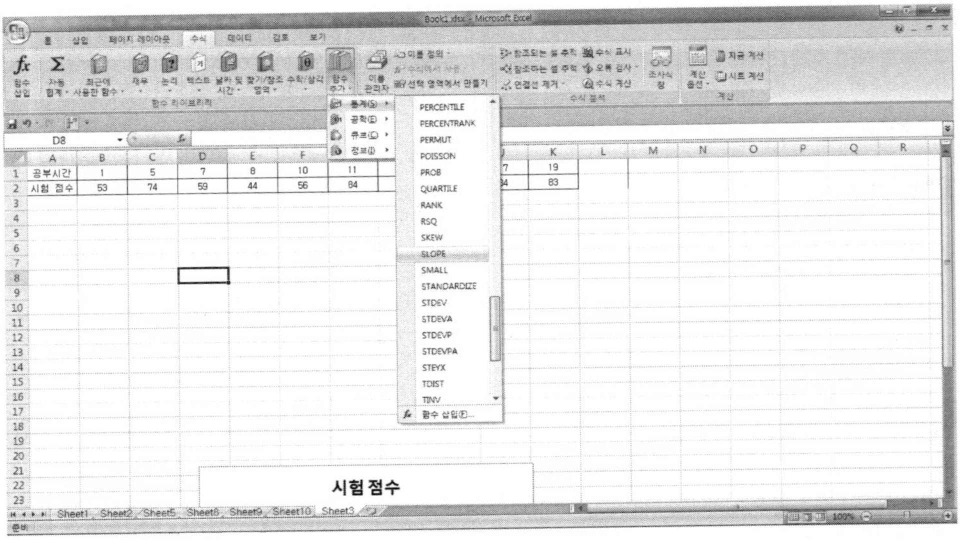

④ [함수 인수] 대화 상자에서 독립 변수 *X*와 종속 변수 *Y*의 범위를 지정하고 확인을 누르면 수식 결과에 기울기 값이 나타난다.

그림 12-15 함수 [SLOP]에 의한 기울기의 계산 결과

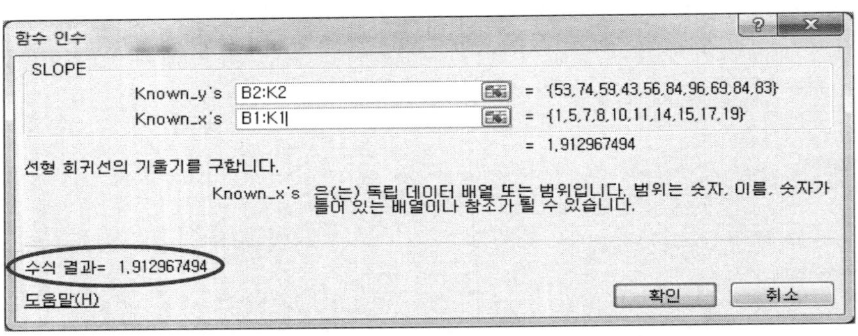

위의 결과는 데이터 분석 도구를 사용한 결과와 일치함을 알 수 있다.

(2) 추정된 회귀식을 이용하여 예측값 계산하기

이제 추정된 회귀식을 이용하여 특정 독립 변수의 값에 대한 예측값을 구해 보자.

① 함수 [INTERCEPT]와 [SLOPE]를 사용하여 셀 D6, E6에 회귀식의 절편과 기울기를 구해 둔다.

② 셀 B3에 그림 <12.16>과 같이 [=$E$6 * B1 + $D$6]을 입력하여 셀 B1값의 예측값을 계산한다.

③ 셀 B3에 블록을 설정한 후, 블록의 오른쪽 하단에 십자 모양(+)이 나타나면 그대로 드래그하여 나머지 예측값들도 계산한다.

그림 12-16 예측값 $\hat{Y}$의 계산 결과

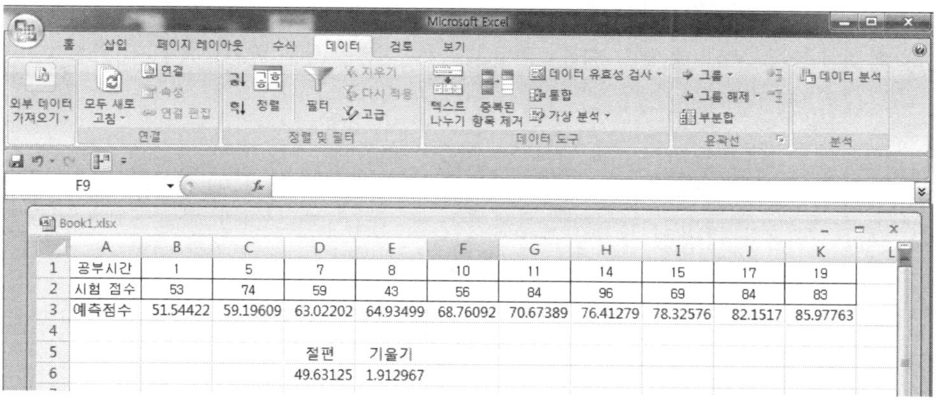

연/습/문/제

1. 회귀 분석에 관한 설명으로 바른 것을 고르시오.

1) 회귀분석은 상관 계수와는 달리 두 변수간의 인과 관계를 추리해 낼 수 없다.
2) 회귀 분석에 있어서 인과 관계는 독립 변수가 종속 변수에 의해 얼마만큼의 영향을 받는가 하는 관계를 설명해 준다.
3) 독립 변수는 분산 분석법에서의 실험 요인 또는 처리 요인과 같이 종속 변수에 영향을 미치며 연구자가 조작할 수 있는 변수이다.
4) 회귀분석이 분산 분석과 다른 점은 회귀 분석의 경우 모든 변수가 범주형 자료이어야 한다는 점이다.

2. 두 변수 X, Y의 관계를 종속 변수와 독립 변수로 나누어 1차 직선의 함수 관계로 표현하는 통계적 기법은 무엇인가 ?

1) 분할표 분석
2) 다중 회귀 분석
3) 이원 분산 분석
4) 단순 회귀 분석

3. 회귀 분석에서 회귀식을 추정하기 위해 사용하는 방법은 어느 것인가 ?

1) 최우 추정법
2) 스칼로그램
3) 소시오메트리
4) 최소 자승법

4. 회귀 분석에서 결정 계수에 대한 설명으로 틀린 것은 어느 것인가 ?

1) 회귀식에서 종속 변수에 대한 독립 변수의 설명력의 크기를 나타낸다.
2) 결정 계수 값이 1에 가까울수록 독립 변수의 설명력이 크고, 추정된 회귀식의 적합도가 높은 것으로 평가할 수 있다.
3) 총 분산에 대한 회귀식으로 설명되는 분산으로 계산할 수 있고, -1에서 1의 값을 가진다.
4) 결정 계수의 값이 1이면 총 분산과 회귀식으로 설명되는 분산이 같게 되어 독

립 변수가 종속 변수를 설명하는 것이 100%라는 것이다.

5. 회귀 분석시 산점도를 그렸을 때 모든 자료들이 회귀 직선상에 위치함을 발견했다. 이 경우 결정 계수값은 얼마인가 ?

1) 1
2) 0
3) -1 또는 1
4) -1 또는 1 사이의 임의의 값

6. 크기가 10인 표본으로부터 얻은 자료로부터 추정한 단순 선형 회귀식의 기울기가 0인지 아닌지를 검정할 때 사용되는 t-분포도의 자유도는 얼마인가 ?

1) 19
2) 18
3) 9
4) 8

7. 판매 가격이 매출액에 미치는 영향 정도를 알아보기 위해 회귀 분석을 실시한 결 과 Y=50,000-850X라는 회귀식이 도출되었다. 다음 중 바르게 기술한 것은 ?

1) 가격을 천원 올리면 매출액은 850,000원이 줄어든다.
2) 가격을 천원 올리면 매출액은 850,000원이 늘어난다.
3) 가격을 천원 올리면 매출액은 850원이 줄어든다.
4) 가격을 천원 내리면 매출액은 850,000원이 줄어든다.

8. 회귀 분석에서 직선 식의 계수 a와 b를 구하기 위해 사용되는 대표적인 방법인 최소 자승법에 관한 설명으로 바르게 된 것을 모두 찾아라.

1) 편차의 제곱 합을 최소화하는 방법이다. 편차란 실제 관측값과 추정치의 차이를 의미한다.
2) 상관 계수에서와 같이 두 변수간의 밀접도를 도출한 후 이를 이용하여 계수를 측정하는 방식이다.
3) 이 방식을 이용하면 $a = \overline{Y} - b\overline{X}$ 가 성립한다.

9. 회귀분석 결과 결정 계수값이 90%로 도출되었다. 그 의미를 제대로 설명한 것은

무엇인가 ?

1) 전체 변동 중 10%가 회귀식에 의해 설명된다는 것을 의미한다.
2) 독립 변수는 종속 변수 변동의 90%를 설명한다고 결론지을 수 있다.
3) 독립 변수와 종속 변수 간의 상관 계수가 0.9라는 의미이다.
4) 독립 변수값이 1단위 움직이면 종속 변수는 0.9단위 변동된다.

10. 다음 중 회귀식의 적합도에 관한 설명이 바르지 못한 것을 고르시오.

1) 결정 계수식에서 분자 SST-SSE는 총 변동에서 외생 요인의 변동 분을 뺀 것이다.
2) 결정 계수식의 분모는 총 변동이므로 결정 계수는 0과 1 사이의 값을 취한다.
3) 종속 변수의 변동 폭이 클수록 적합도는 낮아진다.
4) 모든 관측 값들이 회귀선 상에 위치한다면 R^2은 1이 되고, 독립 변수가 종속 변수의 변동을 설명해 주는 정도가 적으면 적을수록 R^2은 0에 가까워진다.

11. 인구 수가 생산량에 미치는 영향을 분석하기 위해 인구수(단위 : 백명)를 독립 변수, 생산량(단위 : 만원)을 종속 변수로 설정하여 회귀 분석을 실시하였다. 분석 결과 다음과 같은 회귀 방정식을 구했을 때 회귀 방정식에 대한 설명으로 옳은 것을 고르시오.

$$\text{회귀 방정식 : } Y = 273.5 + 1.47X R^2 = 0.25$$

1) 인구 수가 0이면 평균 생산량도 0이다.
2) 회귀선은 곡선형이다.
3) 회귀 방정식에 의하여 인구 수가 생산량을 설명하는 정도는 75%이다.

12. 5명의 월 소득 대비 신용 카드 사용량을 조사하여 아래와 같은 자료를 얻었다. 월 소득이 250만원일 때, 신용 카드 사용량을 예측하라.

(단위 : 만원)

	1	2	3	4	5
월 소득(X)	100	200	300	400	500
카드 사용량(Y)	30	57	78	150	180

13. 어느 회사에서 광고비가 제품 판매액에 미치는 영향을 알아보기 위해 10개의 대리점으로부터 연간 광고비와 판매액을 조사한 결과 다음과 같은 자료를 얻었다. 광고비를 독립 변수, 판매액을 종속 변수로 하여 다음 물음에 답하라.

(단위 : 만원)

	1	2	3	4	5	6	7	8	9	10
광고비(X)	1.0	1.2	1.5	1.7	2.0	2.3	3.5	5.5	7.0	7.5
판매액(Y)	7.0	8.5	9.3	9.7	11.5	12.0	14	16.8	17.8	19.0

1) 자료에 적합한 회귀 직선식을 추정하라.

2) 광고비와 판매액 사이에 직선적인 관계가 성립하는지를 유의 수준 $\alpha = 0.5\%$로 검정하라.

14. 대학 입학 성적이 입학 후 성적과 어떤 관계가 있는지를 분석하기 위해 4학년 학생들 중 7명의 성적을 랜덤하게 추출하였다. 단 입학 후의 성적은 대학 3년 간 수강한 과목들의 평점을 나타낸다.

	1	2	3	4	5	6	7
입학 시 성적(X)	500	530	580	600	620	650	700
입학 후 성적(Y)	2.8	3.0	3.3	3.7	3.9	4.1	4.3

이때 자료에 적합한 회귀직선을 추정하고, 결정 계수를 계산하라.

15. 어느 한 백화점 영업부에서는 백화점을 방문하는 고객 수와 매출액 사이의 관계 를 분석하기 위해 열흘 동안 조사한 결과 다음과 같은 자료를 얻었다. 고객 수를 독립 변수 X, 매출액을 종속 변수 Y로 하여 다음의 물음에 답하라.

	1	2	3	4	5	6	7	8	9	10
고객수(백명)	70	80	90	100	110	120	130	140	150	160
매출액(십만원)	301	332	373	395	410	450	475	493	505	510

1) 최소자승법을 이용하여 적합된 회귀식을 추정하라.

2) 결정 계수 R^2을 구하고 그 의미를 설명하라.

3) 고객수가 125명일 때 예상되는 매출액은 얼마인가 ?

4) 적합된 직선 회귀식이 유의한지를 유의 수준 α=0.25로 결정하라.

16. 다음의 표는 5명의 부모와 그들의 자녀의 키를 조사한 자료이다. 물음에 답하라.

	1	2	3	4	5
부모의 키(X)	150	160	170	180	190
자녀의 키(Y)	175	179	182	180	185

1) 적합된 회귀식을 추정하라.

2) 부모의 키가 178cm일 때 자녀의 예상 키는 얼마일까 ?

3) 자녀의 키에 대해 90% 신뢰 구간을 구하라.

참 고 문 헌

1. EXCEL 활용 통계학, 강금식, 박정민 공저, 2013, 박영사

2. 사회통계방법론, 최현철, 2008, 나남

3. 기초통계학, 박상규 외 2명 공저, 2013, 무역경영사

4. EXCEL을 이용한 기초통계학, 남천현, 김환중 공저, 2013, 신영사

5. EXCEL을 이용한 통계학의 기초와 이해, 김제영, 배현웅, 윤병창 공저, 2011, 교우사

6. 경영경제통계학, David P. Doane, Lori E. Seward 공저, 최필선, 민인식 역, 2013, 경문사

7. 통계학개론, 김태웅, 2013, 신영사

8. 엑셀@통계, 김재현, 김영호, 안웅, 함형범 공저, 2002, 연학사

9. 엑셀 2013을 활용한 통계분석, 콘래드 칼버그 저, 김세희 역, 2014, 혜지원

10. 엑셀 & 통계, 서혜영, 최경호 공저, 2011, 내하출판사

11. 기초 확률과 통계, 박대수, 2012, 한빛미디어

12. 엑셀을 이용한 통계학의 기초와 활용기법, 배현웅, 2010, 교우사

13. SPSS21을 이용한 통계분석, 서의훈, 2013, 자유아카데이

14. 경영통계분석 IBM SPSS STATISTICS 활용, 곽기영, 2011, 경문사

15. 일곱장 포커 약의 확률, 김태성, 채경철, 응용통계연구, 8권 2호, pp.163-177, 1996

16. Basic 고교생을 위한 수학공식 활용사전, 신원문화사, 2002

17. 세상에서 가장 쉬운 사회조사방법론, 장택원, 2012, 커뮤니케이션북스

18. Introduction to Statistics. Online Edition, David M. Lane 외 5명 공저

19. Mathematical Statistics with Applications (Fifth Edition)Wackerly, D.D., Mendenhall, W. & Scheaffer, R.L., 1996, Duxbury.

20. 네이버 지식백과, 두산백과(doopedia)

부 록 Appendix

1. 이항분포표

n	x	.05	.10	.20	.30	.40	.50	.60	.70	.80	.90	.95
							p					
1	**0**	.9500	.9000	.8000	.7000	.6000	.5000	.4000	.3000	.2000	.1000	.0500
	1	.0500	.1000	.2000	.3000	.4000	.5000	.6000	.7000	.8000	.9000	.9500
2	**0**	.9025	.8100	.6400	.4900	.3600	.2500	.1600	.0900	.0400	.0100	.0025
	1	.0950	.1800	.3200	.4200	.4800	.5000	.4800	.4200	.3200	.1800	.0950
	2	.0025	.0100	.0400	.0900	.1600	.2500	.3600	.4900	.6400	.8100	.9025
3	**0**	.8574	.7290	.5120	.3430	.2160	.1250	.0640	.0270	.0080	.0010	.0001
	1	.1354	.2430	.3840	.4410	.4320	.3750	.2880	.1890	.0960	.0270	.0071
	2	.0071	.0270	.0960	.1890	.2880	.3750	.4320	.4410	.3840	.2430	.1354
	3	.0001	.0010	.0080	.0270	.0640	.1250	.2160	.3430	.5120	.7290	.8574
4	**0**	.8145	.6561	.4096	.2401	.1296	.0625	.0256	.0081	.0016	.0001	.0000
	1	.1715	.2916	.4096	.4116	.3456	.2500	.1536	.0756	.0256	.0036	.0005
	2	.0135	.0486	.1536	.2646	.3456	.3750	.3456	.2646	.1536	.0486	.0135
	3	.0005	.0036	.0256	.0756	.1536	.2500	.3456	.4116	.4096	.2916	.1715
	4	.0000	.0001	.0016	.0081	.0256	.0625	.1296	.2401	.4096	.6561	.8145
5	**0**	.7738	.5905	.3277	.1681	.0778	.0313	.0102	.0024	.0003	.0000	.0000
	1	.2036	.3281	.4096	.3602	.2592	.1563	.0768	.0284	.0064	.0005	.0000
	2	.0214	.0729	.2048	.3087	.3456	.3125	.2304	.1323	.0512	.0081	.0011
	3	.0011	.0081	.0512	.1323	.2304	.3125	.3456	.3087	.2048	.0729	.0214
	4	.0000	.0005	.0064	.0284	.0768	.1563	.2592	.3602	.4096	.3281	.2036
	5	.0000	.0000	.0003	.0024	.0102	.0313	.0778	.1681	.3277	.5905	.7738
6	**0**	.7351	.5314	.2621	.1176	.0467	.0156	.0041	.0007	.0001	.0000	.0000
	1	.2321	.3543	.3932	.3025	.1866	.0938	.0369	.0102	.0015	.0001	.0000
	2	.0305	.0984	.2458	.3241	.3110	.2344	.1382	.0595	.0154	.0012	.0001
	3	.0021	.0146	.0819	.1852	.2765	.3125	.2765	.1852	.0819	.0146	.0021
	4	.0001	.0012	.0154	.0595	.1382	.2344	.3110	.3241	.2458	.0984	.0305
	5	.0000	.0001	.0015	.0102	.0369	.0938	.1866	.3025	.3932	.3543	.2321
	6	.0000	.0000	.0001	.0007	.0041	.0156	.0467	.1176	.2621	.5314	.7351
7	**0**	.6983	.4783	.2097	.0824	.0280	.0078	.0016	.0002	.0000	.0000	.0000
	1	.2573	.3720	.3670	.2471	.1306	.0547	.0172	.0036	.0004	.0000	.0000
	2	.0406	.1240	.2753	.3177	.2613	.1641	.0774	.0250	.0043	.0002	.0000
	3	.0036	.0230	.1147	.2269	.2903	.2734	.1935	.0972	.0287	.0026	.0002
	4	.0002	.0026	.0287	.0972	.1935	.2734	.2903	.2269	.1147	.0230	.0036
	5	.0000	.0002	.0043	.0250	.0774	.1641	.2613	.3177	.2753	.1240	.0406
	6	.0000	.0000	.0004	.0036	.0172	.0547	.1306	.2471	.3670	.3720	.2573
	7	.0000	.0000	.0000	.0002	.0016	.0078	.0280	.0824	.2097	.4783	.6983

계속

n	x	.05	.10	.20	.30	.40	.50	.60	.70	.80	.90	.95
8	0	.6634	.4305	.1678	.0576	.0168	.0039	.0007	.0001	.0000	.0000	.0000
	1	.2793	.3826	.3355	.1977	.0896	.0313	.0079	.0012	.0001	.0000	.0000
	2	.0515	.1488	.2936	.2965	.2090	.1094	.0413	.0100	.0011	.0000	.0000
	3	.0054	.0331	.1468	.2541	.2787	.2188	.1239	.0467	.0092	.0004	.0000
	4	.0004	.0046	.0459	.1361	.2322	.2734	.2322	.1361	.0459	.0046	.0004
	5	.0000	.0004	.0092	.0467	.1239	.2188	.2787	.2541	.1468	.0331	.0054
	6	.0000	.0000	.0011	.0100	.0413	.1094	.2090	.2965	.2936	.1488	.0515
	7	.0000	.0000	.0001	.0012	.0079	.0313	.0896	.1977	.3355	.3826	.2793
	8	.0000	.0000	.0000	.0001	.0007	.0039	.0168	.0576	.1678	.4305	.6634
9	0	.6302	.3874	.1342	.0404	.0101	.0020	.0003	.0000	.0000	.0000	.0000
	1	.2985	.3874	.3020	.1556	.0605	.0176	.0035	.0004	.0000	.0000	.0000
	2	.0629	.1722	.3020	.2668	.1612	.0703	.0212	.0039	.0003	.0000	.0000
	3	.0077	.0446	.1762	.2668	.2508	.1641	.0743	.0210	.0028	.0001	.0000
	4	.0006	.0074	.0661	.1715	.2508	.2461	.1672	.0735	.0165	.0008	.0000
	5	.0000	.0008	.0165	.0735	.1672	.2461	.2508	.1715	.0661	.0074	.0006
	6	.0000	.0001	.0028	.0210	.0743	.1641	.2508	.2668	.1762	.0446	.0077
	7	.0000	.0000	.0003	.0039	.0212	.0703	.1612	.2668	.3020	.1722	.0629
	8	.0000	.0000	.0000	.0004	.0035	.0176	.0605	.1556	.3020	.3874	.2985
	9	.0000	.0000	.0000	.0000	.0003	.0020	.0101	.0404	.1342	.3874	.6302
10	0	.5987	.3487	.1074	.0282	.0060	.0010	.0001	.0000	.0000	.0000	.0000
	1	.3151	.3874	.2684	.1211	.0403	.0098	.0016	.0001	.0000	.0000	.0000
	2	.0746	.1937	.3020	.2335	.1209	.0439	.0106	.0014	.0001	.0000	.0000
	3	.0105	.0574	.2013	.2668	.2150	.1172	.0425	.0090	.0008	.0000	.0000
	4	.0010	.0112	.0881	.2001	.2508	.2051	.1115	.0368	.0055	.0001	.0000
	5	.0001	.0015	.0264	.1029	.2007	.2461	.2007	.1029	.0264	.0015	.0001
	6	.0000	.0001	.0055	.0368	.1115	.2051	.2508	.2001	.0881	.0112	.0010
	7	.0000	.0000	.0008	.0090	.0425	.1172	.2150	.2668	.2013	.0574	.0105
	8	.0000	.0000	.0001	.0014	.0106	.0439	.1209	.2335	.3020	.1937	.0746
	9	.0000	.0000	.0000	.0001	.0016	.0098	.0403	.1211	.2684	.3874	.3151
	10	.0000	.0000	.0000	.0000	.0001	.0010	.0060	.0282	.1074	.3487	.5987
11	0	.5688	.3138	.0859	.0198	.0036	.0005	.0000	.0000	.0000	.0000	.0000
	1	.3293	.3835	.2362	.0932	.0266	.0054	.0007	.0000	.0000	.0000	.0000
	2	.0867	.2131	.2953	.1998	.0887	.0269	.0052	.0005	.0000	.0000	.0000
	3	.0137	.0710	.2215	.2568	.1774	.0806	.0234	.0037	.0002	.0000	.0000
	4	.0014	.0158	.1107	.2201	.2365	.1611	.0701	.0173	.0017	.0000	.0000
	5	.0001	.0025	.0388	.1321	.2207	.2256	.1471	.0566	.0097	.0003	.0000
	6	.0000	.0003	.0097	.0566	.1471	.2256	.2207	.1321	.0388	.0025	.0001
	7	.0000	.0000	.0017	.0173	.0701	.1611	.2365	.2201	.1107	.0158	.0014
	8	.0000	.0000	.0002	.0037	.0234	.0806	.1774	.2568	.2215	.0710	.0137
	9	.0000	.0000	.0000	.0005	.0052	.0269	.0887	.1998	.2953	.2131	.0867
	10	.0000	.0000	.0000	.0000	.0007	.0054	.0266	.0932	.2362	.3835	.3293
	11	.0000	.0000	.0000	.0000	.0000	.0005	.0036	.0198	.0859	.3138	.5688

계속

n	x	.05	.10	.20	.30	.40	p .50	.60	.70	.80	.90	.95
12	0	.5404	.2824	.0687	.0138	.0022	.0002	.0000	.0000	.0000	.0000	.0000
	1	.3413	.3766	.2062	.0712	.0174	.0029	.0003	.0000	.0000	.0000	.0000
	2	.0988	.2301	.2835	.1678	.0639	.0161	.0025	.0002	.0000	.0000	.0000
	3	.0173	.0852	.2362	.2397	.1419	.0537	.0125	.0015	.0001	.0000	.0000
	4	.0021	.0213	.1329	.2311	.2128	.1208	.0420	.0078	.0005	.0000	.0000
	5	.0002	.0038	.0532	.1585	.2270	.1934	.1009	.0291	.0033	.0000	.0000
	6	.0000	.0005	.0155	.0792	.1766	.2256	.1766	.0792	.0155	.0005	.0000
	7	.0000	.0000	.0033	.0291	.1009	.1934	.2270	.1585	.0532	.0038	.0002
	8	.0000	.0000	.0005	.0078	.0420	.1208	.2128	.2311	.1329	.0213	.0021
	9	.0000	.0000	.0001	.0015	.0125	.0537	.1419	.2397	.2362	.0852	.0173
	10	.0000	.0000	.0000	.0002	.0025	.0161	.0639	.1678	.2835	.2301	.0988
	11	.0000	.0000	.0000	.0000	.0003	.0029	.0174	.0712	.2062	.3766	.3413
	12	.0000	.0000	.0000	.0000	.0000	.0002	.0022	.0138	.0687	.2824	.5404
13	0	.5133	.2542	.0550	.0097	.0013	.0001	.0000	.0000	.0000	.0000	.0000
	1	.3512	.3672	.1787	.0540	.0113	.0016	.0001	.0000	.0000	.0000	.0000
	2	.1109	.2448	.2680	.1388	.0453	.0095	.0012	.0001	.0000	.0000	.0000
	3	.0214	.0997	.2457	.2181	.1107	.0349	.0065	.0006	.0000	.0000	.0000
	4	.0028	.0277	.1535	.2337	.1845	.0873	.0243	.0034	.0001	.0000	.0000
	5	.0003	.0055	.0691	.1803	.2214	.1571	.0656	.0142	.0011	.0000	.0000
	6	.0000	.0008	.0230	.1030	.1968	.2095	.1312	.0442	.0058	.0001	.0000
	7	.0000	.0001	.0058	.0442	.1312	.2095	.1968	.1030	.0230	.0008	.0000
	8	.0000	.0000	.0011	.0142	.0656	.1571	.2214	.1803	.0691	.0055	.0003
	9	.0000	.0000	.0001	.0034	.0243	.0873	.1845	.2337	.1535	.0277	.0028
	10	.0000	.0000	.0000	.0006	.0065	.0349	.1107	.2181	.2457	.0997	.0214
	11	.0000	.0000	.0000	.0001	.0012	.0095	.0453	.1388	.2680	.2448	.1109
	12	.0000	.0000	.0000	.0000	.0001	.0016	.0113	.0540	.1787	.3672	.3512
	13	.0000	.0000	.0000	.0000	.0000	.0001	.0013	.0097	.0550	.2542	.5133
14	0	.4877	.2288	.0440	.0068	.0008	.0001	.0000	.0000	.0000	.0000	.0000
	1	.3593	.3559	.1539	.0407	.0073	.0009	.0001	.0000	.0000	.0000	.0000
	2	.1229	.2570	.2501	.1134	.0317	.0056	.0005	.0000	.0000	.0000	.0000
	3	.0259	.1142	.2501	.1943	.0845	.0222	.0033	.0002	.0000	.0000	.0000
	4	.0037	.0349	.1720	.2290	.1549	.0611	.0136	.0014	.0000	.0000	.0000
	5	.0004	.0078	.0860	.1963	.2066	.1222	.0408	.0066	.0003	.0000	.0000
	6	.0000	.0013	.0322	.1262	.2066	.1833	.0918	.0232	.0020	.0000	.0000
	7	.0000	.0002	.0092	.0618	.1574	.2095	.1574	.0618	.0092	.0002	.0000
	8	.0000	.0000	.0020	.0232	.0918	.1833	.2066	.1262	.0322	.0013	.0000
	9	.0000	.0000	.0003	.0066	.0408	.1222	.2066	.1963	.0860	.0078	.0004
	10	.0000	.0000	.0000	.0014	.0136	.0611	.1549	.2290	.1720	.0349	.0037
	11	.0000	.0000	.0000	.0002	.0033	.0222	.0845	.1943	.2501	.1142	.0259
	12	.0000	.0000	.0000	.0000	.0005	.0056	.0317	.1134	.2501	.2570	.1229
	13	.0000	.0000	.0000	.0000	.0001	.0009	.0073	.0407	.1539	.3559	.3593
	14	.0000	.0000	.0000	.0000	.0000	.0001	.0008	.0068	.0440	.2288	.4877

계속

n	x						p					
		.05	.10	.20	.30	.40	.50	.60	.70	.80	.90	.95
15	0	.4633	.2059	.0352	.0047	.0005	.0000	.0000	.0000	.0000	.0000	.0000
	1	.3658	.3432	.1319	.0305	.0047	.0005	.0000	.0000	.0000	.0000	.0000
	2	.1348	.2669	.2309	.0916	.0219	.0032	.0003	.0000	.0000	.0000	.0000
	3	.0307	.1285	.2501	.1700	.0634	.0139	.0016	.0001	.0000	.0000	.0000
	4	.0049	.0428	.1876	.2186	.1268	.0417	.0074	.0006	.0000	.0000	.0000
	5	.0006	.0105	.1032	.2061	.1859	.0916	.0245	.0030	.0001	.0000	.0000
	6	.0000	.0019	.0430	.1472	.2066	.1527	.0612	.0116	.0007	.0000	.0000
	7	.0000	.0003	.0138	.0811	.1771	.1964	.1181	.0348	.0035	.0000	.0000
	8	.0000	.0000	.0035	.0348	.1181	.1964	.1771	.0811	.0138	.0003	.0000
	9	.0000	.0000	.0007	.0116	.0612	.1527	.2066	.1472	.0430	.0019	.0000
	10	.0000	.0000	.0001	.0030	.0245	.0916	.1859	.2061	.1032	.0105	.0006
	11	.0000	.0000	.0000	.0006	.0074	.0417	.1268	.2186	.1876	.0428	.0049
	12	.0000	.0000	.0000	.0001	.0016	.0139	.0634	.1700	.2501	.1285	.0307
	13	.0000	.0000	.0000	.0000	.0003	.0032	.0219	.0916	.2309	.2669	.1348
	14	.0000	.0000	.0000	.0000	.0000	.0005	.0047	.0305	.1319	.3432	.3658
	15	.0000	.0000	.0000	.0000	.0000	.0000	.0005	.0047	.0352	.2059	.4633
16	0	.4401	.1853	.0281	.0033	.0003	.0000	.0000	.0000	.0000	.0000	.0000
	1	.3706	.3294	.1126	.0228	.0030	.0002	.0000	.0000	.0000	.0000	.0000
	2	.1463	.2745	.2111	.0732	.0150	.0018	.0001	.0000	.0000	.0000	.0000
	3	.0359	.1423	.2463	.1465	.0468	.0085	.0008	.0000	.0000	.0000	.0000
	4	.0061	.0514	.2001	.2040	.1014	.0278	.0040	.0002	.0000	.0000	.0000
	5	.0008	.0137	.1201	.2099	.1623	.0667	.0142	.0013	.0000	.0000	.0000
	6	.0001	.0028	.0550	.1649	.1983	.1222	.0392	.0056	.0002	.0000	.0000
	7	.0000	.0004	.0197	.1010	.1889	.1746	.0840	.0185	.0012	.0000	.0000
	8	.0000	.0001	.0055	.0487	.1417	.1964	.1417	.0487	.0055	.0001	.0000
	9	.0000	.0000	.0012	.0185	.0840	.1746	.1889	.1010	.0197	.0004	.0000
	10	.0000	.0000	.0002	.0056	.0392	.1222	.1983	.1649	.0550	.0028	.0001
	11	.0000	.0000	.0000	.0013	.0142	.0667	.1623	.2099	.1201	.0137	.0008
	12	.0000	.0000	.0000	.0002	.0040	.0278	.1014	.2040	.2001	.0514	.0061
	13	.0000	.0000	.0000	.0000	.0008	.0085	.0468	.1465	.2463	.1423	.0359
	14	.0000	.0000	.0000	.0000	.0001	.0018	.0150	.0732	.2111	.2745	.1463
	15	.0000	.0000	.0000	.0000	.0000	.0002	.0030	.0228	.1126	.3294	.3706
	16	.0000	.0000	.0000	.0000	.0000	.0000	.0003	.0033	.0281	.1853	.4401
17	0	.4181	.1668	.0225	.0023	.0002	.0000	.0000	.0000	.0000	.0000	.0000
	1	.3741	.3150	.0957	.0169	.0019	.0001	.0000	.0000	.0000	.0000	.0000
	2	.1575	.2800	.1914	.0581	.0102	.0010	.0001	.0000	.0000	.0000	.0000
	3	.0415	.1556	.2393	.1245	.0341	.0052	.0004	.0000	.0000	.0000	.0000
	4	.0076	.0605	.2093	.1868	.0796	.0182	.0021	.0001	.0000	.0000	.0000
	5	.0010	.0175	.1361	.2081	.1379	.0472	.0081	.0006	.0000	.0000	.0000
	6	.0001	.0039	.0680	.1784	.1839	.0944	.0242	.0026	.0001	.0000	.0000
	7	.0000	.0007	.0267	.1201	.1927	.1484	.0571	.0095	.0004	.0000	.0000
	8	.0000	.0001	.0084	.0644	.1606	.1855	.1070	.0276	.0021	.0000	.0000
	9	.0000	.0000	.0021	.0276	.1070	.1855	.1606	.0644	.0084	.0001	.0000
	10	.0000	.0000	.0004	.0095	.0571	.1484	.1927	.1201	.0267	.0007	.0000

계속

n	x	p .05	.10	.20	.30	.40	.50	.60	.70	.80	.90	.95
17	11	.0000	.0000	.0001	.0026	.0242	.0944	.1839	.1784	.0680	.0039	.0001
	12	.0000	.0000	.0000	.0006	.0081	.0472	.1379	.2081	.1361	.0175	.0010
	13	.0000	.0000	.0000	.0001	.0021	.0182	.0796	.1868	.2093	.0605	.0076
	14	.0000	.0000	.0000	.0000	.0004	.0052	.0341	.1245	.2393	.1556	.0415
	15	.0000	.0000	.0000	.0000	.0001	.0010	.0102	.0581	.1914	.2800	.1575
	16	.0000	.0000	.0000	.0000	.0000	.0001	.0019	.0169	.0957	.3150	.3741
	17	.0000	.0000	.0000	.0000	.0000	.0000	.0002	.0023	.0225	.1668	.4181
18	0	.3972	.1501	.0180	.0016	.0001	.0000	.0000	.0000	.0000	.0000	.0000
	1	.3763	.3002	.0811	.0126	.0012	.0001	.0000	.0000	.0000	.0000	.0000
	2	.1683	.2835	.1723	.0458	.0069	.0006	.0000	.0000	.0000	.0000	.0000
	3	.0473	.1680	.2297	.1046	.0246	.0031	.0002	.0000	.0000	.0000	.0000
	4	.0093	.0700	.2153	.1681	.0614	.0117	.0011	.0000	.0000	.0000	.0000
	5	.0014	.0218	.1507	.2017	.1146	.0327	.0045	.0002	.0000	.0000	.0000
	6	.0002	.0052	.0816	.1873	.1655	.0708	.0145	.0012	.0000	.0000	.0000
	7	.0000	.0010	.0350	.1376	.1892	.1214	.0374	.0046	.0001	.0000	.0000
	8	.0000	.0002	.0120	.0811	.1734	.1669	.0771	.0149	.0008	.0000	.0000
	9	.0000	.0000	.0033	.0386	.1284	.1855	.1284	.0386	.0033	.0000	.0000
	10	.0000	.0000	.0008	.0149	.0771	.1669	.1734	.0811	.0120	.0002	.0000
	11	.0000	.0000	.0001	.0046	.0374	.1214	.1892	.1376	.0350	.0010	.0000
	12	.0000	.0000	.0000	.0012	.0145	.0708	.1655	.1873	.0816	.0052	.0002
	13	.0000	.0000	.0000	.0002	.0045	.0327	.1146	.2017	.1507	.0218	.0014
	14	.0000	.0000	.0000	.0000	.0011	.0117	.0614	.1681	.2153	.0700	.0093
	15	.0000	.0000	.0000	.0000	.0002	.0031	.0246	.1046	.2297	.1680	.0473
	16	.0000	.0000	.0000	.0000	.0000	.0006	.0069	.0458	.1723	.2835	.1683
	17	.0000	.0000	.0000	.0000	.0000	.0001	.0012	.0126	.0811	.3002	.3763
	18	.0000	.0000	.0000	.0000	.0000	.0000	.0001	.0016	.0180	.1501	.3972
19	0	.3774	.1351	.0144	.0011	.0001	.0000	.0000	.0000	.0000	.0000	.0000
	1	.3774	.2852	.0685	.0093	.0008	.0000	.0000	.0000	.0000	.0000	.0000
	2	.1787	.2852	.1540	.0358	.0046	.0003	.0000	.0000	.0000	.0000	.0000
	3	.0533	.1796	.2182	.0869	.0175	.0018	.0001	.0000	.0000	.0000	.0000
	4	.0112	.0798	.2182	.1491	.0467	.0074	.0005	.0000	.0000	.0000	.0000
	5	.0018	.0266	.1636	.1916	.0933	.0222	.0024	.0001	.0000	.0000	.0000
	6	.0002	.0069	.0955	.1916	.1451	.0518	.0085	.0005	.0000	.0000	.0000
	7	.0000	.0014	.0443	.1525	.1797	.0961	.0237	.0022	.0000	.0000	.0000
	8	.0000	.0002	.0166	.0981	.1797	.1442	.0532	.0077	.0003	.0000	.0000
	9	.0000	.0000	.0051	.0514	.1464	.1762	.0976	.0220	.0013	.0000	.0000
	10	.0000	.0000	.0013	.0220	.0976	.1762	.1464	.0514	.0051	.0000	.0000
	11	.0000	.0000	.0003	.0077	.0532	.1442	.1797	.0981	.0166	.0002	.0000
	12	.0000	.0000	.0000	.0022	.0237	.0961	.1797	.1525	.0443	.0014	.0000
	13	.0000	.0000	.0000	.0005	.0085	.0518	.1451	.1916	.0955	.0069	.0002
	14	.0000	.0000	.0000	.0001	.0024	.0222	.0933	.1916	.1636	.0266	.0018
	15	.0000	.0000	.0000	.0000	.0005	.0074	.0467	.1491	.2182	.0798	.0112
	16	.0000	.0000	.0000	.0000	.0001	.0018	.0175	.0869	.2182	.1796	.0533

계속

n	x	p .05	.10	.20	.30	.40	.50	.60	.70	.80	.90	.95
19	**17**	.0000	.0000	.0000	.0000	.0000	.0003	.0046	.0358	.1540	.2852	.1787
	18	.0000	.0000	.0000	.0000	.0000	.0000	.0008	.0093	.0685	.2852	.3774
	19	.0000	.0000	.0000	.0000	.0000	.0000	.0001	.0011	.0144	.1351	.3774
20	**0**	.3585	.1216	.0115	.0008	.0000	.0000	.0000	.0000	.0000	.0000	.0000
	1	.3774	.2702	.0576	.0068	.0005	.0000	.0000	.0000	.0000	.0000	.0000
	2	.1887	.2852	.1369	.0278	.0031	.0002	.0000	.0000	.0000	.0000	.0000
	3	.0596	.1901	.2054	.0716	.0123	.0011	.0000	.0000	.0000	.0000	.0000
	4	.0133	.0898	.2182	.1304	.0350	.0046	.0003	.0000	.0000	.0000	.0000
	5	.0022	.0319	.1746	.1789	.0746	.0148	.0013	.0000	.0000	.0000	.0000
	6	.0003	.0089	.1091	.1916	.1244	.0370	.0049	.0002	.0000	.0000	.0000
	7	.0000	.0020	.0545	.1643	.1659	.0739	.0146	.0010	.0000	.0000	.0000
	8	.0000	.0004	.0222	.1144	.1797	.1201	.0355	.0039	.0001	.0000	.0000
	9	.0000	.0001	.0074	.0654	.1597	.1602	.0710	.0120	.0005	.0000	.0000
	10	.0000	.0000	.0020	.0308	.1171	.1762	.1171	.0308	.0020	.0000	.0000
	11	.0000	.0000	.0005	.0120	.0710	.1602	.1597	.0654	.0074	.0001	.0000
	12	.0000	.0000	.0001	.0039	.0355	.1201	.1797	.1144	.0222	.0004	.0000
	13	.0000	.0000	.0000	.0010	.0146	.0739	.1659	.1643	.0545	.0020	.0000
	14	.0000	.0000	.0000	.0002	.0049	.0370	.1244	.1916	.1091	.0089	.0003
	15	.0000	.0000	.0000	.0000	.0013	.0148	.0746	.1789	.1746	.0319	.0022
	16	.0000	.0000	.0000	.0000	.0003	.0046	.0350	.1304	.2182	.0898	.0133
	17	.0000	.0000	.0000	.0000	.0000	.0011	.0123	.0716	.2054	.1901	.0596
	18	.0000	.0000	.0000	.0000	.0000	.0002	.0031	.0278	.1369	.2852	.1887
	19	.0000	.0000	.0000	.0000	.0000	.0000	.0005	.0068	.0576	.2702	.3774
	20	.0000	.0000	.0000	.0000	.0000	.0000	.0000	.0008	.0115	.1216	.3585

2. 포아송분포표

x	μ 0.005	0.01	0.02	0.03	0.04	0.05	0.06	0.07	0.08	0.09	0.1
0	.9950	.9900	.9802	.9704	.9608	.9512	.9418	.9324	.9231	.9139	.9048
1	.0050	.0099	.0196	.0291	.0384	.0476	.0565	.0653	.0738	.0823	.0905
2			.0002	.0004	.0008	.0012	.0017	.0023	.0030	.0037	.0045
3								.0001	.0001	.0001	.0002
x	**0.2**	**0.3**	**0.4**	**0.5**	**0.6**	**0.7**	**0.8**	**0.9**	**1**	**1.1**	**1.2**
0	.8187	.7408	.6703	.6065	.5488	.4966	.4493	.4066	.3679	.3329	.3012
1	.1637	.2222	.2681	.3033	.3293	.3476	.3595	.3659	.3679	.3662	.3614
2	.0164	.0333	.0536	.0758	.0988	.1217	.1438	.1647	.1839	.2014	.2169
3	.0011	.0033	.0072	.0126	.0198	.0284	.0383	.0494	.0613	.0738	.0867
4	.0001	.0003	.0007	.0016	.0030	.0050	.0077	.0111	.0153	.0203	.0260
5			.0001	.0002	.0004	.0007	.0012	.0020	.0031	.0045	.0062
6						.0001	.0002	.0003	.0005	.0008	.0012
7									.0001	.0001	.0002
x	**1.3**	**1.4**	**1.5**	**1.6**	**1.7**	**1.8**	**1.9**	**2**	**2.1**	**2.2**	**2.3**
0	.2725	.2466	.2231	.2019	.1827	.1653	.1496	.1353	.1225	.1108	.1003
1	.3543	.3452	.3347	.3230	.3106	.2975	.2842	.2707	.2572	.2438	.2306
2	.2303	.2417	.2510	.2584	.2640	.2678	.2700	.2707	.2700	.2681	.2652
3	.0998	.1128	.1255	.1378	.1496	.1607	.1710	.1804	.1890	.1966	.2033
4	.0324	.0395	.0471	.0551	.0636	.0723	.0812	.0902	.0992	.1082	.1169
5	.0084	.0111	.0141	.0176	.0216	.0260	.0309	.0361	.0417	.0476	.0538
6	.0018	.0026	.0035	.0047	.0061	.0078	.0098	.0120	.0146	.0174	.0206
7	.0003	.0005	.0008	.0011	.0015	.0020	.0027	.0034	.0044	.0055	.0068
8	.0001	.0001	.0001	.0002	.0003	.0005	.0006	.0009	.0011	.0015	.0019
9					.0001	.0001	.0001	.0002	.0003	.0004	.0005
10									.0001	.0001	.0001
x	**2.4**	**2.5**	**2.6**	**2.7**	**2.8**	**2.9**	**3**	**3.1**	**3.2**	**3.3**	**3.4**
0	.0907	.0821	.0743	.0672	.0608	.0550	.0498	.0450	.0408	.0369	.0334
1	.2177	.2052	.1931	.1815	.1703	.1596	.1494	.1397	.1304	.1217	.1135
2	.2613	.2565	.2510	.2450	.2384	.2314	.2240	.2165	.2087	.2008	.1929
3	.2090	.2138	.2176	.2205	.2225	.2237	.2240	.2237	.2226	.2209	.2186
4	.1254	.1336	.1414	.1488	.1557	.1622	.1680	.1733	.1781	.1823	.1858
5	.0602	.0668	.0735	.0804	.0872	.0940	.1008	.1075	.1140	.1203	.1264
6	.0241	.0278	.0319	.0362	.0407	.0455	.0504	.0555	.0608	.0662	.0716
7	.0083	.0099	.0118	.0139	.0163	.0188	.0216	.0246	.0278	.0312	.0348
8	.0025	.0031	.0038	.0047	.0057	.0068	.0081	.0095	.0111	.0129	.0148
9	.0007	.0009	.0011	.0014	.0018	.0022	.0027	.0033	.0040	.0047	.0056
10	.0002	.0002	.0003	.0004	.0005	.0006	.0008	.0010	.0013	.0016	.0019

포아송분포표(계속)

						μ					
x	2.4	2.5	2.6	2.7	2.8	2.9	3	3.1	3.2	3.3	3.4
11			.0001	.0001	.0001	.0002	.0002	.0003	.0004	.0005	.0006
12							.0001	.0001	.0001	.0001	.0002
x	3.5	3.6	3.7	3.8	3.9	4	4.1	4.2	4.3	4.4	4.5
0	.0302	.0273	.0247	.0224	.0202	.0183	.0166	.0150	.0136	.0123	.0111
1	.1057	.0984	.0915	.0850	.0789	.0733	.0679	.0630	.0583	.0540	.0500
2	.1850	.1771	.1692	.1615	.1539	.1465	.1393	.1323	.1254	.1188	.1125
3	.2158	.2125	.2087	.2046	.2001	.1954	.1904	.1852	.1798	.1743	.1687
4	.1888	.1912	.1931	.1944	.1951	.1954	.1951	.1944	.1933	.1917	.1898
5	.1322	.1377	.1429	.1477	.1522	.1563	.1600	.1633	.1662	.1687	.1708
6	.0771	.0826	.0881	.0936	.0989	.1042	.1093	.1143	.1191	.1237	.1281
7	.0385	.0425	.0466	.0508	.0551	.0595	.0640	.0686	.0732	.0778	.0824
8	.0169	.0191	.0215	.0241	.0269	.0298	.0328	.0360	.0393	.0428	.0463
9	.0066	.0076	.0089	.0102	.0116	.0132	.0150	.0168	.0188	.0209	.0232
10	.0023	.0028	.0033	.0039	.0045	.0053	.0061	.0071	.0081	.0092	.0104
11	.0007	.0009	.0011	.0013	.0016	.0019	.0023	.0027	.0032	.0037	.0043
12	.0002	.0003	.0003	.0004	.0005	.0006	.0008	.0009	.0011	.0013	.0016
13	.0001	.0001	.0001	.0001	.0002	.0002	.0002	.0003	.0004	.0005	.0006
14						.0001	.0001	.0001	.0001	.0001	.0002
15											.0001
x	4.6	4.7	4.8	4.9	5	5.1	5.2	5.3	5.4	5.5	5.6
0	.0101	.0091	.0082	.0074	.0067	.0061	.0055	.0050	.0045	.0041	.0037
1	.0462	.0427	.0395	.0365	.0337	.0311	.0287	.0265	.0244	.0225	.0207
2	.1063	.1005	.0948	.0894	.0842	.0793	.0746	.0701	.0659	.0618	.0580
3	.1631	.1574	.1517	.1460	.1404	.1348	.1293	.1239	.1185	.1133	.1082
4	.1875	.1849	.1820	.1789	.1755	.1719	.1681	.1641	.1600	.1558	.1515
5	.1725	.1738	.1747	.1753	.1755	.1753	.1748	.1740	.1728	.1714	.1697
6	.1323	.1362	.1398	.1432	.1462	.1490	.1515	.1537	.1555	.1571	.1584
7	.0869	.0914	.0959	.1002	.1044	.1086	.1125	.1163	.1200	.1234	.1267
8	.0500	.0537	.0575	.0614	.0653	.0692	.0731	.0771	.0810	.0849	.0887
9	.0255	.0281	.0307	.0334	.0363	.0392	.0423	.0454	.0486	.0519	.0552
10	.0118	.0132	.0147	.0164	.0181	.0200	.0220	.0241	.0262	.0285	.0309
11	.0049	.0056	.0064	.0073	.0082	.0093	.0104	.0116	.0129	.0143	.0157
12	.0019	.0022	.0026	.0030	.0034	.0039	.0045	.0051	.0058	.0065	.0073
13	.0007	.0008	.0009	.0011	.0013	.0015	.0018	.0021	.0024	.0028	.0032
14	.0002	.0003	.0003	.0004	.0005	.0006	.0007	.0008	.0009	.0011	.0013
15	.0001	.0001	.0001	.0001	.0002	.0002	.0002	.0003	.0003	.0004	.0005

포아송분포표(계속)

						μ					
x	**4.6**	**4.7**	**4.8**	**4.9**	**5**	**5.1**	**5.2**	**5.3**	**5.4**	**5.5**	**5.6**
16						.0001	.0001	.0001	.0001	.0001	.0002
17											.0001
x	**5.7**	**5.8**	**5.9**	**6**	**6.1**	**6.2**	**6.3**	**6.4**	**6.5**	**6.6**	**6.7**
0	.0033	.0030	.0027	.0025	.0022	.0020	.0018	.0017	.0015	.0014	.0012
1	.0191	.0176	.0162	.0149	.0137	.0126	.0116	.0106	.0098	.0090	.0082
2	.0544	.0509	.0477	.0446	.0417	.0390	.0364	.0340	.0318	.0296	.0276
3	.1033	.0985	.0938	.0892	.0848	.0806	.0765	.0726	.0688	.0652	.0617
4	.1472	.1428	.1383	.1339	.1294	.1249	.1205	.1162	.1118	.1076	.1034
5	.1678	.1656	.1632	.1606	.1579	.1549	.1519	.1487	.1454	.1420	.1385
6	.1594	.1601	.1605	.1606	.1605	.1601	.1595	.1586	.1575	.1562	.1546
7	.1298	.1326	.1353	.1377	.1399	.1418	.1435	.1450	.1462	.1472	.1480
8	.0925	.0962	.0998	.1033	.1066	.1099	.1130	.1160	.1188	.1215	.1240
9	.0586	.0620	.0654	.0688	.0723	.0757	.0791	.0825	.0858	.0891	.0923
10	.0334	.0359	.0386	.0413	.0441	.0469	.0498	.0528	.0558	.0588	.0618
11	.0173	.0190	.0207	.0225	.0244	.0265	.0285	.0307	.0330	.0353	.0377
12	.0082	.0092	.0102	.0113	.0124	.0137	.0150	.0164	.0179	.0194	.0210
13	.0036	.0041	.0046	.0052	.0058	.0065	.0073	.0081	.0089	.0099	.0108
14	.0015	.0017	.0019	.0022	.0025	.0029	.0033	.0037	.0041	.0046	.0052
15	.0006	.0007	.0008	.0009	.0010	.0012	.0014	.0016	.0018	.0020	.0023
16	.0002	.0002	.0003	.0003	.0004	.0005	.0005	.0006	.0007	.0008	.0010
17	.0001	.0001	.0001	.0001	.0001	.0002	.0002	.0002	.0003	.0003	.0004
18						.0001	.0001	.0001	.0001	.0001	.0001
19											.0001
x	**6.8**	**6.9**	**7**	**7.1**	**7.2**	**7.3**	**7.4**	**7.5**	**7.6**	**7.7**	**7.8**
0	.0011	.0010	.0009	.0008	.0007	.0007	.0006	.0006	.0005	.0005	.0004
1	.0076	.0070	.0064	.0059	.0054	.0049	.0045	.0041	.0038	.0035	.0032
2	.0258	.0240	.0223	.0208	.0194	.0180	.0167	.0156	.0145	.0134	.0125
3	.0584	.0552	.0521	.0492	.0464	.0438	.0413	.0389	.0366	.0345	.0324
4	.0992	.0952	.0912	.0874	.0836	.0799	.0764	.0729	.0696	.0663	.0632
5	.1349	.1314	.1277	.1241	.1204	.1167	.1130	.1094	.1057	.1021	.0986
6	.1529	.1511	.1490	.1468	.1445	.1420	.1394	.1367	.1339	.1311	.1282
7	.1486	.1489	.1490	.1489	.1486	.1481	.1474	.1465	.1454	.1442	.1428
8	.1263	.1284	.1304	.1321	.1337	.1351	.1363	.1373	.1381	.1388	.1392
9	.0954	.0985	.1014	.1042	.1070	.1096	.1121	.1144	.1167	.1187	.1207
10	.0649	.0679	.0710	.0740	.0770	.0800	.0829	.0858	.0887	.0914	.0941
11	.0401	.0426	.0452	.0478	.0504	.0531	.0558	.0585	.0613	.0640	.0667

포아송분포표(계속)

	μ										
x	**6.8**	**6.9**	**7**	**7.1**	**7.2**	**7.3**	**7.4**	**7.5**	**7.6**	**7.7**	**7.8**
12	.0227	.0245	.0263	.0283	.0303	.0323	.0344	.0366	.0388	.0411	.0434
13	.0119	.0130	.0142	.0154	.0168	.0181	.0196	.0211	.0227	.0243	.0260
14	.0058	.0064	.0071	.0078	.0086	.0095	.0104	.0113	.0123	.0134	.0145
15	.0026	.0029	.0033	.0037	.0041	.0046	.0051	.0057	.0062	.0069	.0075
16	.0011	.0013	.0014	.0016	.0019	.0021	.0024	.0026	.0030	.0033	.0037
17	.0004	.0005	.0006	.0007	.0008	.0009	.0010	.0012	.0013	.0015	.0017
18	.0002	.0002	.0002	.0003	.0003	.0004	.0004	.0005	.0006	.0006	.0007
19	.0001	.0001	.0001	.0001	.0001	.0001	.0002	.0002	.0002	.0003	.0003
20						.0001	.0001	.0001	.0001	.0001	.0001
x	**7.9**	**8**	**8.1**	**8.2**	**8.3**	**8.4**	**8.5**	**8.6**	**8.7**	**8.8**	**8.9**
0	.0004	.0003	.0003	.0003	.0002	.0002	.0002	.0002	.0002	.0002	.0001
1	.0029	.0027	.0025	.0023	.0021	.0019	.0017	.0016	.0014	.0013	.0012
2	.0116	.0107	.0100	.0092	.0086	.0079	.0074	.0068	.0063	.0058	.0054
3	.0305	.0286	.0269	.0252	.0237	.0222	.0208	.0195	.0183	.0171	.0160
4	.0602	.0573	.0544	.0517	.0491	.0466	.0443	.0420	.0398	.0377	.0357
5	.0951	.0916	.0882	.0849	.0816	.0784	.0752	.0722	.0692	.0663	.0635
6	.1252	.1221	.1191	.1160	.1128	.1097	.1066	.1034	.1003	.0972	.0941
7	.1413	.1396	.1378	.1358	.1338	.1317	.1294	.1271	.1247	.1222	.1197
8	.1395	.1396	.1395	.1392	.1388	.1382	.1375	.1366	.1356	.1344	.1332
9	.1224	.1241	.1256	.1269	.1280	.1290	.1299	.1306	.1311	.1315	.1317
10	.0967	.0993	.1017	.1040	.1063	.1084	.1104	.1123	.1140	.1157	.1172
11	.0695	.0722	.0749	.0776	.0802	.0828	.0853	.0878	.0902	.0925	.0948
12	.0457	.0481	.0505	.0530	.0555	.0579	.0604	.0629	.0654	.0679	.0703
13	.0278	.0296	.0315	.0334	.0354	.0374	.0395	.0416	.0438	.0459	.0481
14	.0157	.0169	.0182	.0196	.0210	.0225	.0240	.0256	.0272	.0289	.0306
15	.0083	.0090	.0098	.0107	.0116	.0126	.0136	.0147	.0158	.0169	.0182
16	.0041	.0045	.0050	.0055	.0060	.0066	.0072	.0079	.0086	.0093	.0101
17	.0019	.0021	.0024	.0026	.0029	.0033	.0036	.0040	.0044	.0048	.0053
18	.0008	.0009	.0011	.0012	.0014	.0015	.0017	.0019	.0021	.0024	.0026
19	.0003	.0004	.0005	.0005	.0006	.0007	.0008	.0009	.0010	.0011	.0012
20	.0001	.0002	.0002	.0002	.0002	.0003	.0003	.0004	.0004	.0005	.0005
21	.0001	.0001	.0001	.0001	.0001	.0001	.0001	.0002	.0002	.0002	.0002
22							.0001	.0001	.0001	.0001	.0001
x	**9**	**9.1**	**9.2**	**9.3**	**9.4**	**9.5**	**9.6**	**9.7**	**9.8**	**9.9**	**10**
0	.0001	.0001	.0001	.0001	.0001	.0001	.0001	.0001	.0001	.0001	.0000
1	.0011	.0010	.0009	.0009	.0008	.0007	.0007	.0006	.0005	.0005	.0005

포아송분포표(계속)

						μ					
x	9	9.1	9.2	9.3	9.4	9.5	9.6	9.7	9.8	9.9	10
2	.0050	.0046	.0043	.0040	.0037	.0034	.0031	.0029	.0027	.0025	.0023
3	.0150	.0140	.0131	.0123	.0115	.0107	.0100	.0093	.0087	.0081	.0076
4	.0337	.0319	.0302	.0285	.0269	.0254	.0240	.0226	.0213	.0201	.0189
5	.0607	.0581	.0555	.0530	.0506	.0483	.0460	.0439	.0418	.0398	.0378
6	.0911	.0881	.0851	.0822	.0793	.0764	.0736	.0709	.0682	.0656	.0631
7	.1171	.1145	.1118	.1091	.1064	.1037	.1010	.0982	.0955	.0928	.0901
8	.1318	.1302	.1286	.1269	.1251	.1232	.1212	.1191	.1170	.1148	.1126
9	.1318	.1317	.1315	.1311	.1306	.1300	.1293	.1284	.1274	.1263	.1251
10	.1186	.1198	.1210	.1219	.1228	.1235	.1241	.1245	.1249	.1250	.1251
11	.0970	.0991	.1012	.1031	.1049	.1067	.1083	.1098	.1112	.1125	.1137
12	.0728	.0752	.0776	.0799	.0822	.0844	.0866	.0888	.0908	.0928	.0948
13	.0504	.0526	.0549	.0572	.0594	.0617	.0640	.0662	.0685	.0707	.0729
14	.0324	.0342	.0361	.0380	.0399	.0419	.0439	.0459	.0479	.0500	.0521
15	.0194	.0208	.0221	.0235	.0250	.0265	.0281	.0297	.0313	.0330	.0347
16	.0109	.0118	.0127	.0137	.0147	.0157	.0168	.0180	.0192	.0204	.0217
17	.0058	.0063	.0069	.0075	.0081	.0088	.0095	.0103	.0111	.0119	.0128
18	.0029	.0032	.0035	.0039	.0042	.0046	.0051	.0055	.0060	.0065	.0071
19	.0014	.0015	.0017	.0019	.0021	.0023	.0026	.0028	.0031	.0034	.0037
20	.0006	.0007	.0008	.0009	.0010	.0011	.0012	.0014	.0015	.0017	.0019
21	.0003	.0003	.0003	.0004	.0004	.0005	.0006	.0006	.0007	.0008	.0009
22	.0001	.0001	.0001	.0002	.0002	.0002	.0002	.0003	.0003	.0004	.0004
23			.0001	.0001	.0001	.0001	.0001	.0001	.0001	.0002	.0002
24									.0001	.0001	.0001

3. 표준정규분포표

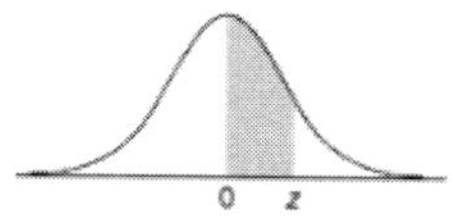

Z	.00	.01	.02	.03	.04	.05	.06	.07	.08	.09
0.0	.0000	.0040	.0080	.0120	.0160	.0199	.0239	.0279	.0319	.0359
0.1	.0398	.0438	.0478	.0517	.0557	.0596	.0636	.0675	.0714	.0753
0.2	.0793	.0832	.0871	.0910	.0948	.0987	.1026	.1064	.1103	.1141
0.3	.1179	.1217	.1255	.1293	.1331	.1368	.1406	.1443	.1480	.1517
0.4	.1554	.1591	.1628	.1664	.1700	.1736	.1772	.1808	.1844	.1879
0.5	.1915	.1950	.1985	.2019	.2054	.2088	.2123	.2157	.2190	.2224
0.6	.2257	.2291	.2324	.2357	.2389	.2422	.2454	.2486	.2517	.2549
0.7	.2580	.2611	.2642	.2673	.2704	.2734	.2764	.2794	.2823	.2852
0.8	.2881	.2910	.2939	.2967	.2995	.3023	.3051	.3078	.3106	.3133
0.9	.3159	.3186	.3212	.3238	.3264	.3289	.3315	.3340	.3365	.3389
1.0	.3413	.3438	.3461	.3485	.3508	.3531	.3554	.3577	.3599	.3621
1.1	.3643	.3665	.3686	.3708	.3729	.3749	.3770	.3790	.3810	.3830
1.2	.3849	.3869	.3888	.3907	.3925	.3944	.3962	.3980	.3997	.4015
1.3	.4032	.4049	.4066	.4082	.4099	.4115	.4131	.4147	.4162	.4177
1.4	.4192	.4207	.4222	.4236	.4251	.4265	.4279	.4292	.4306	.4319
1.5	.4332	.4345	.4357	.4370	.4382	.4394	.4406	.4418	.4429	.4441
1.6	.4452	.4463	.4474	.4484	.4495	.4505	.4515	.4525	.4535	.4545
1.7	.4554	.4564	.4573	.4582	.4591	.4599	.4608	.4616	.4625	.4633
1.8	.4641	.4649	.4656	.4664	.4671	.4678	.4686	.4693	.4699	.4706
1.9	.4713	.4719	.4726	.4732	.4738	.4744	.4750	.4756	.4761	.4767
2.0	.4772	.4778	.4783	.4788	.4793	.4798	.4803	.4808	.4812	.4817
2.1	.4821	.4826	.4830	.4834	.4838	.4842	.4846	.4850	.4854	.4857
2.2	.4861	.4864	.4868	.4871	.4875	.4878	.4881	.4884	.4887	.4890
2.3	.4893	.4896	.4898	.4901	.4904	.4906	.4909	.4911	.4913	.4916
2.4	.4918	.4920	.4922	.4925	.4927	.4929	.4931	.4932	.4934	.4936
2.5	.4938	.4940	.4941	.4943	.4945	.4946	.4948	.4949	.4951	.4952
2.6	.4953	.4955	.4956	.4957	.4959	.4960	.4961	.4962	.4963	.4964
2.7	.4965	.4966	.4967	.4968	.4969	.4970	.4971	.4972	.4973	.4974
2.8	.4974	.4975	.4976	.4977	.4977	.4978	.4979	.4979	.4980	.4981
2.9	.4981	.4982	.4982	.4983	.4984	.4984	.4985	.4985	.4986	.4986
3.0	.4987	.4987	.4987	.4988	.4988	.4989	.4989	.4989	.4990	.4990
3.1	.4990	.4991	.4991	.4991	.4992	.4992	.4992	.4992	.4993	.4993
3.2	.4993	.4993	.4994	.4994	.4994	.4994	.4994	.4995	.4995	.4995
3.3	.4995	.4995	.4995	.4996	.4996	.4996	.4996	.4996	.4996	.4997
3.4	.4997	.4997	.4997	.4997	.4997	.4997	.4997	.4997	.4997	.4998
3.5	.4998	.4998	.4998	.4998	.4998	.4998	.4998	.4998	.4998	.4998

4. t분포표

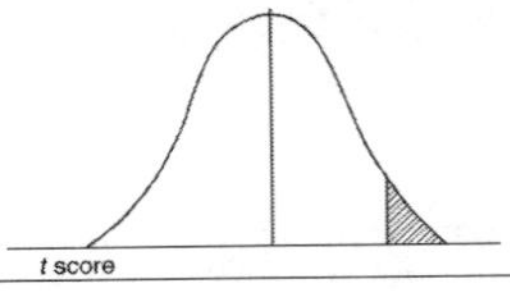

df \ α	.1	.05	.025	.01	.0005	.0025	.001	.0005
1	3.0777	6.3138	12.7062	31.8205	636.6192	127.3213	318.3088	636.6192
2	1.8856	2.9200	4.3027	6.9646	31.5991	14.0890	22.3271	31.5991
3	1.6377	2.3534	3.1824	4.5407	12.9240	7.4533	10.2145	12.9240
4	1.5332	2.1318	2.7764	3.7469	8.6103	5.5976	7.1732	8.6103
5	1.4759	2.0150	2.5706	3.3649	6.8688	4.7733	5.8934	6.8688
6	1.4398	1.9432	2.4469	3.1427	5.9588	4.3168	5.2076	5.9588
7	1.4149	1.8946	2.3646	2.9980	5.4079	4.0293	4.7853	5.4079
8	1.3968	1.8595	2.3060	2.8965	5.0413	3.8325	4.5008	5.0413
9	1.3830	1.8331	2.2622	2.8214	4.7809	3.6897	4.2968	4.7809
10	1.3722	1.8125	2.2281	2.7638	4.5869	3.5814	4.1437	4.5869
11	1.3634	1.7959	2.2010	2.7181	4.4370	3.4966	4.0247	4.4370
12	1.3562	1.7823	2.1788	2.6810	4.3178	3.4284	3.9296	4.3178
13	1.3502	1.7709	2.1604	2.6503	4.2208	3.3725	3.8520	4.2208
14	1.3450	1.7613	2.1448	2.6245	4.1405	3.3257	3.7874	4.1405
15	1.3406	1.7531	2.1314	2.6025	4.0728	3.2860	3.7328	4.0728
16	1.3368	1.7459	2.1199	2.5835	4.0150	3.2520	3.6862	4.0150
17	1.3334	1.7396	2.1098	2.5669	3.9651	3.2224	3.6458	3.9651
18	1.3304	1.7341	2.1009	2.5524	3.9216	3.1966	3.6105	3.9216
19	1.3277	1.7291	2.0930	2.5395	3.8834	3.1737	3.5794	3.8834
20	1.3253	1.7247	2.0860	2.5280	3.8495	3.1534	3.5518	3.8495
21	1.3232	1.7207	2.0796	2.5176	3.8193	3.1352	3.5272	3.8193
22	1.3212	1.7171	2.0739	2.5083	3.7921	3.1188	3.5050	3.7921
23	1.3195	1.7139	2.0687	2.4999	3.7676	3.1040	3.4850	3.7676
24	1.3178	1.7109	2.0639	2.4922	3.7454	3.0905	3.4668	3.7454
25	1.3163	1.7081	2.0595	2.4851	3.7251	3.0782	3.4502	3.7251
26	1.3150	1.7056	2.0555	2.4786	3.7066	3.0669	3.4350	3.7066
27	1.3137	1.7033	2.0518	2.4727	3.6896	3.0565	3.4210	3.6896
28	1.3125	1.7011	2.0484	2.4671	3.6739	3.0469	3.4082	3.6739
29	1.3114	1.6991	2.0452	2.4620	3.6594	3.0380	3.3962	3.6594
30	1.3104	1.6973	2.0423	2.4573	3.6460	3.0298	3.3852	3.6460
40	1.3031	1.6839	2.0211	2.4233	3.5510	2.9712	3.3069	3.5510
60	1.2958	1.6706	2.0003	2.3901	3.4602	2.9146	3.2317	3.4602
120	1.2886	1.6577	1.9799	2.3578	3.3735	2.8599	3.1595	3.3735

5. χ^2 분포표

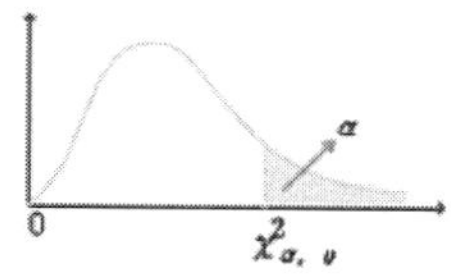

df \ α	.995	.990	.975	.950	.900	.100	.050	.025	.010	.005
1	0.0000393	0.0001571	0.0009821	0.0039321	0.015791	2.705543	3.841459	5.023886	6.634897	7.879439
2	0.0100251	0.0201007	0.0506356	0.1025866	0.210721	4.605170	5.991465	7.377759	9.210340	10.596635
3	0.0717218	0.1148318	0.2157953	0.3518463	0.584374	6.251389	7.814728	9.348404	11.344867	12.838156
4	0.2069891	0.2971095	0.4844186	0.7107230	1.063623	7.779440	9.487729	11.143287	13.276704	14.860259
5	0.4117419	0.5542981	0.8312116	1.1454762	1.610308	9.236357	11.070498	12.832502	15.086272	16.749602
6	0.6757268	0.8720903	1.2373442	1.6353829	2.204131	10.644641	12.591587	14.449375	16.811894	18.547584
7	0.9892557	1.2390423	1.6898692	2.1673499	2.833107	12.017037	14.067140	16.012764	18.475307	20.277740
8	1.3444131	1.6464974	2.1797307	2.7326368	3.489539	13.361566	15.507313	17.534546	20.090235	21.954955
9	1.7349329	2.0879007	2.7003895	3.3251128	4.168159	14.683657	16.918978	19.022768	21.665994	23.589351
10	2.1558565	2.5582122	3.2469728	3.9402991	4.865182	15.987179	18.307038	20.483177	23.209251	25.188180
11	2.6032219	3.0534841	3.8157483	4.5748131	5.577785	17.275009	19.675138	21.920049	24.724970	26.756849
12	3.0738236	3.5705690	4.4037885	5.2260295	6.303796	18.549348	21.026070	23.336664	26.216967	28.299519
13	3.5650346	4.1069155	5.0087505	5.8918643	7.041505	19.811929	22.362032	24.735605	27.688250	29.819471
14	4.0746750	4.6604251	5.6287261	6.5706314	7.789534	21.064144	23.684791	26.118948	29.141238	31.319350
15	4.6009156	5.2293489	6.2621378	7.2609439	8.546756	22.307130	24.995790	27.488393	30.577914	32.801321
16	5.1422054	5.8122125	6.9076644	7.9616456	9.312236	23.541829	26.296228	28.845351	31.999927	34.267187
17	5.6972171	6.4077598	7.5641864	8.6717602	10.085186	24.769035	27.587112	30.191009	33.408664	35.718466
18	6.2648047	7.0149109	8.2307462	9.3904551	10.864936	25.989423	28.869299	31.526378	34.805306	37.156451
19	6.8439714	7.6327296	8.9065165	10.117013	11.650910	27.203571	30.143527	32.852327	36.190869	38.582257
20	7.4338443	8.2603983	9.5907774	10.850811	12.442609	28.411981	31.410433	34.169607	37.566235	39.996846
21	8.0336534	8.8971979	10.282897	11.591305	13.239598	29.615089	32.670573	35.478876	38.932173	41.401065
22	8.6427164	9.5424923	10.982320	12.338014	14.041493	30.813282	33.924438	36.780712	40.289360	42.795655
23	9.2604248	10.195715	11.688551	13.090514	14.847956	32.006900	35.172462	38.075627	41.638398	44.181275
24	9.8862335	10.856361	12.401150	13.848425	15.658684	33.196244	36.415029	39.364077	42.979820	45.558512
25	10.519652	11.523975	13.119720	14.611407	16.473408	34.381587	37.652484	40.646469	44.314105	46.927890
26	11.160237	12.198146	13.843905	15.379156	17.291885	35.563171	38.885139	41.923170	45.641683	48.289882
27	11.807587	12.878504	14.573382	16.151395	18.113896	36.741217	40.113272	43.194511	46.962942	49.644915
28	12.461335	13.564709	15.307860	16.927875	18.939242	37.915923	41.337138	44.460792	48.278236	50.993376
29	13.121148	14.256454	16.04707	17.708366	19.767744	39.087470	42.556968	45.722286	49.587884	52.335618
30	13.786719	14.953456	16.790772	18.492661	20.599235	40.256024	43.772972	46.979242	50.892181	53.671962
40	20.706535	22.164261	24.433039	26.509303	29.050523	51.805057	55.758479	59.341707	63.690740	66.765962
50	27.990748	29.706682	32.357363	34.764251	37.688648	63.167121	67.504807	71.420195	76.153891	79.489978
70	43.275179	45.441717	48.757564	51.739278	55.328940	85.527043	90.531225	95.023184	100.42518	104.21489
80	51.171931	53.540077	57.153172	60.391478	64.277844	96.578204	101.87947	106.62857	112.32879	116.32106
90	59.196304	61.754079	65.646617	69.126030	73.291090	107.56501	113.14527	118.13589	124.11632	128.29894
100	67.327563	70.064894	74.221927	77.929465	82.358136	118.49800	124.34211	129.56120	135.80672	140.16949

6. F분포표

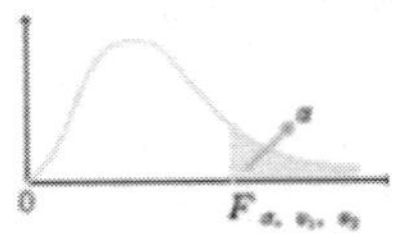

$\alpha = 0.10$

df2 \ df1	1	2	3	4	5	6	7	8	9	10	12	15	20	24	30	40	60	120
1	39.86	49.50	53.59	55.83	57.24	58.20	58.91	59.44	59.86	60.19	60.71	61.22	61.74	62.00	62.26	62.53	62.79	63.06
2	8.53	9.00	9.16	9.24	9.29	9.33	9.35	9.37	9.38	9.39	9.41	9.42	9.44	9.45	9.46	9.47	9.47	9.48
3	5.54	5.46	5.39	5.34	5.31	5.28	5.27	5.25	5.24	5.23	5.22	5.20	5.18	5.18	5.17	5.16	5.15	5.14
4	4.54	4.32	4.19	4.11	4.05	4.01	3.98	3.95	3.94	3.92	3.90	3.87	3.84	3.83	3.82	3.80	3.79	3.78
5	4.06	3.78	3.62	3.52	3.45	3.40	3.37	3.34	3.32	3.30	3.27	3.24	3.21	3.19	3.17	3.16	3.14	3.12
6	3.78	3.46	3.29	3.18	3.11	3.05	3.01	2.98	2.96	2.94	2.90	2.87	2.84	2.82	2.80	2.78	2.76	2.74
7	3.59	3.26	3.07	2.96	2.88	2.83	2.78	2.75	2.72	2.70	2.67	2.63	2.59	2.58	2.56	2.54	2.51	2.49
8	3.46	3.11	2.92	2.81	2.73	2.67	2.62	2.59	2.56	2.54	2.50	2.46	2.42	2.40	2.38	2.36	2.34	2.32
9	3.36	3.01	2.81	2.69	2.61	2.55	2.51	2.47	2.44	2.42	2.38	2.34	2.30	2.28	2.25	2.23	2.21	2.18
10	3.29	2.92	2.73	2.61	2.52	2.46	2.41	2.38	2.35	2.32	2.28	2.24	2.20	2.18	2.16	2.13	2.11	2.08
11	3.23	2.86	2.66	2.54	2.45	2.39	2.34	2.30	2.27	2.25	2.21	2.17	2.12	2.10	2.08	2.05	2.03	2.00
12	3.18	2.81	2.61	2.48	2.39	2.33	2.28	2.24	2.21	2.19	2.15	2.10	2.06	2.04	2.01	1.99	1.96	1.93
13	3.14	2.76	2.56	2.43	2.35	2.28	2.23	2.20	2.16	2.14	2.10	2.05	2.01	1.98	1.96	1.93	1.90	1.88
14	3.10	2.73	2.52	2.39	2.31	2.24	2.19	2.15	2.12	2.10	2.05	2.01	1.96	1.94	1.91	1.89	1.86	1.83
15	3.07	2.70	2.49	2.36	2.27	2.21	2.16	2.12	2.09	2.06	2.02	1.97	1.92	1.90	1.87	1.85	1.82	1.79
16	3.05	2.67	2.46	2.33	2.24	2.18	2.13	2.09	2.06	2.03	1.99	1.94	1.89	1.87	1.84	1.81	1.78	1.75
17	3.03	2.64	2.44	2.31	2.22	2.15	2.10	2.06	2.03	2.00	1.96	1.91	1.86	1.84	1.81	1.78	1.75	1.72
18	3.01	2.62	2.42	2.29	2.20	2.13	2.08	2.04	2.00	1.98	1.93	1.89	1.84	1.81	1.78	1.75	1.72	1.69
19	2.99	2.61	2.40	2.27	2.18	2.11	2.06	2.02	1.98	1.96	1.91	1.86	1.81	1.79	1.76	1.73	1.70	1.67
20	2.97	2.59	2.38	2.25	2.16	2.09	2.04	2.00	1.96	1.94	1.89	1.84	1.79	1.77	1.74	1.71	1.68	1.64
21	2.96	2.57	2.36	2.23	2.14	2.08	2.02	1.98	1.95	1.92	1.87	1.83	1.78	1.75	1.72	1.69	1.66	1.62
22	2.95	2.56	2.35	2.22	2.13	2.06	2.01	1.97	1.93	1.90	1.86	1.81	1.76	1.73	1.70	1.67	1.64	1.60
23	2.94	2.55	2.34	2.21	2.11	2.05	1.99	1.95	1.92	1.89	1.84	1.80	1.74	1.72	1.69	1.66	1.62	1.59
24	2.93	2.54	2.33	2.19	2.10	2.04	1.98	1.94	1.91	1.88	1.83	1.78	1.73	1.70	1.67	1.64	1.61	1.57
25	2.92	2.53	2.32	2.18	2.09	2.02	1.97	1.93	1.89	1.87	1.82	1.77	1.72	1.69	1.66	1.63	1.59	1.56
26	2.91	2.52	2.31	2.17	2.08	2.01	1.96	1.92	1.88	1.86	1.81	1.76	1.71	1.68	1.65	1.61	1.58	1.54
27	2.90	2.51	2.30	2.17	2.07	2.00	1.95	1.91	1.87	1.85	1.80	1.75	1.70	1.67	1.64	1.60	1.57	1.53
28	2.89	2.50	2.29	2.16	2.06	2.00	1.94	1.90	1.87	1.84	1.79	1.74	1.69	1.66	1.63	1.59	1.56	1.52
29	2.89	2.50	2.28	2.15	2.06	1.99	1.93	1.89	1.86	1.83	1.78	1.73	1.68	1.65	1.62	1.58	1.55	1.51
30	2.88	2.49	2.28	2.14	2.05	1.98	1.93	1.88	1.85	1.82	1.77	1.72	1.67	1.64	1.61	1.57	1.54	1.50
40	2.84	2.44	2.23	2.09	2.00	1.93	1.87	1.83	1.79	1.76	1.71	1.66	1.61	1.57	1.54	1.51	1.47	1.42
60	2.79	2.39	2.18	2.04	1.95	1.87	1.82	1.77	1.74	1.71	1.66	1.60	1.54	1.51	1.48	1.44	1.40	1.35
120	2.75	2.35	2.13	1.99	1.90	1.82	1.77	1.72	1.68	1.65	1.60	1.55	1.48	1.45	1.41	1.37	1.32	1.26

계속

$\alpha = 0.05$

$df2$ \ $df1$	1	2	3	4	5	6	7	8	9	10	12	15	20	24	30	40	60	120
1	161.45	199.50	215.71	224.58	230.16	233.99	236.77	238.88	240.54	241.88	243.91	245.95	248.01	249.05	250.10	251.14	252.20	253.25
2	18.51	19.00	19.16	19.25	19.30	19.33	19.35	19.37	19.38	19.40	19.41	19.43	19.45	19.45	19.46	19.47	19.48	19.49
3	10.13	9.55	9.28	9.12	9.01	8.94	8.89	8.85	8.81	8.79	8.74	8.70	8.66	8.64	8.62	8.59	8.57	8.55
4	7.71	6.94	6.59	6.39	6.26	6.16	6.09	6.04	6.00	5.96	5.91	5.86	5.80	5.77	5.75	5.72	5.69	5.66
5	6.61	5.79	5.41	5.19	5.05	4.95	4.88	4.82	4.77	4.74	4.68	4.62	4.56	4.53	4.50	4.46	4.43	4.40
6	5.99	5.14	4.76	4.53	4.39	4.28	4.21	4.15	4.10	4.06	4.00	3.94	3.87	3.84	3.81	3.77	3.74	3.70
7	5.59	4.74	4.35	4.12	3.97	3.87	3.79	3.73	3.68	3.64	3.57	3.51	3.44	3.41	3.38	3.34	3.30	3.27
8	5.32	4.46	4.07	3.84	3.69	3.58	3.50	3.44	3.39	3.35	3.28	3.22	3.15	3.12	3.08	3.04	3.01	2.97
9	5.12	4.26	3.86	3.63	3.48	3.37	3.29	3.23	3.18	3.14	3.07	3.01	2.94	2.90	2.86	2.83	2.79	2.75
10	4.96	4.10	3.71	3.48	3.33	3.22	3.14	3.07	3.02	2.98	2.91	2.85	2.77	2.74	2.70	2.66	2.62	2.58
11	4.84	3.98	3.59	3.36	3.20	3.09	3.01	2.95	2.90	2.85	2.79	2.72	2.65	2.61	2.57	2.53	2.49	2.45
12	4.75	3.89	3.49	3.26	3.11	3.00	2.91	2.85	2.80	2.75	2.69	2.62	2.54	2.51	2.47	2.43	2.38	2.34
13	4.67	3.81	3.41	3.18	3.03	2.92	2.83	2.77	2.71	2.67	2.60	2.53	2.46	2.42	2.38	2.34	2.30	2.25
14	4.60	3.74	3.34	3.11	2.96	2.85	2.76	2.70	2.65	2.60	2.53	2.46	2.39	2.35	2.31	2.27	2.22	2.18
15	4.54	3.68	3.29	3.06	2.90	2.79	2.71	2.64	2.59	2.54	2.48	2.40	2.33	2.29	2.25	2.20	2.16	2.11
16	4.49	3.63	3.24	3.01	2.85	2.74	2.66	2.59	2.54	2.49	2.42	2.35	2.28	2.24	2.19	2.15	2.11	2.06
17	4.45	3.59	3.20	2.96	2.81	2.70	2.61	2.55	2.49	2.45	2.38	2.31	2.23	2.19	2.15	2.10	2.06	2.01
18	4.41	3.55	3.16	2.93	2.77	2.66	2.58	2.51	2.46	2.41	2.34	2.27	2.19	2.15	2.11	2.06	2.02	1.97
19	4.38	3.52	3.13	2.90	2.74	2.63	2.54	2.48	2.42	2.38	2.31	2.23	2.16	2.11	2.07	2.03	1.98	1.93
20	4.35	3.49	3.10	2.87	2.71	2.60	2.51	2.45	2.39	2.35	2.28	2.20	2.12	2.08	2.04	1.99	1.95	1.90
21	4.32	3.47	3.07	2.84	2.68	2.57	2.49	2.42	2.37	2.32	2.25	2.18	2.10	2.05	2.01	1.96	1.92	1.87
22	4.30	3.44	3.05	2.82	2.66	2.55	2.46	2.40	2.34	2.30	2.23	2.15	2.07	2.03	1.98	1.94	1.89	1.84
23	4.28	3.42	3.03	2.80	2.64	2.53	2.44	2.37	2.32	2.27	2.20	2.13	2.05	2.01	1.96	1.91	1.86	1.81
24	4.26	3.40	3.01	2.78	2.62	2.51	2.42	2.36	2.30	2.25	2.18	2.11	2.03	1.98	1.94	1.89	1.84	1.79
25	4.24	3.39	2.99	2.76	2.60	2.49	2.40	2.34	2.28	2.24	2.16	2.09	2.01	1.96	1.92	1.87	1.82	1.77
26	4.23	3.37	2.98	2.74	2.59	2.47	2.39	2.32	2.27	2.22	2.15	2.07	1.99	1.95	1.90	1.85	1.80	1.75
27	4.21	3.35	2.96	2.73	2.57	2.46	2.37	2.31	2.25	2.20	2.13	2.06	1.97	1.93	1.88	1.84	1.79	1.73
28	4.20	3.34	2.95	2.71	2.56	2.45	2.36	2.29	2.24	2.19	2.12	2.04	1.96	1.91	1.87	1.82	1.77	1.71
29	4.18	3.33	2.93	2.70	2.55	2.43	2.35	2.28	2.22	2.18	2.10	2.03	1.94	1.90	1.85	1.81	1.75	1.70
30	4.17	3.32	2.92	2.69	2.53	2.42	2.33	2.27	2.21	2.16	2.09	2.01	1.93	1.89	1.84	1.79	1.74	1.68
40	4.08	3.23	2.84	2.61	2.45	2.34	2.25	2.18	2.12	2.08	2.00	1.92	1.84	1.79	1.74	1.69	1.64	1.58
60	4.00	3.15	2.76	2.53	2.37	2.25	2.17	2.10	2.04	1.99	1.92	1.84	1.75	1.70	1.65	1.59	1.53	1.47
120	3.92	3.07	2.68	2.45	2.29	2.18	2.09	2.02	1.96	1.91	1.83	1.75	1.66	1.61	1.55	1.50	1.43	1.35

계속

$\alpha = 0.025$

$df2$ \ $df1$	1	2	3	4	5	6	7	8	9	10	12	15	20	24	30	40	60	120
1	647.79	799.50	864.16	899.58	921.85	937.11	948.22	956.66	963.28	968.63	976.71	984.87	993.10	997.25	1001.4	1005.6	1009.8	1014.0
2	38.51	39.00	39.17	39.25	39.30	39.33	39.36	39.37	39.39	39.40	39.41	39.43	39.45	39.46	39.46	39.47	39.48	39.49
3	17.44	16.04	15.44	15.10	14.88	14.73	14.62	14.54	14.47	14.42	14.34	14.25	14.17	14.12	14.08	14.04	13.99	13.95
4	12.22	10.65	9.98	9.60	9.36	9.20	9.07	8.98	8.90	8.84	8.75	8.66	8.56	8.51	8.46	8.41	8.36	8.31
5	10.01	8.43	7.76	7.39	7.15	6.98	6.85	6.76	6.68	6.62	6.52	6.43	6.33	6.28	6.23	6.18	6.12	6.07
6	8.81	7.26	6.60	6.23	5.99	5.82	5.70	5.60	5.52	5.46	5.37	5.27	5.17	5.12	5.07	5.01	4.96	4.90
7	8.07	6.54	5.89	5.52	5.29	5.12	4.99	4.90	4.82	4.76	4.67	4.57	4.47	4.41	4.36	4.31	4.25	4.20
8	7.57	6.06	5.42	5.05	4.82	4.65	4.53	4.43	4.36	4.30	4.20	4.10	4.00	3.95	3.89	3.84	3.78	3.73
9	7.21	5.71	5.08	4.72	4.48	4.32	4.20	4.10	4.03	3.96	3.87	3.77	3.67	3.61	3.56	3.51	3.45	3.39
10	6.94	5.46	4.83	4.47	4.24	4.07	3.95	3.85	3.78	3.72	3.62	3.52	3.42	3.37	3.31	3.26	3.20	3.14
11	6.72	5.26	4.63	4.28	4.04	3.88	3.76	3.66	3.59	3.53	3.43	3.33	3.23	3.17	3.12	3.06	3.00	2.94
12	6.55	5.10	4.47	4.12	3.89	3.73	3.61	3.51	3.44	3.37	3.28	3.18	3.07	3.02	2.96	2.91	2.85	2.79
13	6.41	4.97	4.35	4.00	3.77	3.60	3.48	3.39	3.31	3.25	3.15	3.05	2.95	2.89	2.84	2.78	2.72	2.66
14	6.30	4.86	4.24	3.89	3.66	3.50	3.38	3.29	3.21	3.15	3.05	2.95	2.84	2.79	2.73	2.67	2.61	2.55
15	6.20	4.77	4.15	3.80	3.58	3.41	3.29	3.20	3.12	3.06	2.96	2.86	2.76	2.70	2.64	2.59	2.52	2.46
16	6.12	4.69	4.08	3.73	3.50	3.34	3.22	3.12	3.05	2.99	2.89	2.79	2.68	2.63	2.57	2.51	2.45	2.38
17	6.04	4.62	4.01	3.66	3.44	3.28	3.16	3.06	2.98	2.92	2.82	2.72	2.62	2.56	2.50	2.44	2.38	2.32
18	5.98	4.56	3.95	3.61	3.38	3.22	3.10	3.01	2.93	2.87	2.77	2.67	2.56	2.50	2.44	2.38	2.32	2.26
19	5.92	4.51	3.90	3.56	3.33	3.17	3.05	2.96	2.88	2.82	2.72	2.62	2.51	2.45	2.39	2.33	2.27	2.20
20	5.87	4.46	3.86	3.51	3.29	3.13	3.01	2.91	2.84	2.77	2.68	2.57	2.46	2.41	2.35	2.29	2.22	2.16
21	5.83	4.42	3.82	3.48	3.25	3.09	2.97	2.87	2.80	2.73	2.64	2.53	2.42	2.37	2.31	2.25	2.18	2.11
22	5.79	4.38	3.78	3.44	3.22	3.05	2.93	2.84	2.76	2.70	2.60	2.50	2.39	2.33	2.27	2.21	2.14	2.08
23	5.75	4.35	3.75	3.41	3.18	3.02	2.90	2.81	2.73	2.67	2.57	2.47	2.36	2.30	2.24	2.18	2.11	2.04
24	5.72	4.32	3.72	3.38	3.15	2.99	2.87	2.78	2.70	2.64	2.54	2.44	2.33	2.27	2.21	2.15	2.08	2.01
25	5.69	4.29	3.69	3.35	3.13	2.97	2.85	2.75	2.68	2.61	2.51	2.41	2.30	2.24	2.18	2.12	2.05	1.98
26	5.66	4.27	3.67	3.33	3.10	2.94	2.82	2.73	2.65	2.59	2.49	2.39	2.28	2.22	2.16	2.09	2.03	1.95
27	5.63	4.24	3.65	3.31	3.08	2.92	2.80	2.71	2.63	2.57	2.47	2.36	2.25	2.19	2.13	2.07	2.00	1.93
28	5.61	4.22	3.63	3.29	3.06	2.90	2.78	2.69	2.61	2.55	2.45	2.34	2.23	2.17	2.11	2.05	1.98	1.91
29	5.59	4.20	3.61	3.27	3.04	2.88	2.76	2.67	2.59	2.53	2.43	2.32	2.21	2.15	2.09	2.03	1.96	1.89
30	5.57	4.18	3.59	3.25	3.03	2.87	2.75	2.65	2.57	2.51	2.41	2.31	2.20	2.14	2.07	2.01	1.94	1.87
40	5.42	4.05	3.46	3.13	2.90	2.74	2.62	2.53	2.45	2.39	2.29	2.18	2.07	2.01	1.94	1.88	1.80	1.72
60	5.29	3.93	3.34	3.01	2.79	2.63	2.51	2.41	2.33	2.27	2.17	2.06	1.94	1.88	1.82	1.74	1.67	1.58
120	5.15	3.80	3.23	2.89	2.67	2.52	2.39	2.30	2.22	2.16	2.05	1.94	1.82	1.76	1.69	1.61	1.53	1.43

계속

$df2$ \ $df1$	1	2	3	4	5	6	7	8	9	10	12	15	20	24	30	40	60	120
									$\alpha = 0.01$									
1	4052.2	4999.5	5403.4	5624.6	5763.7	5859.0	5928.4	5981.1	6022.5	6055.9	6106.3	6157.3	6208.7	6234.6	6260.7	6286.8	6313.0	6339.4
2	98.50	99.00	99.17	99.25	99.30	99.33	99.36	99.37	99.39	99.40	99.42	99.43	99.45	99.46	99.47	99.47	99.48	99.49
3	34.12	30.82	29.46	28.71	28.24	27.91	27.67	27.49	27.35	27.23	27.05	26.87	26.69	26.60	26.50	26.41	26.32	26.22
4	21.20	18.00	16.69	15.98	15.52	15.21	14.98	14.80	14.66	14.55	14.37	14.20	14.02	13.93	13.84	13.75	13.65	13.56
5	16.26	13.27	12.06	11.39	10.97	10.67	10.46	10.29	10.16	10.05	9.89	9.72	9.55	9.47	9.38	9.29	9.20	9.11
6	13.75	10.92	9.78	9.15	8.75	8.47	8.26	8.10	7.98	7.87	7.72	7.56	7.40	7.31	7.23	7.14	7.06	6.97
7	12.25	9.55	8.45	7.85	7.46	7.19	6.99	6.84	6.72	6.62	6.47	6.31	6.16	6.07	5.99	5.91	5.82	5.74
8	11.26	8.65	7.59	7.01	6.63	6.37	6.18	6.03	5.91	5.81	5.67	5.52	5.36	5.28	5.20	5.12	5.03	4.95
9	10.56	8.02	6.99	6.42	6.06	5.80	5.61	5.47	5.35	5.26	5.11	4.96	4.81	4.73	4.65	4.57	4.48	4.40
10	10.04	7.56	6.55	5.99	5.64	5.39	5.20	5.06	4.94	4.85	4.71	4.56	4.41	4.33	4.25	4.17	4.08	4.00
11	9.65	7.21	6.22	5.67	5.32	5.07	4.89	4.74	4.63	4.54	4.40	4.25	4.10	4.02	3.94	3.86	3.78	3.69
12	9.33	6.93	5.95	5.41	5.06	4.82	4.64	4.50	4.39	4.30	4.16	4.01	3.86	3.78	3.70	3.62	3.54	3.45
13	9.07	6.70	5.74	5.21	4.86	4.62	4.44	4.30	4.19	4.10	3.96	3.82	3.66	3.59	3.51	3.43	3.34	3.25
14	8.86	6.51	5.56	5.04	4.69	4.46	4.28	4.14	4.03	3.94	3.80	3.66	3.51	3.43	3.35	3.27	3.18	3.09
15	8.68	6.36	5.42	4.89	4.56	4.32	4.14	4.00	3.89	3.80	3.67	3.52	3.37	3.29	3.21	3.13	3.05	2.96
16	8.53	6.23	5.29	4.77	4.44	4.20	4.03	3.89	3.78	3.69	3.55	3.41	3.26	3.18	3.10	3.02	2.93	2.84
17	8.40	6.11	5.18	4.67	4.34	4.10	3.93	3.79	3.68	3.59	3.46	3.31	3.16	3.08	3.00	2.92	2.83	2.75
18	8.29	6.01	5.09	4.58	4.25	4.01	3.84	3.71	3.60	3.51	3.37	3.23	3.08	3.00	2.92	2.84	2.75	2.66
19	8.18	5.93	5.01	4.50	4.17	3.94	3.77	3.63	3.52	3.43	3.30	3.15	3.00	2.92	2.84	2.76	2.67	2.58
20	8.10	5.85	4.94	4.43	4.10	3.87	3.70	3.56	3.46	3.37	3.23	3.09	2.94	2.86	2.78	2.69	2.61	2.52
21	8.02	5.78	4.87	4.37	4.04	3.81	3.64	3.51	3.40	3.31	3.17	3.03	2.88	2.80	2.72	2.64	2.55	2.46
22	7.95	5.72	4.82	4.31	3.99	3.76	3.59	3.45	3.35	3.26	3.12	2.98	2.83	2.75	2.67	2.58	2.50	2.40
23	7.88	5.66	4.76	4.26	3.94	3.71	3.54	3.41	3.30	3.21	3.07	2.93	2.78	2.70	2.62	2.54	2.45	2.35
24	7.82	5.61	4.72	4.22	3.90	3.67	3.50	3.36	3.26	3.17	3.03	2.89	2.74	2.66	2.58	2.49	2.40	2.31
25	7.77	5.57	4.68	4.18	3.85	3.63	3.46	3.32	3.22	3.13	2.99	2.85	2.70	2.62	2.54	2.45	2.36	2.27
26	7.72	5.53	4.64	4.14	3.82	3.59	3.42	3.29	3.18	3.09	2.96	2.81	2.66	2.58	2.50	2.42	2.33	2.23
27	7.68	5.49	4.60	4.11	3.78	3.56	3.39	3.26	3.15	3.06	2.93	2.78	2.63	2.55	2.47	2.38	2.29	2.20
28	7.64	5.45	4.57	4.07	3.75	3.53	3.36	3.23	3.12	3.03	2.90	2.75	2.60	2.52	2.44	2.35	2.26	2.17
29	7.60	5.42	4.54	4.04	3.73	3.50	3.33	3.20	3.09	3.00	2.87	2.73	2.57	2.49	2.41	2.33	2.23	2.14
30	7.56	5.39	4.51	4.02	3.70	3.47	3.30	3.17	3.07	2.98	2.84	2.70	2.55	2.47	2.39	2.30	2.21	2.11
40	7.31	5.18	4.31	3.83	3.51	3.29	3.12	2.99	2.89	2.80	2.66	2.52	2.37	2.29	2.20	2.11	2.02	1.92
60	7.08	4.98	4.13	3.65	3.34	3.12	2.95	2.82	2.72	2.63	2.50	2.35	2.20	2.12	2.03	1.94	1.84	1.73
120	6.85	4.79	3.95	3.48	3.17	2.96	2.79	2.66	2.56	2.47	2.34	2.19	2.03	1.95	1.86	1.76	1.66	1.53

찾아보기

저자약력

김 정 이

부산대학교 도시공학과 지리정보학 박사

동명대학교 항만물류시스템학과 교수

박 태 희

부산대학교 전자공학과 공학박사

동명대학교 메카트로닉스공학과 교수

정가 15,000원

통계학 개론

2015년 8월 27일 초판 인쇄
2015년 9월 4일 초판 발행
저 자: 김정이·박태희
발행자: 우명찬·송 준
발행처: 홍릉과학출판사
주 소: 서울시 강북구 인수봉로 50길 10
01093
등 록: 1976년 10월 21일 제5-66호
전 화: (02) 999-2274~5, 903-7037
팩 스: (02) 905-6729
e-mail: hongpub@hongpub.co.kr
http://www.hongpub.co.kr
ISBN: 979-11-5600-392-2

저자와의 협의하에 인지생략